KB102572

오픈 이노베이션

OPEN INNOVATION

오리지널

오픈 이노베이션
OPEN INNOVATION
오리지널
헨리 체스브로 지음
범어디자인연구소 옮김

유엑스 리뷰

차례

추천의 글

'혁신'을 혁신하라

20년이 넘도록 혁신에 관해 연구를 해왔지만, 여전히 혁신을 지속하기가 얼마나 어려운지 깨닫고 놀란다. 그러나 오늘날에는 또 다른 문제에 직면했다. 혁신에 대한 우리의 생각마저 진부해진 것이다. 따라서 우리는 혁신이라는 영역 안에서 혁신적일 필요가 있다. 이 책은 우리가 그런 혁신을 이루는 데 도움을 줄 것이다. 내가 이 글의 제목을 '혁신을 혁신하라'라고 쓴 이유도 그 때문이다.

혁신Innovation은 발명Invention과는 전적으로 다르다. 내가 생각하는 혁신은 발명을 한 후 시장까지 진입하는 것을 말한다. 그 밖에 실제로 우리가 살아가고, 일하고, 배우는 사회적 관습을 바꾸는 '와해성 혁신'이 있다. 전화기, 복사기, 자동차, 컴퓨터, 인터넷 같은 '실질적 혁신'은 상당히 파괴적이어서 사회적 관습을 완전히 바꿔놓는다.

와해성 혁신에는 몇 가지 중요한 문제가 있다. 첫째, 와해성 혁신이 가능한 제품은 기술적 혁신의 잠재력을 예측하는 것이 상대적으로 쉽다. 하지만 사회적 관습을 어떤 방식으로 형성할지 예측하기는 거의 불가능하다. 한 가지 예로 이메일 사용량이 폭발적으로 증가한 것을 들 수 있다. 기술 자체의 문제가 아니라 그 기술이 어떻게 사용되는가가 문제다. 이것이 기술이 앞으로 얼마나 활용될지 가늠하기 어려운 정확한 이유다. 그럼에도 불구하고 사회적 관습에 영향을 미치는 기술적이고 획기적인 성과는 혁신자는 물론 사회에도 막대한 이익을 가져다줄 수 있다.[1]

둘째, 성공적인 혁신을 이루기 위해서는 적어도 혁신적 제품을 제공하는 데 버금가는 혁신적 경영 모델이 필요하다. 이는 대기업의 연구팀이 배워야 할 과제 중 하나다. 또 연구실 안에서 그럴듯해 보였던 혁신이 밖에 나오면 실패하는 이유다. 연구실에서는 신속하게 아이디어의 견본품을 만드는 다양한 방법을 궁리하고 그 가능성을 탐색하며, 소비자의 반응을 시험하기도 한다. 그러나 소비자의 호기심을 불러일으키는 혁신이—IT 벤처 열풍과 파산이 되풀이되며 보여주듯이—반드시 중요한 비즈니스 모델을 지지하는 것은 아니다. 오히려 현재 지원하는 기업의 경영 모델을 잠식하려고 위협

1 혁신, 변화하는 사회적 관행, 그리고 사용 중인 기술에 대한 상세한 논의를 보고 싶다면 《Networks of Innovation: Change and Meaning in the Age of the Internet》(Ilkka Tuomi, 옥스퍼드: 옥스퍼드 대학 출판, 2003) 참조.

하는 다른 모델을 지원할지도 모른다. 따라서 우리는 혁신을 혁신하는 방법의 하나로 제품을 혁신하는 그 자체뿐만 아니라 새로운 비즈니스 모델을 시험하는 방법을 찾아야 한다. 신속하게 비즈니스 모델의 견본을 만드는 것은 미래의 기술 혁신에 중요하며, 헨리 체스브로는 이를 이 책의 '오픈 이노베이션Open Innovation'(이 책에서는 '개방형 기술 혁신'이라고 칭한다—옮긴이)이라는 개념의 핵심으로 보고 있다.

혁신을 혁신해야 하는 또 다른 이유가 있다. 기존 모델은 대부분 회사 안에서 창의력을 발휘했지만, 오늘날에는 두 가지 새로운 현실에 직면했다. 첫째는 회사라는 통념적 경계선을 넘어 소비자와 사용자의 의견을 끌어낼 수 있는 강력한 방법이 있다는 것이다. 실제로 네트워크로 연결된 세계는 소비자를 공동 제작자로서 연구실에 불러들이는 것이 가능하다. 소비자가 견본품을 사용한 뒤에 얻는 명시적 지식뿐만 아니라 암묵적 지식 또한 모을 수 있다. 실제로 소비자의 사용 경험을 통해 시장의 반응을 미리 알아볼 수 있는데 이는 제품을 시장에 내놓기 전에 심각한 결점, 오해 소지가 있는 지시문, 부족한 기능을 수정하는 데 도움이 된다.

둘째는 정말 똑똑한 사람은 대부분 단일한 팀을 구성하고 있는 것이 아니라, 다양한 기관에 흩어져 있는 것과 관계가 있다. 지금 우리는 서로 다른 학문 사이에서 혁신을 찾고 있다. 한 예로 생물학과 나노 테크놀로지(10억분의 1미터인 나노미터 단위에 근접한 원자, 분자 및 초분자 정도의 작은 크기 단위에서 물질을 합성, 조립, 제어하거나 그 성질을 측정하고 규명하는 기술—편집자)가 있다. 새로운 혁신 모델일지라도 서로 관련이 없어 보이는 사람들, 세상을 조금 다르게 바라보며 우리에게 친숙한 것이 아닌 색다른 도구와 방법을 사용하는 사람들의 지식 재산IP에 영향을 미칠 방법을 찾아야 한다. 그런 사람들은 모두 서로 다른 분야, 다른 기관에서 일하고 있을 것이다. 그들과 함께 일하는 성공적 방법을 찾는 것이야말로 혁신을 혁신하는 핵심이다.

새로운 기술은 메타 혁신에 도움이 될 만한 새로운 도구를 제공한다. 앞서 소비자의 실제 경험—소비자의 목소리뿐만 아니라—이 견본품을 만드는 데 영향을 미치는 것에 관해 설명했다. 실제로 자동차도 제작하기 전에 먼저 컴퓨터 프로그램으로 만들어 보고 직접 경험해볼 수 있다. 이처럼 요즘 컴퓨터는 엄청난 시각 기술과 연관되어 있다. 광범위하고, 복잡하고, 비선형적인 시스템을 구현하는 컴퓨터의 힘으로 소비자도 설계 과정에 쉽게 참여할 수 있는 것이다.

혁신의 관습을 튼튼하게 형성하는, 특히 혁신이 필요한 경영 모델에 적용할 수 있는 또 다른 도구가 있다. 벤처 업계의 유연성과 공기업의 예측 가능한 재정적 압박을 연결해주는 재정적 도구다. 이 도구들은 혁신 과정에서 자금 운용을 관리하기 위해 실물 옵션 이론(불확실성이 높은 환경에서 경영권 행사를 통한 선택의 유연성을 가치로 평가하는 이론—편집자)을 사용한다. 복합 실물 옵션은 본질적으로 혁신 과정을 정적으로 보여주는 순 현재 가치를 계산해서 사용하는 것과 달리 혁신 과정의 타고난 역동적 특성을 살린다. 이 옵션은 학습의 두 가지 자원을 결정 과정에 적용하는 방법을 제공한다. 하나는 행동하며 학습하는—제품을 개발하면서 기술을 배우는—것이고, 다른 하나는 기다리면서 학습하는—제품이 개발되면서 시장에서 발견한—것이다.

정보의 두 자원은 프로젝트를 잠재적으로 비교하거나 종료하는 각 단계에서 작동하기 시작한다. 게다가 옵션에 접근하면 내기를 하듯 혁신을 추구하기보다는 상당한 자금 운용을 늦추면서 미래의 가능성을 사는 것처럼 만들어준다. 물론 그 자체만으로 복잡한 주제지만, 개방형 기술 혁신에 대한 많은 생각을 구체화하는 폭넓고 다양한 도구를 제공한다. 예를 들어 벤처 자본의 더 나은 자산을 획득하는 것이 있는데, 이제 이것은 회사 내부에서만 가능하다.

체스브로가 말하는 개방형 기술 혁신 모델은 아이디어를 실현할 더 나은 분야를 찾기 위해 회사 내에서 아이디어를 내는 것뿐만 아니라, 새로운 제품과 새로운 비즈니스 모델에 관한 아이디어를 회사에 들여와야 하는 이유를 보여준다. 그러려면 올바른 균형과 메커니즘을 찾는 것이 중요하다. 만약 잘나가는 회사의 중역이 위험한 혁신을 시도하다 실패로 끝났다고 해보자. 성공했을지도 모를 아이디어를 무시한 경영진보다 그 중역의 경력에 치명적 오점이 된다. 개방형 기술 혁신 모델은 승자를 짓누르는 실수뿐만 아니라 패자를 도와주는 실수를 줄여준다. 또 더는 개인의 지위와 명예, 무사안일, 행복만을 추구하는 이기주의적 태도, 체면을 중시하는 절차 때문에 무한한 잠재력을 가진 혁신이 묵살되지 않게 한다. 혁신은 매우 중요하므로 회사 내 정치나 시대에 뒤처진 생각이 이기도록 놔두면 안 된다. 어떤 특정한 혁신이 무모하다는 것을 증명하기 위한 이유나 사례는 과거에서 찾을 수 있으며, 오래되고 보수적이지만 완강한 지혜에 주의를 기울여야 한다. 대신 우리는 혁신을 혁신하는 중요한 작업에 착수해야 한다. 오픈 이노베이션은 시의적절하고 신중하게 연구되었으며, 세심하게 구성한 개방형 기술 혁신의 결과를 위한 노력이다.

제록스 팔로알토 연구소 명예소장

존 실리 브라운

감사의 말

이 책은 전직 실리콘밸리 매니저로서 산업체에서 기술을 관리한 경험을 토대로, 학문의 관점에서 혁신 과정을 좀 더 일반화한 결과물이다. 여기에는 실용적인 것과 이론적인 것을 모두 다루고자 한다.

책을 집필하면서 하버드 비즈니스 스쿨Harvard Business School의 동료들이 큰 도움을 주었다. 먼저 리처드 로젠블룸Richard Rosenbloom의 수십 년간 쌓아온 신중하고 사려 깊은 학문적 지식이 많은 영향을 주었다. 그는 제록스사Xerox Corporation 고위 간부들과 긴밀하게 일해왔다. 그래서 회사 내부 프로세스에 대한 그의 통찰력은 모회사인 제록스를 떠난 내가 자회사에 대해 연구하는 데 많은 도움이 되었다. 클레이턴 크리스텐슨Clayton Christensen과 도로시 레오너드Dorothy Leonard 또한 혁신 문제에 관해 많은 것을 알려주었다. 두 사람은 초고를 읽고 유용한 비평을 해주었다. 그 밖에 메리

트립사스Mary Tripsas, 스테판 톰케Stefan Thomke, 조시 러너Josh Lerner도 이 책을 완성하는 데 큰 도움을 주었다. 또 하버드 연구팀은 이 연구를 위해 재정적 후원을 아끼지 않았다. 에드워드 스미스Edward Smith는 제록스의 자회사에 대한 인터뷰를 진행하는 것을 도와주었고, 앤서니 마사로Anthony Massaro와 클러리서 세루티Clarissa Ceruti도 연구에 필요한 지원을 해주었다. 하버드 비즈니스 스쿨 프레스HBS Press의 편집장 제프 키호Jeff Kehoe는 원고를 작성하고 편집하는 내내 나를 지지하고 조언을 아끼지 않았다.

혁신 과정에 대한 외부 지식의 중요성을 강조하는 책인 만큼 학문 기관에 몸담은 사람들의 지식 또한 헤아릴 수 없을 만큼 도움이 되었다. 데이비드 티스David Teece, 데이비드 모워리David Mowery, 보론윈 홀Bronwyn Hall 덕분에 내가 혁신 과정을 이해하고 이 영역에 대한 학문적 지식을 더욱 넓힐 수 있었다. 리처드 넬슨Richard Nelson, 스티븐 클레퍼Steven Klepper, 키스 파비트Keith Pavitt는 프로젝트가 진행될 때마다 시기적절한 비평을 건네주었다. 그 밖에 브라이언 실버먼Brian Silverman, 피오나 머레이Fiona Murray, 광후이 림Kwanghui Lim, 아나벨리 가워Annabelle Gawer, 안드레아 프렌시피Andrea Prencipe, 아르비스 지도니스Arvids Ziedonis는 많은 부분을 올바르게 수정하는 데 도움이 됐다.

이 책에 공헌한 또 다른 사람은 회사에서 혁신 과정에 고군분투하는 경영자들이다. 제록스에서는 존 실리 브라운John Seely Brown, 마크 마이어스Mark Myers, 허비 갈라에어Herve Gallaire, 마크 번스타인Mark Bernstein, 리처드 브루스Richard Bruce, 라마나 라오Ramana Rao, 윌리엄 스펜서William Spencer가 있다. 그리고 내가 연구한 35개 자회사로 이직한 수많은 전직 제록스 직원들과의 토론 역시 큰 영향을 받았다. IBM에서는 니컬러스 도노프리오Nicholas D'Onofrio, 폴 혼Paul Horn, 필립 서머스Philip Summers, 존 월퍼트John Wolpert, 존 패트릭John Patrick과 의견을 주고받았다. 인텔INTEL에서는 레슬리 배다스Leslie Vadasz, 선린 초우Sun-Lin Chou, 키스 라슨Keith Larson, 하워드 하이Howard High, 데이비드 테넨하우스David Tennenhouse의 도움을 받았고, 고故 샌디 윌슨Sandy Wilson은 나와 많은 시간을 보냈다. 루슨트Lucent에서는 앤드루 가먼Andrew Garman, 톰 울먼Tom Uhlman, 랄프 페이슨Ralph Faison, 스티븐 소콜로프Stephen Socolof의 경험 또한 도움이 되었다. 프록터 앤 갬블P&G, Procter & Gamble에서는 래리 허스턴Larry Huston, 스콧 쿡Scott Cook이 외부에 초점을 맞춘 새로운 혁신 전략을 설명해주었다. 많은 경영자가 아낌없이 시간을 내어 솔직한 정보를 제공한 만큼 독자들도 이 책에서 그 가치를 발견했으면 한다.

아라티 프라브하카Arati Prabhaka, 패트 윈드햄Pat Windham, 제리 시한Jerry Sheehan, 낸시 콘프리Nancy Confrey, 미국 해군 대령 테리 피어스Terry Pierce, 캐머런 피터스Cameron Peters도 이 책에 큰 영향을 준 사람들이다. 친구들인 켄 노박Ken Novak, 리치 미로노브Rich Mironov, 루디 러글스Rudy Ruggle는 이 책의 개념을 구성하는 데 일조했다.

산업 혁신에 대한 내 생각을 반영하는 과정에서 중요한 부분이었던 제자들을 빼놓을 수 없다. 그들의 질문, 논쟁 그리고 많은 결론은 혁신에 대한 나의 사고를 검증하고 수정하는 데 도움이 되었다.

집필하는 내내 정신적으로 도움을 주신 아버지 리처드Richard와 어머니 조이스 체스브로Joyce Chesbrough에게도 감사드린다. 딸 에밀리Emily와 새러Sarah는 글을 쓰는 동안 내가 관점을 유지하도록 도와주고 이해해주었다. 누구보다 아내 캐서린Katherine에게 고마움을 전한다. 시에라네바다 산맥의 시원한 곳에서 출간을 결정하고, 현장 조사 작업을 시작하는 단계부터 원고를 쓰기까지 많은 수정 작업을 하는 동안 그녀는 시종일관 통찰력 있는 비평을 해주었다. 깊은 감사와 사랑을 담아 그녀에게 이 책을 바친다.

헨리 체스브로

프롤로그

혁신은 대부분 실패하고, 혁신하지 않는 회사는 사라지게 마련이다. 이 책에서는 혁신 과정과 회사에서 새로운 제품, 서비스를 만들어 내기 위해 어떤 방식으로 기술을 사용하고 발전시키는지 설명하고자 한다. 변하지 않는 것은 오직 변화뿐인 오늘날, 혁신을 관리하는 것은 모든 산업뿐만 아니라 모든 규모의 회사에 꼭 필요한 과제다. 혁신은 많은 회사가 현재 사업을 유지하고 발전시키며 새로운 사업을 키우는 데 매우 중요하다. 그만큼 혁신은 관리하기 어려운 과정이기도 하다.

21세기의 혁신: 두 모델의 거짓말

찰스 디킨스의 말을 빌리면, 21세기는 혁신하기에 가장 좋은 시기이자 가장 나쁜 시기다. 산업 기술은 자연 세계를 이해하는 데 큰 도움이 된다. 세상에서 가장 오래된 산업인 농업 분야에서 보면 회사는 해충, 가뭄, 질병에 저항하는 농작물을 만들기 위해 유전학적 기술과 게놈학적 기술을 개발하고 더 많은 농작물을 거두게 했다. 또 다른 오래된 사업인 소매업에서는 컴퓨터 사용과 통신수단의 진보로 소비자뿐만 아니라 공급자와 더 가까워지고, 그들에게 다양한 품목을 제공한다. 서비스 산업은 낮아진 가격에 능력 있는, 더 나은 통신 수단을 제공하는 기술을 통해 이득을 얻는다. 의료 산업에서는 생명을 창조하는 힘에 대한 과학적 지식이 폭발적으로 증가하고 있으며, 이는 인간의 수명을 늘리고 건강한 삶을 누리게 해주었다.

여러 측면에서 볼 때 지금은 혁신하는 회사에 매우 나쁜 시기다. 많은 선두 기업이 내부 연구 개발 투자를 유지하는 데 힘들어하고 있다. 20세기 산업계 연구소에서 부동의 1위를 차지해온 벨Bell 연구소는 시스코Cisco와 루슨트가 통신 장비 시장에서 벌인 싸움에 결정적인 전략적 무기가 되었다.

AT&T의 분할로 탄생한 통신 장비 회사 루슨트는 1996년 출범을 앞두고 '역사상 가장 큰 창업'이라 부르며 즐거워했다. 루슨트는 모회사 AT&T에게 벨 연구소의 가장 큰 몫을 물려받았기 때문에 통신 장비 시장에 집중할 수 있는 다양한 연구와 기술 보유가 가능했다. 그 후 5년간 루슨트는 새로운 제품을 출시해 시장에서 크게 성공했다. 그런데도 시스코는 용케 분발해 가끔 루슨트를 앞서기도 했다. 벨 연구소의 기술은 루슨트를 위해 많은 새로운 제품과 서비스를 만들어냈지만, 시스코는 이에 뒤지지 않았다.

루슨트와 시스코는 복잡한 산업 분야에서 큰 경쟁자지만, 이들은 결코 같은 방법으로 혁신하지 않았다. 루슨트는 미래 제품과 서비스 생산을 가속할 수 있는 중요한 발견을 위해 새로운 재료와 최첨단 기술, 시스템 연구에 엄청난 자원을 쏟아부었다. 그러나 시스코는 내부에서 연구하지 않는 대신 혁신 부문에서 선두를 지키기 위해 다른 무기를 찾아냈다. 먼저 새로운 제품과 서비스를 상품화하는 스타트업을 면밀히 조사했다. 몇몇 스타트업은 루슨트, AT&T, 노텔Nortel에서 나온 뛰어난 실력자들이 세운 회사였다. 그들이 각각 다니던 회사에서 연구한 결과를 토대로 창업한 것이었다. 시스코는 이 스타트업에 투자하거나 제휴를 맺어 시스코의 자회사로 만들었다. 이 방법으로 회사 내부에서 연구하지 않고도 뛰어난 결과물을 계속 얻을 수 있었던 것이다.

연구 능력에 한계를 드러낸 루슨트의 일화는 특이한 케이스가 아니다. IBM이 가지고 있는 뛰어난 컴퓨터 연구 능력은 개인용 컴퓨터PC 사업에서 인텔, 마이크로소프트Microsoft

Corporation와 대결하는 데 아무런 소용이 없었다. 노키아Nokia는 수십 년 전 목재 펄프와 고무장화 같은 기술 수준이 낮은 산업 경험을 가지고 무선 전화기 시장에 뛰어들었다. 그런데도 20년 만에 모토로라Motorola, 지멘스Siemens 등 동종업계의 다른 거물급 회사를 제치고 선두주자로 급부상했다. 제너럴 일렉트릭GE, General Electric의 연구소는 더 이상 예전의 발전소가 아니다. 제록스는 이제 유명한 팔로알토 연구 센터PARC, Palo Alto Research Center에서 공식적으로 분리되었다. 휴렛팩커드HP, Hewlett Packard의 HP연구소는 HP와 애질런트Agilent로 나뉘었다.

이는 21세기 초반에 혁신을 추구하는 모든 회사가 맞설 수많은 역설이기도 하다. 아이디어가 풍부하더라도 내부적인 산업 연구는 덜 효과적이며, 혁신은 중요하지만 혁신을 관리하는 과정은 더 이상 효과가 없다는 것을 의미한다. 아이디어와 외부 자본이 풍부하더라도 회사는 내부적 성장 기회를 찾고 자금을 조달하기 위해 고군분투한다. 산업계가 연구 개발에 많이 투자한다고 해도 사람들은 다음 세대가 추진할 기술을 위한 기본적인 지식의 씨앗을 소진하고 있다고 걱정한다.

얼마 전까지 회사 내 연구 개발은 산업 분야에서 전략적 자원 혹은 경쟁자의 진입에 대한 방어막으로 생각했다. 충분한 자금 지원받고 장기 프로그램을 연구하는 대규모 기업만이 경쟁할 수 있었다. 듀폰DuPont, 머크Merck, IBM, GE, AT&T처럼 연구에 기반을 둔 회사는 저마다 산업 분야에서 많은 연구를 하고 대부분 큰 수익을 냈다. 이 회사들을 쫓아내고자 한 경쟁사는 자원을 쏟아부었고, 따로 연구소를 만들었다.

오늘날, 산업 분야에서 선두를 달리는 기업은 신생 회사와 심각한 경쟁을 펼치고 있다. 인텔, 마이크로소프트, 썬 마이크로시스템즈Sun Microsystems, 오라클Oracle, 시스코, 제넨테크Genentech, 암젠Amgen, 젠자임Genzyme 같은 신생 회사는 자체적으로 기본적인 연구를 거의 안 하거나 아예 하지 않았다. 이 회사는 혁신적이지만, 다른 사람들이 연구한 것을 토대로 혁신하고 있다. 다른 회사는 물론 신생 회사도 기회를 노리고 있으며, 새로운 회사는 리더십을 키우기 위해 다른 회사가 발견한 것에 의존하는 경향이 있다.

연구에 장기 투자한 몇몇 회사는 결과물이 기발하더라도 그들에게 유용하지 않다고 생각하면 깨끗하게 물러났으며 더 유망한 프로젝트로 옮겨갔다. 그런데 놀랍게도 버려진 프로젝트 중 일부는 다른 회사에서 가치 있게 쓰였다. 제록스의 팔로알토 연구 센터는 많은 컴퓨터 하드웨어와 소프트웨어 혁신 제품을 개발했지만, 그중 제록스와 그 회사 주주에게 떨어진 이익은 거의 없다.

혁신 패러다임의 전환

좋은 아이디어가 많은데도 선두 회사의 혁신 능력이 현저하게 감소한 것은 어떻게 설명할 수 있을까? 내가 연구한 결과 새로운 아이디어를 혁신하고 그것을 시장으로 가져가는 방법이 근본적으로 변하고 있다. 토마스 쿤의 말을 빌리면, 회사가 산업 지식을 상품화하는 방식에 대한 '패러다임의 변화'를 느낀다. 나는 오래된 패러다임을 '폐쇄형 기술 혁신'이라 부른다. 폐쇄형 기술 혁신은 '성공적 혁신에는 통제가 필요하다'고 말하는 것과 같다. 회사는 아이디어를 만들고, 그것을 개발해 시장에 내놓아야 하며, 판매하고, 서비스를 제공하고, 자금을 융통하고, 지원해야 한다. 이 패러다임은 회사에 자립해야 한다고 충고한다. 다른 사람들의 아이디어에 대한 품질, 유용성, 역량 등을 확신할 수 없기 때문이다.

"만약 네가 어떤 일을 제대로 하고 싶다면 스스로 해내야 한다."

폐쇄형 기술 혁신 사고를 알려주는 논리는 내부적으로 집중되어 있다. 이 논리는 암묵적으로 혁신을 하는 '올바른 방법'이었다. 다음은 폐쇄형 기술 혁신Closed Innovation의 암묵적 규칙의 일부다.

- 우리는 반드시 최고의 사람, 가장 똑똑한 사람을 고용해야 한다.
- 새로운 제품과 서비스를 시장에 내놓기 위해 우리는 반드시 스스로 연구하고 개발해야 한다. 그렇게 개발한 것은 시장에 처음 출시되는 제품일 것이다.
- 시장에 혁신을 가져온 회사는 대부분 승리할 것이다.
- 만약 연구 개발 투자를 해서 산업을 이끌게 되면 우리는 가장 좋은 아이디어를 발견해 시장을 선도할 것이다.
- 우리는 지식 재산을 통제해서 경쟁자들이 우리 아이디어를 차용해 이익을 내지 못하게 해야 한다.

폐쇄형 기술 혁신의 논리는 〔그림 I-1〕과 같은 선순환 구조를 만들었다. 회사는 내부 연구 개발에 투자했고 그 결과 획기적인 발견이 가능했다. 이 발견은 회사가 새로운 제품과 서비스를 시장에 내놓아 판매율을 높이고 이익을 얻을 수 있게 해주었다. 그래서 내부 연구 개발에 더 많이 재투자할 수 있었다. 또 내부 연구 개발에서 얻은 지식 재산은 극비였기에 다른 사람들은 알지 못했다.

20세기에는 이 패러다임이 효과가 있었다. 독일의 화학 산업은 중앙연구소를 만들었고, 다양한 새 제품을 찾아내 상품화했다. 토머스 에디슨은 미국에서 연구소를 만들어 중요한

그림 I-1 선순환 구조

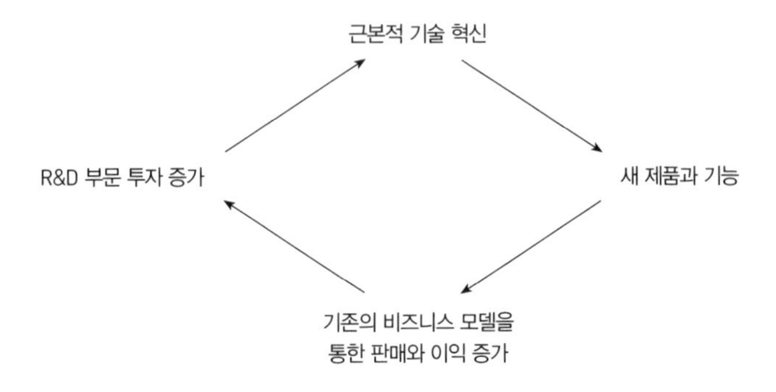

연구 결과물들을 개발하고 완성했으며 제너럴일렉트릭의 유명한 연구소를 설립했다. 벨 연구소는 놀라운 물리적 현상을 발견했고 트랜지스터(전자 신호의 전력을 증폭하거나 스위칭하는 데 사용되는 반도체 소자—편집자)를 만드는 데 활용했다. 미국 정부 역시 핵분열의 충돌 프로젝트를 수행하기 위해 특별 중앙연구소를 만들어 원자폭탄을 개발했다.

〔그림 I-2〕는 연구 개발을 관리하기 위한 폐쇄형 기술 혁신 패러다임을 그림으로 묘사한 것이다. 굵은 선은 회사의 경계선을 보여준다. 아이디어가 왼쪽에서 회사 내로 유입되고, 오른쪽으로 시장에 유출된다. 연구 과정을 통해 아이디어를 자세히 조사하고 선별하며, 좋은 아이디어는 개발 단계로 옮긴 후 제품으로 만들어 시장에 내놓는다.

〔그림 I-2〕에서 연구와 개발의 결합은 단단히 연결되고, 내

그림 I-2 연구 개발을 관리하기 위한 폐쇄형 기술 혁신 패러다임

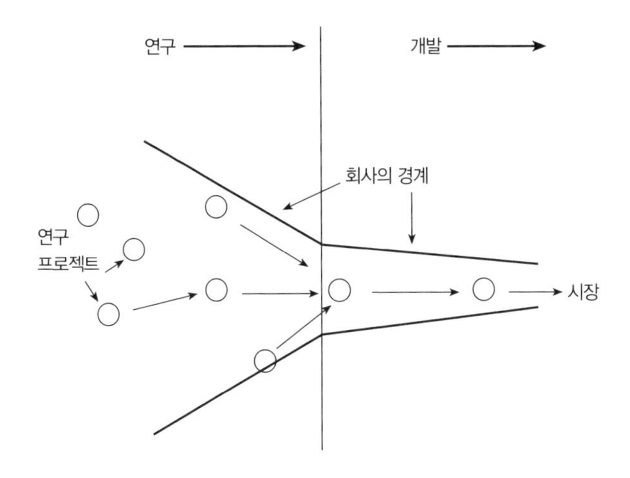

부에 집중된다. 연구 개발을 관리하는 이론은 이 개념을 기반으로 세워진다. 이 아이디어의 사례는 연구 개발을 관리할 때 발견되는 단계 점검 과정, 고리 연결 모델, 제품 개발 깔때기 모양 혹은 수송관이다. 프로젝트는 초기에 왼쪽에서 들어오고, 그림의 오른쪽 소비자에게 전달되기까지 회사 내에서 진행된다. 이 과정에서 처음에는 유용해 보이지만 알고 보면 가치가 없는 프로젝트를 골라낼 수 있다. 내부 심사에서 살아남은 프로젝트는 그만큼 시장에서 성공할 가능성이 높다.

닫힌 기술혁신의 논리를 손상시킨 약화 요인

20세기 후반에 폐쇄형 기술 혁신을 주춤하게 한 요인 중 하나는 경험 많고 숙련된 사람들의 이동 때문이다. 그들은 수년간 일한 회사를 떠나면서 어렵게 얻은 지식의 대부분을 새 회사에 가져갔다. 하지만 그 회사는 이전 회사에 어떤 보상도 하지 않았다. 많은 사람의 대학 재학 중 훈련 및 대학 졸업 후 훈련도 폐쇄형 기술 혁신의 약화와 관련이 있다. 이러한 사람들이 증가하면서 회사 중앙연구소가 가진 기술이 수많은 산업 속 다양한 규모의 회사로 이동했다. 그 밖에도 외부 연구를 상품화하는 새로운 회사를 설립해 성장시키고 가치 있는 기업으로 전환하는 개인 벤처 캐피털Venture Capital이 늘어났다. 이 유능한 스타트업은 기존 산업에서 대부분의 연구 개발에 자금을 조달해온 대규모 회사의 무서운 경쟁자가 된다. 새로운 회사가 얻은 바로 그 지식 때문에 기존 기업들도 산업의 주도권을 잡기 위해 경쟁해야 하는 것이다.

폐쇄형 기술 혁신의 논리는 이후 시장에서 점점 빠른 속도로 새로운 제품과 서비스의 도전을 받았다. 특정 기술의 유효 기간이 짧아졌기 때문이다. 게다가 점점 똑똑해진 소비자와 공급자는 계속해서 기존 회사의 지식 저장고에서 이익을 앗아갔다. 다른 나라 회사들도 점점 큰 경쟁자가 되었다.

그림 I-3 깨진 선순환 구조

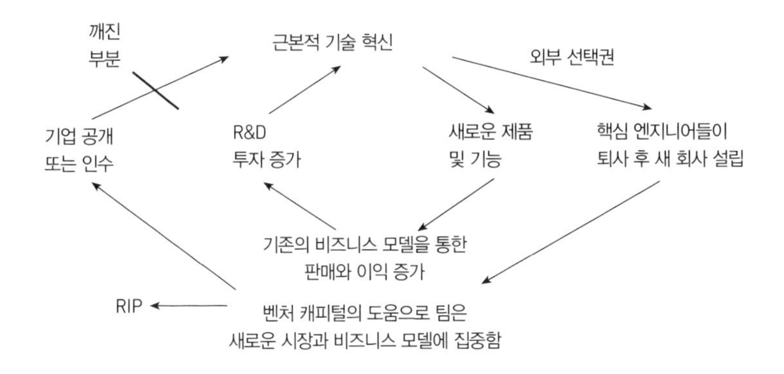

이 약화 요인이 산업에 영향을 미치면서, 한때 폐쇄형 기술 혁신을 효과적인 접근 방식으로 만들었던 가정과 논리를 더는 적용할 수 없게 되었다([그림 I-3] 참조). 기술이 근본적, 획기적으로 발전했을 때 기술을 발전시킨 과학자와 기술자들은 이전에 없던 선택권이 생긴 것을 알게 되었다. 만약 자금을 조달한 회사가 발전시킨 기술을 시기적절하게 이용하지 않으면, 과학자와 기술자들은 새로운 스타트업을 꾸려 스스로 기술을 사용할 수 있는 것이다. 하지만 획기적 기술을 상업화하고자 했던 스타트업 대부분이 실패했다([그림 I-3]의 RIP 'Rest in Peace' 부분 참조). 만약 성공했다면 기업 공개를 달성하거나 좋은 가격에 인수되었을 것이다. 성공한 스타트업은 대부분 근본적인 새로운 연구에 재투자하지 않는다. 대신 시스코처럼 상품화하기 위한 또 다른 기술을 외부에서 찾을 것이다.

외부 경로가 나타나면서 선순환 고리가 깨졌다. 본래의 획기적인 기술 발전에 자금을 지원한 회사는 연구 개발 투자에서 발전을 이끌었지만 이익을 내지 못했다. 그리고 획기적 기술에서 이익을 낸 회사는 일반적으로 차세대 원천 중심 연구에 자금을 조달하기 위해 재투자를 하지 않았다. 연구와 개발의 이 가혹한 연결 고리는 또 다른 진보를 위한 기초 연구에 새로운 투자 경로가 없다는 것을 의미한다.

이렇게 약화 요인이 깊게 뿌리 내린 상황에서 폐쇄형 기술 혁신은 더 유지될 수 없다. 이런 상황에서는 내가 오픈 이노베이션—개방형 기술 혁신—이라 부르는 새로운 접근 방식이 폐쇄형 기술 혁신의 자리를 대신한다. 개방형 기술 혁신은 회사가 기술을 향상하기를 원한다면 내부 아이디어와 함께 외부 아이디어를 활용하고, 시장을 향한 내·외부 경로를 사용하는 것을 가정하는 패러다임이다. 개방형 기술 혁신의 내부와 외부의 아이디어를 결합해 아키텍처(구조)와 시스템으로 만드는데, 그들의 요구 조건은 비즈니스 모델이 결정한다. 이 비즈니스 모델은 외부와 내부 아이디어를 가치 창조에 활용한다. 동시에 내부 메커니즘을 규정하고 가치 창출의 상당 부분을 차지할 수 있도록 한다. 개방형 기술 혁신은 부가적 가치를 발생시키기 위해 내부 아이디어 역시 외부 경

그림 I-4 연구 개발을 관리하기 위한 개방형 기술 혁신 패러다임

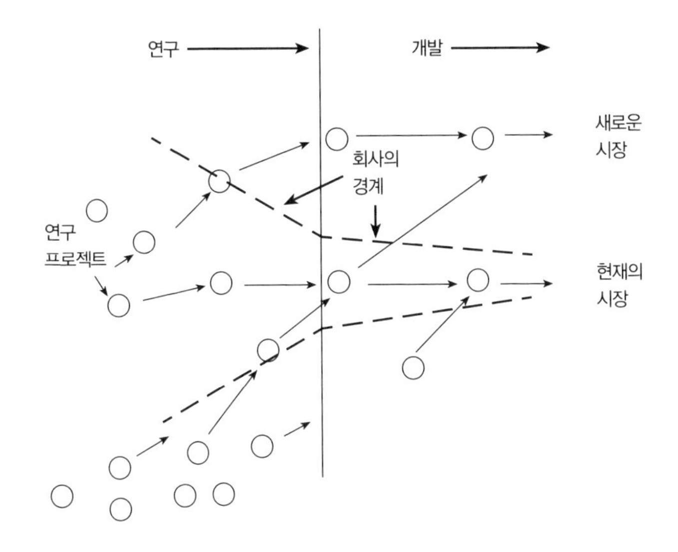

로, 즉 회사의 기존 사업이 외부를 통해서도 시장으로 진입할 수 있다는 것을 의미한다. 〔그림 I-4〕는 개방형 기술 혁신 과정을 그림으로 묘사한 것이다.

〔그림 I-4〕를 보면 여전히 아이디어는 회사의 연구 과정에서 나타난다. 하지만 아이디어의 일부는 연구 단계 또는 이후의 개발 단계에서 회사 밖으로 유출될 수 있다. 아이디어는 대부분 스타트업을 통해 유출되는데 연구하던 직원 중 일부가 스타트업에 들어가는 경우다. 또는 외부에 기술을 허용하거나 퇴사하는 직원에 의해 유출되기도 한다. 물론 새로

운 아이디어가 회사 연구소 외부에서 내부로 들어올 수도 있다. 〔그림 I-4〕와 같이 회사 외부에는 훌륭한 아이디어가 많다. 〔그림 I-2〕에서 깔때기 모양의 굵은 선이 회사의 경계선을 나타낸다. 〔그림 I-4〕에서는 똑같은 선이 점선으로 바뀌었는데 이는 회사의 유연한 경계선을 반영하며, 회사 내부에서 이루어진 것과 회사 바깥에서 접근한 것 사이의 접촉을 나타낸다. 개방형 기술 혁신 과정은 여전히 긍정 오류—이제 외부뿐만 아니라 내부 자원의—를 골라 제거하지만, 부정 오류도 다시 나타날 수 있다. 이는 앞서 언급한 제록스 PARC의 사례처럼 초기에는 가치 없게 보였는데도 성장한 프로젝트를 말한다. 종종 이 프로젝트는 현재 시장에서보다는 신규 시장에서 그 가치를 발휘하며, 다른 프로젝트와 연계해 두각을 드러내기도 한다. 이러한 기회는 이전의 폐쇄형 기술 혁신 과정에서는 종종 그냥 지나치는 것들이었다.

근본적으로 개방형 기술 혁신의 논리는 풍부한 지식의 현상황에 기반을 두고 있다. 만약 이 지식을 창출한 회사에 가치를 제공할 경우 손쉽게 사용할 수 있어야 한다. 회사가 연구에서 창출한 지식이 그 회사 내부 경로에 의해서만 시장 진입이 가능하면 안 된다. 마찬가지로 시장으로 향하는 회사 내부의 시장 진출 경로가 반드시 회사의 내부 지식만 사용하도록 제한할 필요는 없다. 이 관점은 연구와 혁신을 위한 다

표 I-1 폐쇄형 기술 혁신과 개방형 기술 혁신의 원칙

폐쇄형 기술 혁신 원칙	개방형 기술 혁신 원칙
우리 분야에서 가장 똑똑한 사람들이 우리를 위해 일한다.	모든 똑똑한 사람이 우리를 위해 일하는 것은 아니다. 우리는 회사 내부는 물론 외부의 똑똑한 사람들과도 함께 일해야 한다.
연구 개발에서 이익을 얻기 위해 우리는 반드시 스스로 이를 연구하고, 개발하여 시장에 출시해야 한다.	외부 연구 개발은 중요한 가치를 창조할 수 있다. 내부의 연구 개발은 그 가치의 일정 부분에 대한 권리를 주장하기 위해 필요하다.
만약 우리가 스스로 그것을 개발한다면, 그것을 시장에 최초로 출시하게 될 것이다.	우리는 그것으로부터 이익을 얻기 위해 반드시 연구해야 할 필요는 없다.
시장에 최초로 혁신 제품을 가져간 회사가 승리하게 될 것이다.	더 나은 비즈니스 모델을 확립하는 것이 최초로 시장에 진입하는 것보다 낫다.
만약 우리가 그 업종에서 가장 좋은 아이디어를 창조한다면 결국 승리할 것이다.	만약 우리가 내부와 외부의 아이디어를 잘 활용한다면 우리는 승리할 것이다.
우리의 지식 재산을 통제하여 경쟁자들이 우리 아이디어로부터 이익을 낼 수 없도록 해야 한다.	우리의 지식 재산을 다른 사람들이 사용하는 것에서 이익을 얻고, 우리의 비즈니스 모델을 진전시킬 수 있을 때는 항상 다른 사람들의 지식 재산을 사들여야 한다.

른 조직화한 원칙을 제안한다.

〔표 I-1〕은 이 새로운 패러다임의 원칙을 나타내고, 그것을

이전의 폐쇄형 기술 혁신 접근 방식의 논리와 비교한 것이다.

개방형 기술 혁신의 성행 평가

폐쇄형 기술 혁신 패러다임은 여러 산업에서 서서히 쇠퇴하고 있다. 이 책에서는 복사기, 컴퓨터, 디스크 드라이브, 반도체, 반도체 장비, 통신 장비, 제약, 생명공학 등 몇 가지 상세한 산업 연구에 대해 설명하려고 한다. 이러한 사례는 모두 첨단 기술 산업 분야에서 나온 것이다.

물론 전체 경제에서 첨단 기술 부문에만 개념을 국한하지 않는다. 모든 회사는 기술력을 갖추고 있으며, 그 기술은 투입된 아이디어를 회사가 파는 제품과 서비스로 변화시키는 수단을 의미한다. 그리고 어떤 회사도 기술이 오랫동안 변하지 않고 남아있으리라 기대할 수 없다. 기술이 변한다고 생각하는 것이 기술의 현재 상태가 장기간 계속된다고 가정하는 것보다 훨씬 현명하다. 때로는 이 변화가 예측 불가능한 방식으로 일어난다. 혁신하지 않는 회사는 사라지게 마련이다. 개방형 기술 혁신 접근 방식의 한 사례는 첨단 기술을 사용하지 않는 생활용품 산업에서 찾아볼 수 있다.

1999년, 프록터 앤 갬블은 혁신에 대한 회사의 접근 방식을 바꾸기로 결정했다. P&G는 회사의 내부적 연구 개발을 연결Connect과 개발Develop이라는 새로운 방식을 이용해 외부 세계로 확장했다. 이 방식은 혁신적 아이디어를 위해 외부 집단을 활용하고자 하는 P&G를 자극했다. P&G는 외부 혁신 임원이라는 자리를 만들었고, 2002년에 회사 외부에서 혁신 원천을 10% 정도 얻었지만 5년 이내에 50%로 높인다는 목표를 세웠다. 회사의 이론적 설명은 간단하다. 'P&G의 내부에는 새로운 P&G 제품 개발을 가능하게 하는 산업 지식을 가진 8600명 이상의 과학자가 있지만, 외부에는 150만 명의 과학자가 있다. 그런데 왜 꼭 모든 것을 내부에서 개발하려 하는가?' 또한 P&G는 그들의 아이디어를 외부에 내보내려 노력한다. P&G 연구실에서 개발했지만 선택되지 않은 아이디어는 3년 후 다른 회사, 심지어 직접적인 경쟁사에서도 사용할 수 있다.

모든 산업이 개방형 기술 혁신 체제 안에서 운영된다는 것은 아니다. 어떤 산업은 앞서 말한 약화 요인에도 심각한 영향을 받지 않았고 계속 폐쇄형 기술 혁신 체제를 고수하고 있었다. 원자로와 항공기 엔진을 만드는 두 산업은 자신들의 의견과 시장으로 향하는 내부적 상품화 경로에 의존하고 있으며, 여전히 지배적인 혁신 방식이 남아 있는 것—그러나 엔진을 사용해 항공기를 설계하고 조립하는 혁신 과정은 중요한 변화를 겪고 있다—으로 보인다.

다른 산업은 오랫동안 개방형 기술 혁신 접근 방식을 이용해왔다. 예를 들면 할리우드의 영화 산업은 수십 년간 프로덕션, 감독, 탤런트 에이전시, 배우, 각본가, 전문화된 하청업자—특수 효과 공급자 등—, 독립 제작자 사이의 제휴와 동맹 네트워크를 통해 혁신해왔다. 뿐만 아니라 오늘날 투자은행도 혁신을 위해 외부 의견을 받아들이고 있다. 최근 학위를 받은 박사와 대학 재무 교수들도 바로 전 세대에 자금을 융통하지 못했던 위험을 방지하기 위해 새롭고 실험적인 투자 도구를 개발했다.

서로 다른 산업을 하나의 연속선상에 놓을 수 있다. 한쪽 끝은 전적으로 폐쇄형 기술 혁신 상황이 우세한 산업을, 다른 한쪽 끝은 완전히 개방형 기술 혁신 상황인 산업을 포함한다.

폐쇄형 기술 혁신	개방형 기술 혁신
• 산업 사례: 원자로, 메인 프레임 컴퓨터	• 산업 사례: PC, 영화
• 대개 내부 아이디어	• 많은 외부 아이디어
• 낮은 노동 이동성	• 높은 노동 이동성
• 적은 벤처 캐피털	• 활발한 벤처 캐피털
• 소수의 취약한 스타트업	• 수많은 스타트업
• 대학이 중요하지 않음	• 대학이 중요함

많은 산업이 두 패러다임 사이에서 변하고 있다. 자동차, 생명공학, 제약, 의료, 컴퓨터, 소프트웨어, 커뮤니케이션, 은행, 보험, 소비자, 생활용품, 군무기와 통신망이 그 예다. 이 책의 매우 중요한 개념은 이러한 변화 영역 안에 있다. 수많은 주요 기술 혁신은 혁신이 일어날 것 같지 않은 곳에서 나타났다. 이 산업에서 혁신의 핵심은 대규모 회사의 중앙연구소에서 벗어나 스타트업, 대학, 그리고 다른 외부인에게 확산된 것이다. 만약 당신의 기업에서도 혁신의 핵심이 변하고 있다면, 이 책은 당신에게 매우 유용할 것이다.

만약 당신의 기업이 폐쇄형 기술 혁신의 접근 방식을 손상시킨 약화 요인과 무관하다면 이 책은 별로 도움이 되지 못할 수도 있다. 하지만 이 책을 덮자마자 당신이 속한 산업에 대해 다시 한번 생각해보는 계기가 될 것이다. 경영의 역사를 살펴보면 성공 요인을 빼앗기면서도 재무적으로 크게 성공한 회사가 많다. 또 이 책에서 언급한 몇몇 회사도 폐쇄형 기술 혁신 모델을 고수하지만 수년간 잘해오고 있다. 몇몇 회사는 늦기 전에 약화 요인을 알아채고 이에 반응할 수 있었다. 당신의 산업 또한 하나 이상의 약화 요인으로부터 압력을 받고 있으며, 그 효과가 아직 나타나지 않았을 가능성이 있는가? 만약 그렇다면 다른 산업의 경험에서 배우거나, 그 효과가 나타난다면 어떻게 해야 할지 생각해봐야 한다.

이 책에 담긴 통찰

혁신의 내용이 폐쇄형 기술 혁신에서 개방형 기술 혁신으로 옮겨가면 그 과정도 반드시 변화해야 한다. 이 책에서는 혁신을 바라보는 새로운 관점이 낳은 여러 가지 통찰력을 소개할 것이다.

제1장은 생산성이 높은 연구실인 팔로알토 연구 센터를 운영하는 제록스의 사례를 소개한다. 제록스는 PARC의 기술 중 회사 경영 모델에 맞는 것은 채택하고 맞지 않는 것은 거부했다. 거절당한 기술은 나중에 다른 회사에 의해 상품화되었는데, 그로 인해 수많은 회사가 다른 가치 사슬value chain(기업에서 경쟁 전략을 세우기 위해, 자신의 경쟁적 지위를 파악하고 이를 향상할 수 있는 지점을 찾기 위해 사용하는 모형—편집자)을 만들어냈다. 제록스의 경영 모델에 가치가 없다고 해서 채택하지 않은 기술 중 몇 개는 다른 경영 모델의 사용을 통해 가치 있게 쓰였다. PARC의 기술에 대한 제록스의 경영은 한마디로 폐쇄형 기술 혁신에서 개방형 기술 혁신으로의 변화를 보여준다.

제2장과 제3장에서는 폐쇄형 기술 혁신과 개방형 기술 혁신 모델을 상세히 알아보고, 핵심이 되는 통찰력에 도달하게 된다. 유용한 지식은 널리 확산되어왔다. 한 세기 전에는 많은 선두 회사가 지식을 독점했다. 선두 회사는 산업을 유지

할만한 중요한 연구를 통해 산업 전체를 이끌었다. 오늘날 이 지식 독점권은 대부분 분해되었다. 정부의 독점금지 정책에 따른 것이기도 했지만, 대부분 대학 연구의 질과 생산성의 향상을 동반한 새로운 스타트업의 맹공격으로 분해되었다. 또한 중앙연구소의 지식이 유출되어 분배되기도 했다. 이 중요한 지식의 대부분은 회사, 고객, 공급자, 대학, 국립연구소, 산업 공동체, 스타트업들에 분배되었다.

제3장에서는 회사가 지식의 부를 충분히 활용하고 있지 않다고 주장한다. 어떤 회사는 경영에 다른 사람의 아이디어를 너무 적게 사용하는데, 이는 혁신을 위한 노력을 이중으로 낭비하는 셈이다. 결과를 얻기 위한 회사의 내부 연구 개발 속도를 더디게 할 뿐만 아니라 비생산적으로 만든다. 또 어떤 회사는 경영하면서 다른 사람의 아이디어를 거의 받아들이지 않는다. 이는 더 큰 이익을 얻을 기회를 버리는 것과 같다.

이와 관련한 통찰력은 쉽게 사용하는 아이디어가 아니면 잃어버릴 수 있다는 점이다. 폐쇄형 기술 혁신을 손상시킨 약화 요인은 회사가 아이디어를 내부적으로 사용하기 전까지 아이디어를 방치하는 것이다. 하지만 아이디어를 고안한 사람들은 더 이상 회사에서 써줄 때까지 기다리거나 아이디어를 방치하도록 내버려 두지 않는다. 아이디어를 방치하는 회사는 외부 기업에 그 아이디어와 아이디어를 생각해낸 사람을 잃어버릴 가능성이 높다.

벤처 사업에서는 네 번째 통찰력을 제시한다. 아이디어나 기술의 가치는 그 경영 모델에 달려 있다. 기술 그 자체의 타고난 가치라는 것은 없다. 대신 가치는 시장에 내놓기 위해 사용되는 경영 모델에 의해 결정된다. 두 가지 다른 경영 모델을 통해 시장에 내놓은 동일한 기술은 다른 양의 가치를 산출해낼 것이다. 열등한 기술은 더 나은 비즈니스 모델을 가지고 있지만, 종종 열등한 비즈니스 모델을 통해 상품화된 우월한 기술을 능가한다. 경영 모델은 어떤 소비자 문제를 해결할 것인지 정의하며, 그 문제를 해결하기 위해 외부나 내부에서 아이디어를 찾는다. 또 경영 모델은 그 가치의 일부를 어떤 방식으로 요구할 것인지 구체화한다. 이는 지식재산을 관리하는 것과 밀접한 관련이 있다.

제5장에서 제8장까지는 선두 회사에서 활용하는 개방형 기술 혁신, 즉 오픈 이노베이션의 개념에 대해 상세히 설명한다. 제5장은 IBM이 혁신을 경영한 방식에서 어떻게 변화했는지 자세히 들여다본다. IBM은 폐쇄형 기술 혁신을 추구하는 전형적인 회사 중 하나였고, 이는 오늘날 폐쇄형 기술 혁신 접근 방식과 관련된 낡은 생각에 영향을 미쳤다. 그러나 현재 IBM은 다른 사람들의 기술을 회사 경영에 자주 이

용할 뿐만 아니라 다른 회사에서 사용할 수 있도록 회사의 기술을 팔기도 한다. 제6장은 인텔의 전혀 다른 혁신 모델을 설명한다. 처음부터 인텔은 폐쇄형 기술 혁신 패러다임의 많은 아이디어를 멀리했다. 또한, 회사 내부에서 연구를 적게 하는 대신 외부 기술을 빌려 회사를 운영하고 있다. 이는 외부 학술 연구의 신중한 관찰과 외부 스타트업에 대한 법인 벤처 캐피털(자본) 투자를 통해 이뤄진다.

외부 기술을 내부에 가져오는 인텔의 접근 방식과 반대로, 제7장에서는 내부 기술을 외부에 유출하는 루슨트의 접근 방식을 설명한다. 루슨트의 사내 신규 벤처 그룹은 벨 연구소 안에서의 내부 벤처 캐피털 집단처럼 행동한다. 사내 신규 벤처 그룹의 존재는 루슨트가 벨 연구소의 기술—루슨트 안에 남아 있는 기술과 새롭게 형성된 자본을 통해 시장으로 가져간 기술—을 상품화하는 방식에 영향을 미친다.

인텔과 루슨트는 개방형 기술 혁신에 대한 또 다른 핵심 개념을 설명한다. 벤처 캐피털의 존재는 모두를 위한 혁신 과정을 변화시킨다. 그리고 벤처 캐피털의 영향은 자금을 조달하는 스타트업을 넘어 확산된다. 위험 부담 자본은 궁극적으로 스타트업에 사람들을 빼앗기거나, 스타트업에 구매하거나 그들에게 판매하는, 그들과 경쟁하거나 협력하는 회사에 영향을 미친다. 자금을 조달한 회사에 가치를 더하기 위한 벤처 자본 투자 과정은 기술의 순환 속에서 이해할 수 없지만, 개방형 기술 혁신 패러다임에서는 매우 중요하다. 최소한의 자금으로 설립한 회사는 벤처 캐피털과 공존하는 법을 배워야 한다. 그들은 기술을 상품화하기 위한 다양한 기관의 실험에 자금을 조달하는 벤처 캐피털의 능력을 활용하며, 그 실험을 회사의 미래 성장을 위한 초기 시장 탐색으로 다루는 것이다.

제8장은 혁신 과정에서 지식 재산의 관리에 대해 검토한다. 이 장에서는 개방형 기술 혁신의 마지막 통찰력, 즉 풍부한 지식의 세계에서 회사는 지식 재산의 적극적인 구매자—그리고 적극적인 판매자—가 되어야 한다고 강조한다. 회사의 지식 재산을 그들의 경영에 사용하는 것 이상으로 많은 상업적 이익을 거두는 회사는 드물다. 그리고 모든 회사는 자금을 이용해 지식 재산을 발명하기보다 외부 지식을 이용함으로써 이익을 낼 수 있다. 이를 위해 지식 재산을 관리하는 데 전혀 다른 사고방식이 필요하다. 경쟁자를 물리치기 위해 지식 재산을 관리하기보다 다른 사람이 지식 재산을 사용하는 데서 수익을 내기 위해 관리하는 것이다. 그러니 다른 회사의 지식 재산으로부터 이익을 창출하는 것을 걱정하지 않길 바란다. 밀레니엄Millennium 제약회사, IBM, 인텔을 통해 지식 재산을 관리하는 데 필요한 기회에 관해 설

명한다.

제9장은 회사가 어떻게 하면 개방형 기술 혁신 시스템으로 변화할 수 있는지 알아보고, 개방형 기술 혁신의 원리를 활용하는 방법을 설명한다. 또 외부 기술이 현재 회사 경영의 틈새를 어떻게 메울 수 있는지 그 방법을 검토한다. 내부 기술이 어떤 방식으로 회사 신규 사업의 씨앗을 만들어낼 수 있는지도 살펴본다.

이 책을 이해하기 위해서는 전체적으로 혁신 과정의 새로운 시각이 필요하다. 이 시각은 내부 아이디어를 양성하면서도 외부에서도 지식을 얻기 위해 노력하는 것이다. 회사의 사업을 진척시키는 그 어떠한 자원에서든 가치 있는 아이디어를 사용하며, 회사의 아이디어 또한 다른 회사가 쓸 수 있게 하는 것과 같다. 21세기 기업은 회사를 둘러싼 지식 세계를 스스로 열어놓았기 때문에 오늘날 많은 회사의 연구 개발 활동을 약화시킨 혁신의 역설을 피할 수 있다. 이렇게 하면 회사는 현재 진행 중인 사업을 새롭게 개선하고 새로운 사업을 창출할 수 있다. 혁신적 회사의 입장에서 보면, 지식이 풍부한 요즘이 가장 좋은 기회일 것이다.

제1장

제록스의 팔로알토 연구소

폐쇄형 기술 혁신의 성과와 한계

제록스는 복사기 분야에서 선두 자리를 지켜왔다. 이 회사의 혁신에 관한 유명한 일화는 대부분 팔로알토 연구소PARC에서 발생했는데, 이는 제록스가 컴퓨터 산업이라는 새로운 시장에 진출할 수 있게 하기 위한 전략이었다. 혁신기술에 투자한 만큼 가치를 창출하지 못한 제록스의 문제는 잘 알려져 있으나, 전체적인 이야기를 아는 사람은 거의 없다.

제록스의 사례에는 흥미로운 수수께끼가 있다. 훌륭한 연구 센터를 세울 만한 자원과 안목을 소유한 회사가—30년 이상 센터에 자금을 조달한 인내심과 중요한 기술을 통합하는 능력은 말할 것도 없다—어떻게 수많은 아이디어를 놓칠 수 있었을까? 제록스가 PARC를 잘못 관리한 걸까? PARC가 잘못된 프로젝트를 추구한 걸까? PARC가 잘못된 프로젝트를 버린 것인가? 왜 PARC의 많은 컴퓨터 산업 관련 혁신이 제록스와 주주에게는 미미한 이익만 가져다주었을까?

이 질문에 대한 답은 제록스의 연구와 기술 관리 방식과 이에 관련한 성취 문제를 동시에 지적하고 있다. 제록스의 접근 방식은 20세기를 이끄는 기업 대부분이 사용하는 가장 좋은 경영 기법과 같다. 즉 제록스의 이력을 보면, 이 접근 방식의 수많은 장점과 함께 최근 직면한 어려움을 알 수 있다.

제록스의 혁신 성취

1970년경 제록스는 잘나가는 회사였다. 제록스는 1950년대에 할로이드Haloid라는 작은 회사로 시작해 〈포춘Fortune〉이 선정한 매출 규모 500위 안에 든 거물급 회사로 성장했다. 급격히 증가하는 사무용 복사기 시장에서 우위를 차지하면서 제록스는 빠르게 성장했고, 수익률도 매우 높았다. 제록스의 주식도 가격이 치솟았으며 소위 말하는 니프티 50 Nifty Fifty (1969년부터 1973년까지 미국 증권시장을 이끌었던 최상위 50종목—옮긴이) 중 하나였다.

제록스는 이 행운이 언제까지 계속될지 모른다는 사실을 깨달았다. 회사의 미래를 보장받으려면 위치를 확고하게 다지기 위한 투자가 필요하다고 생각했다. 1969년, 제록스의 사장 피터 매콜로Peter McColough는 당시 제록스 연구소장이던 제이컵 골드먼Jacob Goldman에게 회사 연구 기관 안에 새 연구소를 세우라고 지시했다. 매콜로는 '정보의 구축'이라는 자신의 생각을 실현하기 위해 회사에 필요한 기술을 제공하려 했다. 매콜로의 목적은 제록스가 지금의 사무용 복사기 선두 기업을 뛰어넘어 정보 집약적 제품의 사무용 장비 공급 회사가 되는 것이었다.

골드먼은 매콜로가 제시한 과제를 흔쾌히 받아들였다. 그는 만약 제록스 RCA 같은 회사의 운명을 피하고 싶다면 이러한 투자가 필요하다고 생각했다. RCA는 라디오와 텔레비전을 포함한 가전제품 선두주자였다. RCA는 낮은 가격에 질 좋은 제품을 만들기 위해 진공관과 관련한 우수한 기술을 개발했다. 윌리엄 쇼클리와 그의 동료들이 벨 연구소에서 트랜지스터를 생산했을 때, RCA는 진공관 기술 개발에 더 많이 투자했다. RCA는 많은 것을 얻었지만, 고체 전자공학 기술의 어마어마한 가능성을 예측하는 데는 실패했다. 결국 1960년대에 RCA는 시장에서 유리했던 기술과 함께 명성을 잃었다. 그러므로 첨단 기술에 대한 끊임없는 투자를 통해 제록스가 미래 사업에서 RCA와 비슷한 전철을 밟지 않게 하겠다는 골드먼의 생각은 너무 당연했다.

팔로알토 연구 센터 설립

골드먼은 이 새로운 연구 시설을 이끌어 가기 위해 제록스의 과학자 조지 페이크George Pake를 스카우트했다. 페이크로서는 정부에서 컴퓨터 기술에 대한 연구를 줄이는 시기에 운 좋게 스카우트 제의를 받은 셈이다. 그 결과 골드먼과 페이크는 그 분야의 뛰어난 연구원들을 영입할 수 있었다. 1970년, 페이크는 캘리포니아의 팔로알토 지역에 팔로알토 연구센터를 설립했다.

PARC는 오늘날 개인용 컴퓨터와 통신 혁명의 중요한 부분인 여러 종류의 혁신을 주도했다. 그래픽 기능을 활용한 사용자 중심의 인터페이스GUI(접속기 또는 서로 다른 두 개 이상의 독립된 컴퓨터 시스템 구성요소 간에 정보를 교환하는 공유 경계—편집자)도 PARC에서 개발했다. 이 외에도 단말기의 녹색 ASC II 문자(미국 정보 교환 표준 부호로 영문 알파벳을 사용하는 대표적인 문자 인코딩 기술—편집자) 대신 디지털 이미지로 저장할 수 있는 비트맵 방식의 화면, 그리고 더 빠른 속도의 네트워킹 프로토콜인 이더넷 네트워킹 프로토콜(LAN 등의 네트워크에 연결된 컴퓨터들이 MAC 주소를 사용해서 데이터를 주고받을 수 있는 통신 규격—편집자)가 있다. 전자 문서 PDF의 전신이자 리딩 폰트 렌더링 프로그램인 포스트스크립트PostScript 또한 PARC에 그 뿌리를 두고 있다. 게다가 문서 관리 소프트웨어, 인터넷 검색, 인덱싱 기술, 온라인 회의 기술까지 개발했다.

PARC는 반도체 다이오드 레이저와 레이저 프린터 연구에 큰 공헌을 했으며, 제록스의 복사기와 프린터 사업에 매우 중요한 여러 가지 기술을 개발했다. PARC의 연구와 기술의 대부분은 사회를 위한 거대한 경제 가치를 창출했지만, 사실 그의 모기업에는 이익을 거의 안겨주지 못했다.

제록스는 PARC의 기술이 이익을 내지 못하자 PARC에 대해 자세히 검토했다. 어떤 이들은 서부 해안의 연구실에서 만든 기술의 가치를 알아채지 못한 이유를 제록스가 스탬퍼드와 코네티컷에서 경영을 잘못했기 때문이라고 설명했다. 또 다른 이들은 PARC 기술의 가치를 획득하는 문제를 기업 본사의 실수와 함께 PARC 시설 내부 정책에 잘못이라고 지적했다.

그러나 이 두 가지 요인으로는 불충분하다. 제록스는 30년 이상 PARC를 아낌없이 지원했다. 만약 연구소의 가치를 깨닫지 못했다면 제록스가 그렇게 오랫동안 PARC를 지지했을 리 없다. 그리고 PARC의 과학자들은 단순히 기술을 만들어낸 것이 아니다. 그들은 서로 다른 하드웨어를 통합하고 복잡한 응용 소프트웨어를 실행하는, 고도로 발달한 시스템을 개발해왔다. 이 통합을 이루기 위해서는 다양한 과학 분야의 협력과 교류가 필요하다. 그러므로 내분 때문에 바람직하지 못한 방향으로 나아가 연구 센터가 분열되었다는 의견과 맞지 않는다.

이 제안은 PARC 문제의 근본 원인을 놓치고 있다. 연구 센터가 경영을 잘하지 못한 것이 아니다. 오히려 PARC는 뛰어난 경영 기법을 토대로 운영되었다. PARC의 운영진이 무지한 것도 아니었다. 그들은 훌륭한 연구 개발 경영을 수행하던 지적이고 분별력 있는 사람들이었다. 그리고 PARC가 쓸모없는 것도 아니었다. 사실 PARC는 개인용 컴퓨터와 통신 산업의 보이지 않는 곳에서 시스템 구축과 기술 개발에 큰 공헌을 했다. 또 제록스가 판매한 레이저 프린터와 업그레이드된 복사기는 PARC가 개발한 것이다.

PARC와 제록스의 문제는 근본적 원인에서 교훈을 찾을 수 있다. 어떤 사람들은 제록스의 문제를 기업 경영의 무지함이나 내부 정치 공작 탓으로 돌린다. 또 어떤 사람들은 제록스의 경험에서 배울 것이 거의 없다고 생각한다. 하지만 제록스가 산업을 대표하는 모범적 경영 기법으로 회사를 운영했다면, 제록스의 경험은 다른 모든 혁신 기관에도 매우 중요하다. PARC의 상황을 더 깊이 이해하는 것이 미래 혁신 활동을 경영하는 또 다른 방법이 될 수 있기 때문이다.

'PARC 문제'의 근본 원인

제록스 내부의 많은 프로젝트를 신중히 재검토하고, 100여 명의 전·현직 관리자를 인터뷰한 나는 PARC와 제록스의 문제는 제록스가 혁신 과정을 경영한 방식 때문이라고 결론 내렸다. 제록스는 PARC를 '폐쇄형 기술 혁신' 패러다임을 통해 경영했다. 기업은 새로운 돌파구를 발견하고, 그것을 제품으로 개발하고, 회사의 공장에서 제품을 생산하고, 그 제품을 판매하고, 재정적으로 지원하고, 서비스하려 노력했는데 이 모든 것을 회사의 테두리 안에서만 하려고 했다. 제록스는 이 패러다임을 전혀 의심하지 않았다. 이 모든 과정은 제2차 세계대전 이후 미국 산업의 모든 선두적 연구 개발 시설을 관리하는 데 사용되었다.

이와 반대로 PARC에서 비롯한 가장 훌륭한 기술적 성취는 '오픈 이노베이션', 즉 '개방형 기술 혁신'이라는 전혀 다른 맥락에서 뿌리를 내리면서 실질적 경제 가치를 만들어낼 수 있었다. 이 성취의 대부분은 PARC의 핵심 연구원이 제록스를 떠나 규모가 더 작은 회사나 스타트업, 또는 직접 회사를 차릴 때만 실현되었다. 이 회사들은 제록스가 추구한 심층적 수직 통합의 모델을 사용할 형편이 못 됐다. 대신 자신의 기술을 상품화할 비즈니스 모델을 명확하게 만들었다. 그리고 시스템을 개발하기 위해 다른 회사와 협력할 수 있는 시스템과 구조를 만들어냈다. 결과적으로 상업적 성공을 거둔 스타트업은 대부분 그들이 제록스를 떠날 때 원래 계획했던 방식과 다른 기술을 적용했다.

어떤 기술은 핵심 직원이 애플Apple로 이직하면서 시작되었다. PARC에서 만들어낸 많은 사용자 인터페이스 디자인 개념을 매킨토시Macintosh 컴퓨터로 구현한 것이다. 또 다른 기술은 마이크로소프트에서 상품화되었다. 예를 들어, 브라보 워드프로세서Bravo word processor(텍스트의 글꼴, 크기 변경과 그래픽 삽입이 가능한 최초의 텍스트 편집 프로그램—편집자)는 마이크로소프트 워드의 시조다. PARC의 기술 몇 가지를 흡수하기 전에 애플과 마이크로소프트는 신생 회사였고 내부에 연구 능력이 거의 없었다.

PARC 기술의 대부분은 연구원들이 이직하면서 스타트업을 통해 새롭게 개발되었으며, 투자자들이 여기에 자금을 지원했다. [표 1-1]은 1979년에서 1998년까지 제록스의 기술 중 하나를 상품화하기 위해 만든 24개의 PARC '자회사'를 나타낸다. 그중 많은 회사가 금세 사라졌지만 열 곳은 주식을 상장했으며, 몇몇 회사—쓰리콤3Com, 어도비Adobe, 다큐멘텀Documentum 등—는 크게 성공했다.

[표 1-1]은 제록스의 자회사에서 개발한 기술을 경영하는

데서 생긴 또 다른 신화를 나타낸다. 이 기술의 대부분은 제록스에서 근무하는 연구 책임자의 부주의와 태만 때문에 유출되지는 않았다. 대신 제록스는 비독점적 기술 특허를 통해 이 기술의 대부분이 유출되는 것을 허락했고, 그 대가로 적정한 지분을 얻었다.

만약 제록스가 이 자회사를 실수로 놓친 게 아니라면 왜 유출되도록 내버려 두었을까? 자회사에 따라 다르겠지만, 제록스는 회사 내부에서 각각의 기술에 잠재된 가능성을 거의 보지 못했다. 제록스 입장에서는 기술 개발 비용이 많이 드는 데다 더 중요할지도 모르는 다른 연구에 투자해야 했다. 제록스는 결국 연구 자금 지원을 중단했다. 많은 연구원이 회사에 더 가치 있다고 생각되는 팀으로 부서를 옮겼지만, 어떤 연구원들은 그 프로젝트를 중단하고 싶어 하지 않았다. 그러자 제록스는 그 연구원들이 프로젝트를 가지고 회사를 떠나도록 허락했다.

그중 어떤 기술은 나중에 매우 가치 있게 사용됐지만, 처음부터 성공을 확신했던 것은 아니다. 기술이 이전됐을 때 자회사는 우아한 백조라기보다는 미운 오리 새끼에 가까웠다. 이 프로젝트는 제록스를 떠난 후 시장으로 향하는 그들의 여정에서 중요한 발전이었고 심지어 변화를 경험했다. 만약 그들이 제록스에 계속 남아 있었다면 변화가 일어나지 않는 것

표 1-1 제록스의 PARC 분사, 1979~1998년

회사명	제록스에서 분사하도록 라이선스를 허가했는가?	분사 연월	처분 방식	처분 일자	처분 기술	원래 CEO 혹은 부서장
3Com	그렇다	1979. 6	IPO	1984. 3	하드웨어, 네트워크	로버트 멧칼프
VLSI	아니다	1979. 8	IPO	1983. 3	기타	잭 발레토
GRiD	아니다	1979.12	인수됨	1988. 7	하드웨어, 소프트웨어	존 엘런비
Aurora	그렇다	1980.12	11장	1988.12	하드웨어, 소프트웨어	리처드 쇼웁
Optimem	그렇다	1980. 6	팔림	1991. 6	하드웨어	조지 솔먼
Metaphor	아니다	1982.10	팔림	1991.10	하드웨어, 소프트웨어, 네트워크	돈 마사로
Komag	그렇다	1983. 6	IPO	1987. 3	하드웨어, 기타	투 첸, 스티브 존슨
SDLI	그렇다	1983. 6	IPO	1995. 3	기타	도널드 R. 사이프레스
Adobe	아니다	1983.11	IPO	1986. 8	소프트웨어	존 E. 워녹
Microlytics	그렇다	1985. 3	11장	1996.11	소프트웨어, 기타	마이클 와이너

SynOptics	그렇다	1985.10	IPO	1988.10	네트워크	앤디 루드위크
StepperVision	그렇다	1987. 4	라이선스	1988.10	하드웨어, 소프트웨어	워스 루드위크
ParcPlace	그렇다	1988.3	IPO	1994.2	소프트웨어	아델 골드버그
AWPI	그렇다	1989.6	되삼	1991.1	하드웨어, 소프트웨어	토니 도밋
Documentum	그렇다	1990.1	IPO	1996.1	소프트웨어	하워드 쇼아
Semaphore	그렇다	1990.10	인수됨	1998.4	하드웨어, 소프트웨어, 기타	찰스 하트
Document Sciences	그렇다	1991.10	IPO	1996.9	소프트웨어	토니 도밋
LiveWorks	그렇다	1992.8	문 닫음	1997.7	네트워크	리처드 브루스
CTI	아니다	1994.5	계속 기업		소프트웨어, 기타	헨리 상
X ColorgrafX	그렇다	1994.10	계속 기업		프린터	베리 라선
DpiX	그렇다	1996.3	판매됨	1999.7	다이오드, 기타	말콤 톰슨
PlaceWare	그렇다	1996.11	계속 기업		소프트웨어	리차드 브루스
Inxight	그렇다	1996.12	계속 기업		소프트웨어	모한 트리카
Uppercase	그렇다	1998.1	계속 기업		하드웨어, 소프트웨어	프랭크 할사츠

은 물론 자회사도 성공하지 못했을 것이다. 그들은 기술이나 사람들의 전망보다는 외부에서 일어나는 사건을 통해 성공을 거두었다. 이 변화의 경로는, 잘 알려지지 않았지만, 성공적으로 제록스 PARC에서 파생한 기업인 신옵틱스SynOptics의 진화로 설명할 수 있다.

신옵틱스의 변화

신옵틱스 기술은 1980년대 중반, 광케이블을 통해 고속의 이더넷Ethernet(컴퓨터 네트워크 기술 중 하나로 LAN, MAN 및 WAN 등 일반적으로 가장 많이 활용되는 기술 규격—편집자)을 만드는 것을 목표로 PARC 내부에서 개발했다. 그 프로젝트는 로버트 멧칼프Robert Metcalfe가 5년 전 그의 스타트업인 3Com과 함께 상품화한 이더넷을 가지고 연구하는 것이었다. 그러나 이것을 상품화하기까지는 오랜 시간과 많은 기술이 필요했다. 신옵틱스 기술을 사용하려면 고객들은 컴퓨터, 프린터는 물론 다른 장치를 연결하는 새로운 배선의 네트워크를 설치해야 했고 비용도 만만치 않았다. 제록스는 이 기술을 개발하는 데 더 이상 투자하지 않기로 결정했다. 컴퓨터 시장의 주된 고객의 욕구를 훨씬 앞서는 기술이었기 때문이다.

앤디 루드위크Andy Ludwick와 로널드 슈미트Ronald Schmidt는 이 기술을 회사에 적용할 수 있는지 알아보기 위해 외부로 유출하기로 했다. 그들은 광케이블 통신 장비가 시장에서 성공할 때까지 인내심을 갖고 기다렸다. 그리고 광학 장비를 판매하고 설치하는 부가가치 판매자를 통해 제품을 판매할 수 있을 것이라 판단했다. 하지만 시간이 오래 걸리는 데다 고객들은 완전한 광케이블 네트워크를 구매하기 위해 큰 비용을 들여야 했다. 그들은 일단 시장이 형성되면 유리한 입장이 될 것이라고 판단했다. 루드위크와 슈미트는 이 기술을 가지고 회사를 나왔으며, 제록스는 보유 지분의 15%를 신생회사와 나누기로 결정했다.

얼마 후 루드위크와 슈미트는 그 기술에서 큰 가능성을 보았다. 그들이 광케이블로 이더넷 패킷Packet(모든 프로토콜 스택에서 네트워크를 오가는 데이터의 단위로 사용되는 것, 즉 데이터의 한 덩어리—편집자)을 끌어내기 위해 기록한 소프트웨어와 프로토콜(컴퓨터간에 정보를 교환할 때 사용하는 통신 방법에 대한 규칙—편집자)은 실제로 동선 네트워크에 적용할 수 있었다. 그들은 동선 네트워크를 통해 이더넷의 속도를 증가시켰다(신옵틱스 덕분에 가능했던 이더넷 전송 속도 증가는 처음에 IBM의 토큰링으로 알려진 전선의 특정 네트워크 형태에서만 가능했지만, 이후 다른 지역 정보 통신망도 새로 바뀌었다). 회사는 새로운 전송 수단(광케이블)인 이더넷을 계속 연구하는 한편, 이미 작동하던 동선 네트워크 기술을 사용해 더 평범하게 접근하기로 했다.

이는 회사의 성공에 크게 기여했다. 아직 설치하지 않은 미래의 네트워크에 제품을 판매하는 대신 이미 설치해서 사용하고 있는 수천 개의 네트워크 속도와 성능을 향상시킬 수 있었다. 신옵틱스는 이 접근 방식을 상품화했다. 회사를 설립하고 3년 만인 1988년 10월에는 주식을 상장했다. 소액의 자본으로 PARC 내부에서 시작된 작은 규모의 개발 프로젝트가 짧은 시간 안에 1억 달러(약 1,220억 원) 규모의 회사로 성장하게 해준 것이다. 그 후 신옵틱스는 미국 동부에 있는 웰플리트와 합병해 베이 네트워크Bay Networks라는 회사—나중에 베이 네트워크는 노텔에 합병되었다—를 만들었다.

신옵틱스가 실현한 가치의 근원은 단순히 PARC 내부에서 개발한, 제록스가 놓친 초기 소프트웨어와 하드웨어만은 아니다. 다른 종류의 케이블을 사용하고 서로 다른 네트워크와 제휴한 그 기술의 창의적인 '재조합' 덕분이다. 신옵틱스는 제록스의 제품이 먼 미래에 빠른 속도로 실행되길 기다리기보다 IBM과 다른 네트워크가 오늘날 더 빠른 속도로 실행되도록 하는 방법을 배웠다. 이것은 회사가 제록스 연구소의 아늑한 울타리에서 떠난 후에 일어난 일이며, 신옵틱스가 그 기술을 적용하는 다른 방법을 구체화하하도록 자극

그림 1-1 제록스와 비교한 제록스 PARC 분사들의 시장 가치

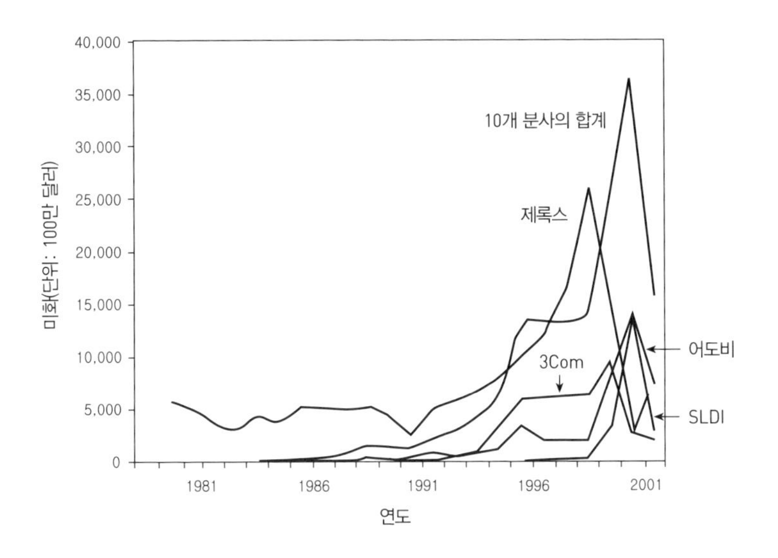

했다.

물론 PARC를 떠난 수많은 프로젝트는 아무것도 달성하지 못했다. 이 프로젝트의 경우 가치를 형성하려는 다른 접근 방식에 대한 조사가 무의미한 것으로 나타났다. 그러나 몇몇 회사는 크게 성공했다. 그들은 기술은 개인용 컴퓨터 혁명을 촉진했고, 컴퓨터 네트워킹과 통신 산업에 큰 공헌을 했다. 〔그림 1-1〕은 이 회사들이 주식에 상장할 무렵의 시장 가치를 보여준다. 제록스의 주식은 1990년대에 크게 상승했지만, 2000년과 2001년에는 큰 폭으로 하락했다. 하지만 제록스의 분사 주식은 1990년대에 급상승했다. 1995년과 1999년에는 다시 한번 제록스를 앞질렀다. 그러나 이 회사는 기술 관련 주가의 붕괴로 2000년과 2001년에 주가가 급격히 하락했다. 전체적으로 이 분사들의 시장 가치는 2001년 후반에 그들의 모회사인 제록스를 두 배 이상 초과했다.

제록스 분사의 성공은 분명 놀라운 일인 데다 제록스 내부에서 일하는 기술 책임자들조차 예측하지 못했다. 처음에는 이 기술이 제록스에 중요하지 않고 성공할 가능성도 희박해 보였다. 신옵틱스의 기술 혁신처럼 다른 분사의 기술은 제록스 내부 연구팀을 떠난 후 크게 변했다. 이런 점으로 미루어 볼 때, 분사들은 전체적으로 제록스의 복사기와 프린터의 수직적으로 통합된 가치 사슬을 각각의 구성요소 기술로 해체했다. 그러고는 이 기술을 수평 경영을 형성한 시스템 건축으로 설계했으며, 가장 먼저 개인용 컴퓨터와 통신 산업에 활용했다. 이 산업에서는 제록스 복사기와 프린터 내부에서 발견한 것을 대신해 다른 많은 회사의 기술과 결합했다.

분사들의 자원을 작아 보이게 할만큼 어마어마한 제록스의 자원에도 불구하고 이 새로운 기회는 기업 연구실의 울타리 안에서는 예측하기 힘든 것이었다. 신생 기업이 뒤따른 과정에서 무언가가 스타트업의 기술을 더 강력하고 유용한 방법으로 시장에 내놓게 만들었고, 새롭게 성장하는 시장도 다룰 수 있게 했다. 새로운 시장으로 향하는 과정에서 제록스 문제의 근본 원인이 있었던 것이다. 물론 제록스의 능력과 안목은 회사의 현 사업을 위해 많은 기술적 불확실성을 극복하게 했다. 하지만 제록스의 혁신 과정은 새로운 잠재적 사업을 위한 기술과 시장의 불확실성을 다루는 데 적합하지 않았다.

기술과 시장의 불확실성 관리하기

신옵틱스의 사례처럼 새로운 기술의 성공적인 상품화는 기술과 시장의 불확실성에 대한 관리를 포함한다. 새로운 기술력과 성능을 이해하지 못한 것뿐만 아니라 시스템의 다른 부분과의 관계도 잘 나타나 있지 않다. 초기 단계의 기술 프로젝트가 불확실한 시장을 겨냥할 때, 이 기술적 불확실성은 시장의 불확실성과 일치한다. 뿐만 아니라 소비자들이 어떤 방식으로 기술을 사용하는지, 그리고 어떤 이익을 낼 수 있는지도 알려져 있지 않다.

새로운 기술의 응용은 이미 알려진 고객을 상대하는 현 시장을 보면 이해가 빠르다. 기술 자체는 매우 어렵다고 느낄 수 있지만, 기술의 사용 및 이점은 대부분 앞서 출시된 기술을 경험해본 고객들을 통해 분명해진다. 제록스는 훨씬 높은 수준의 기술적 불확실성을 다루는 데에도 그다지 어렵지 않았다. 예를 들면 프로젝트의 결과가 복사기와 프린터 시장에 직접 적용될 수 있었다. 이 회사는 전체적인 기술의 기초를 고성장 시기를 거치는 동안 초기 시절의 기계에서 전기를 이용한 기계로 바꿨다. 1990년대에는 완전히 전기적이면서 디지털 방식의 플랫폼으로 변화했다. 그리고 반도체에 기반을 둔 레이저 다이오드Laser Diode(유도 방출에 의한 빛의 증폭으로 파장 등의 성질이 완벽하게 동일한 빛을 출력할 수 있으며 반도체 레이저라고도 불린다—편집자)를 고성능 복사기와 프린터 사업에 사용하기 시작했다. 그 결과 제록스는 앞선 시기에 RCA를 침몰하게 했던 기술적 쇠퇴를 피할 수 있었다.

제록스를 좌절시킨 진짜 사건은 회사의 유망한 기술을 현 시장과 소비자의 '외부'에 적용해야 할 때였다. 여기에서 회사가 고군분투한 기술적 불확실성은 새로운 시장의 불확실성과 일치했다. 즉 어떤 소비자와 어떤 기술을 사용할 때 가장 가치 있는지의 문제였던 것이다.

시장의 불확실성에 대처한다는 것은 기술적 불확실성 다루기라는 어려운 도전을 더욱 복잡하게 한다. 기술이 도움되는 시장이 어디인가에 달려 있기 때문이다. 기술을 어디에 집중시킬 것인가, 그 기술을 최적화할 방법을 선택하는 것은 사실상 시장을 선택하는 것을 의미한다. 신옵틱스의 기술은 원래 제록스 복사기를 더 빠른 속도로 실행하기 위해 PARC 내부에서 만들었다. 이러한 과제는, IBM과 호환이 가능한 개인용 컴퓨터를 휴렛팩커드 프린터와 다른 호환 가능한 요소와 결합한 IBM의 토큰링 네트워크처럼 외부 네트워크를 실행하는 것과는 전적으로 다르다. 기술의 가치 있는 사용법과 목표로 삼을 좋은 시장을 알기 전까지는 누구도 기술 개발 활동의 어디에 초점을 맞춰야 할지 알 수 없다.

새로운 기술을 상품화하려면 기술적인 문제와 시장의 불확실성을 해결해야 하지만 처음부터 최적의 경로를 예상할 수는 없다. 간단히 말하면 모든 가능성을 미리 알 수 없다는 것이다. 미래의 일은 그 누구도 알아맞힐 수 없을 뿐만 아니라 '알 수 없는 것'이기도 하다. 아무리 계획하고 연구한다 해도 미래를 정확히 내다볼 수는 없다. 아직은 존재하지 않기 때문이다. 그러므로 어떤 소비자가 무엇을 좋아하고 싫어하는지 알아내기 위해 초기 제품을 생산해야 한다. 그런 다음 일을 진척시키면서 피드백을 반영해 계획을 수정하며 더 많은 정보를 활용할 수 있도록 조절해야 한다. 이런 상황에서 기술을 하나 이상의 가능한 시장과 구성에 사용해보는 것도 좋은 방법이다. 다양한 접근 방식은 기술을 가치 있게 사용하는 방법을 발견할 가능성을 높여준다. 혁신의 역사를 보면, 아이디어의 처음 의도와 다른 새로운 제품 혹은 기술의 가장 좋은 궁극적 사용법에 대한 사례가 많다.

규모가 큰 회사는 시장을 시험하기 어렵다. 회사마다 새로운 기술을 시험하기 위해 다양한 방법을 연구하지만, 대부분 새로운 사업이 될지도 모르는 다양한 시장에서 초기 기술을 시험해보는 노력은 부족하다. 또 테스트에 들어가는 비용을 낭비라고 생각하는데, 대부분의 시도가 성공하지 못하고 중지되기 때문이다. 이와 같은 비효율성에 대한 인식은 잘못된 것이다. 기술을 어디에 적용할지 미리 알 수 있다고 가정한 셈이다. 어느 길로 가야 성공할지는 누구도 알 수 없으므로 한 번 시도해보고 실망할 것이 아니라 여러 번 시도해보는 것이 좋다. 다음 지침을 따르면 새로운 시장에서 새로운 기술을 개발하는 데 도움이 될 것이다.

- 첫째, 가능한 한 저렴한 가격에 피드백을 신속하게 얻어야 하므로 다양한 가능성을 탐색한다.
- 둘째, 최종 시장에 충실한 테스트를 탐색해 초기 테스트 성공이 이후 시장 성공과 관련 있는지 확인한다.
- 마지막으로, 상세하고 철저하며 신중한 계획보다는 우선 초기 탐사를 시도하고 이 탐사들이 밝혀낸 새로운 정보에 빠르게 반응한다.

체스와 포커

새로운 시장에서 초기 기술을 개발하는 것은 현 시장에서 기술을 향상시키는 것과는 매우 다르다. 이 두 차이점은 체스와 포커에 비교할 수 있다. 다음은 전직 IBM 연구 부장인 제임스 맥그로디James McGroddy가 내게 해준 말이다.

> 당신이 기술을 현 사업에 겨냥하는 것은 체스 게임과 같다. 당신은 체스의 말, 그리고 말들이 할 수 있는 것과 할 수 없는 것을 알고 있다. 당신은 그 게임에서 이기기 위해 경쟁자가 어떻게 행동할지 알고 있으며, 고객들이 당신에게 원하는 것이 무엇인지 알고 있다. 당신은 많은 움직임을 미리 예측할 수 있다. 실제로 이기려면 그렇게 해야 한다. 새로운 시장에서 당신은 기술을 완전히 다르게 계획해야 한다. 당신은 이제 체스를 두는 것이 아니라 포커를 하고 있다. 당신이 모든 정보를 알고 있는 것은 아니다. 그러나 게임에서 이기기 위해 돈을 더 걸어야 할지 결정을 내려야 한다.

제록스의 PARC 기술 경영과 일맥상통하는 멋진 비유다. 제록스의 혁신 과정은 체스를 두기에는 좋았지만, 포커를 하기에는 적절하지 않았던 것이다.

PARC의 내부 연구 프로젝트는 보통 어떤 새로운 기술적 가능성에 매료된 각 연구원의 주도로 시작되었다. 개인의 주도로 프로젝트에 대한 열정과 책임감을 고취시켰다. 많은 내부 연구원이 미래 기술적 기회에 대해 그들이 처음 계획했던 아이디어와 비전을 계속 추구하는 것으로 유명해졌다. 이는 모든 연구 프로젝트가 거쳐야 할 첫 번째 시험이었다.

프로젝트가 직면한 두 번째 시험은 연구실의 다른 연구원들이 프로젝트에 흥미가 있는지였다. 연구원들이 자발적으로 프로젝트에 참여해야 한다고 경영자가 지시하는 대신, 비공식적인 상향식 프로세스를 주축으로 각 연구원이 다음에 작업하기를 원하는 곳을 결정했다. 이 비공식적인 정책은 연구원들이 가장 관심 있어 하는 프로젝트에 그들을 배치했고, 연구소 내부에서 어떤 프로젝트가 '뜨거운' 관심의 대상인지 제록스에 보여주었다.

모든 프로젝트가 이 시험을 통과한 것은 아니다. 그러고 나서 제록스 경영자들은 초기 프로젝트에 대한 추후 작업에 개입해 더 이상 추진하지 못하게 하고, 연구원들이 다른 프로젝트에 관심을 갖도록 했다. 이 과정에서 연구원들의 정신력과 창의력은 매우 중요했기에 자연스럽게 자금 조달을 멈춰야 했다. 1990년대 PARC를 경영한 존 실리 브라운John Seely

Brown은 내게 이렇게 말했다.

"나는 절대로 연구 프로젝트를 그만두게 한 적이 없다. 다만 연구원의 재능을 필요로 하는, 더 좋고 재미있으며 중요한 연구 기회가 있을지 모른다는 것을 제안하기 위해 가끔 연구원들을 만났다."

이후 기술을 선도할 작은 규모의 집단이 형성되면 프로젝트를 계속 진행하기 위해 더 많은 자원이 필요하다. 프로젝트의 그 시점에서, 제록스의 연구 관리는 더 공식적인 시험에 적용하기 시작했다. 팀이 직면한 기술적 도전, 팀의 수준, 그 때까지 실현한 과정, 진행되는 프로세스의 가능성 등 경영자들은 프로젝트의 기술적 가능성을 평가했다. 다른 한편으로는 회사에 대한 프로젝트의 경제적 가치를 판단해야 했으므로 프로젝트의 잠재적 가치에 대한 제록스 사업 부서의 판단력을 모으기 위해 그들과 접촉했다.

제록스는 주로 복사기, 프린터, 그리고 관련 물품 등 일반적인 복사·인쇄 시장 안에서 수입과 이익을 늘리는 데 사업의 초점을 맞췄다. 사업을 위한 기술을 얻겠다는 일념으로, 가끔 개발 중인 기술을 미리 검토하기 위해 제록스의 연구소에 고객들을 초청했다. 고객들의 연구소 방문은 판매고를 높이는데 한몫했으며, 제록스가 항상 고객을 고려하고 있다는 생각을 심어주었다.

제록스를 방문한 고객들은 경영자에게 어떤 기술이 가장 유망해 보이는지 의견을 제시했다. 이 의견은 자원이 어떤 기술 프로젝트에 할당되는지, 어떤 비즈니스에서 기술이 연구소에서 손익으로 옮기는 의무를 이행해야 하는지를 결정하는 연간 예산 편성 과정에 중요한 정보가 되었다. 이 이러한 비즈니스는 회사 제품의 새로운 버전, 제품의 가격 개선, 제품 제공 비용 절감을 통해 새로운 기술의 결합으로 예상되는 수익을 예측해야 했다. 물론 이 예측은 현 시장과 고객의 반응을 반영하는 경향이 있었고, 다른 시장과 고객의 반응은 고려하지 않는 경향이 있었다.

프로젝트의 규모가 점점 커지고 더 많은 자원을 소비할수록, 회사 내부에서는 이 프로젝트를 철저히 검토하게 되었다. 수백만 달러를 투자한 프로젝트가 상품화 단계에 이르면 제록스 사장까지 나서서 여러 방식으로 재검토했다. 이 내부적 재검토는 시간이 걸렸지만, 프로젝트의 재무적 영향, 프로젝트가 회사 제품의 품질에 미치는 영향, 프로젝트의 분배, 프로젝트의 국제적 연관성 같은 중요한 결정의 많은 측면이 회사 전체 차원에서 고려되었다.

〔그림 1-2〕는 회사 내부에서 재검토 과정을 통해 아이디어들이 어떻게 진행되는지 묘사한 것이다. 각각의 점선으로 된 수직선은 연구 프로젝트가 평가되는 재검토 시점을 나타낸

그림 1-2 제록스의 혁신 프로세스(1996년)

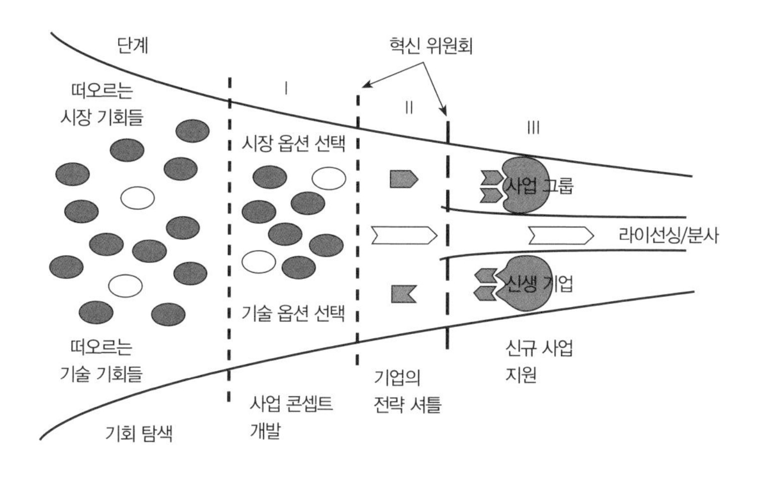

다. 프로젝트들이 왼쪽에서 오른쪽으로 이동하면서 더 많은 자원을 필요로 하며, 프로젝트의 수는 적어진다. 또 프로젝트는 시장에 가까워지고, 더 많은 고객에게 노출된다. 이 과정의 오른쪽에서, 프로젝트는 제록스의 사업 그룹으로 향했으며, 신생 기업으로 고려되거나 외부에 특허를 팔거나 기술을 유출했다.

이 과정은 체스를 두기에는 효과적인 방법이었다. 시험은 각 프로젝트에 대한 명확한 의견을 제시했고, 큰 비용—고객 방문 등의 시험은 실제로 제품을 판매하는 데 도움이 되었으며, 테스트 비용은 훨씬 감소했다—을 초래하지 않았다. 테스트의 충실도는 매우 높았다. 고객들이 선호한 프로젝트는 시장에서도 잘 팔렸다. 그 과정은 제록스의 사업 그룹을 위한 다수의 유용한 프로젝트를 만들어냈다.

하지만 이 과정은 현 사업의 외부에서 포커를 하기에는 적합하지 않았다. 〔그림 1-2〕에서 알 수 있듯이, 이 경로는 프로젝트를 새로운 기업 창업 혹은 특허 판매·분사 경로로 향하게 한다. 여기에서 시장 기회와 프로젝트의 잠재적 경제 가치를 평가하는 과정은 깨진다.

고객들은 종종 PARC에서 본 새로운 기술을 어떻게 해야 하는지 알지 못했다. 기술에 흥미를 느낄지는 모르겠지만 그 기술을 어떻게 활용할지에 대한 지식은 없었다. 제록스의 영업팀 또한 신생 기술에 대한 가치 명제를 발견하기 위해 고군분투했을 것이다. PARC는 자문가와 외부 연구원 등을 이용해 시장 가능성과 고객의 요구를 시험하는 특별한 방법을 개발했다. 그러나 그 방법은 결과를 산출하는 데 효과가 없었으며, 종종 불분명했고, 시장에서 성공하지 못했다. 이 프로젝트는 연간 예산 편성 과정에서, 제록스의 사업에 적용하기 위해 더 명확한 시험을 통과한 다른 프로젝트와의 경쟁에서도 성공하지 못했다. 결과적으로 많은 프로젝트가 자금을 조달받지 못했는데 이는 앞의 〔표 1-1〕처럼 분사가 되는 기술의 유출로 나타났다.

PARC 기술이 실리콘밸리의 벤처 캐피털을 만나다

제록스 분사의 이탈은 전체 이야기에서 겨우 중간까지일 뿐이다. 프로젝트가 제록스에서 유출된 후의 과정에 대해서는 다루지 않았기 때문이다. [표 1-1]에 나열한 거의 모든 회사는 제록스 내부의 지지를 받은 프로젝트와는 다른 과정을 통해 프로젝트의 추가 개발에 자금을 조달했다. 이 기술은 나중에 외부 벤처 캐피털에 의해 자금을 지원받았다. 즉 PARC는 실리콘밸리의 중부인 팔로알토에 있었고, PARC에서 가장 두드러진 기술이 유출되는 것과 동시에 벤처 캐피털 산업은 실리콘밸리에서 그 규모가 계속 커졌다.

벤처 캐피털은 1970년대까지는 영세한 사업이었으나, 1980년대 중반에 이르러 실리콘밸리에서 강력한 힘을 가지게 되었다. 단순히 유망한 아이디어를 위한 자금의 또 다른 원천이 아니라 새로운 연구 결과를 상품화하기 위해 스타트업을 창조하는 새로운 과정이었다. 이것은 제록스와 대부분의 대규모 기업이 프로젝트를 내부적으로 평가하는 방식과 뚜렷하게 대비된다.

여러 가지 측면에서, 벤처 캐피털 프로세스는 대규모 회사가 그들의 기술 프로젝트를 재검토하기 위해 사용하는 과정보다 열등하다. 후자에 비해 훨씬 적은 정보들이 유입된다.

벤처 캐피털 회사는 프로젝트에 대한 분석을 덜 수행하며, 기술적 재검토는 피상적으로 이루어지고, 훨씬 적은 수의 사람들이 참여하게 된다. 소비자 정보는 폭넓지 않으며, 다른 책임 경영자들은 프로젝트를 거의 검토하지 않는다. 전반적으로, 기술 프로젝트를 재검토하기 위한 벤처 캐피털 프로세스는 체스를 두기에는 좋은 방법이 아니다.

이 프로세스는 포커를 하기에 적합한 특성을 지니고 있다. 가지고 있는 패가 이기는 패 같다면 단기간에 기업 이사회가 한 번의 재검토로 투자를 하게 된다. 이 투자는 빠르게 재고되고 결국 카드를 접게 될 것이다. 즉 위험 부담을 피할 수 있다. 마찬가지로 위험 부담을 멈추는 이사회의 결정은 다른 부서의 추가 재검토 없이 최종 승인된다.

초기 시장에서 참신한 기술의 이용 기회를 찾는다는 측면에서 테스트의 질도 더 좋다. 보통 신생 회사는 더 큰 규모의 회사에서 시행한, 잠재적 고객에게 잠재적 제품에 대한 그들의 의견을 묻는 시장 연구에 의존한다. 하지만 벤처 캐피털 프로세스는 실제 회사에 판매한 제품으로 시장과 고객의 요구를 평가한다. 비록 프로젝트의 기술력은 떨어지지만 이 약점은 다른 기술과도 연결되기 때문에 새로운 정보를 신속하게 반영해서 약점을 보완할 수 있다.

제록스를 떠나 가치 있는 분사로 만들어준 기술은 모두 이

두 번째 과정을 통과했다. 그들의 성공은 이직한 연구원의 타고난 재능이나 연구원이 작업한 결과물의 질 때문이 아니다. 막연하고 애매모호한 연구 아이디어를 강력하고 값어치 있는 기술로 변화시킨 외부 벤처 캐피털 프로세스의 장점 덕분이다. 이 프로세스는 제록스 외부 기술을 탐색하기 위해 제록스 내부에서 사용되는 프로세스보다 훨씬 효과적이다.

이것은 PARC의 경험에서 배울 수 있는 교훈이다. PARC의 성공과 실패는 동일한 근본적 원인, 바로 제록스가 사업 외부의 연구 결과물을 관리하는 것에 대한 접근 방식에서 비롯되었다. PARC의 성공은 기술 혁신 혹은 산업 R&D의 내부적 패러다임의 강점을 설명하는데, 여기에서는 체스를 두는 것이 현재 경영의 확장에 매우 중요하다. 폐쇄형 기술 혁신에서 제록스는 유용하고 타당한 시험을 적용했다. 반면 PARC의 실패는 폐쇄형 기술 혁신 모델의 한계를 보여준다. 새로운 시장을 확인하고 성공적으로 개척하기 위해 포커 기술이 필요하다. 이러한 상황에서 제록스는 새로운 정보를 재빨리 적용하기 위한 효과적 시험과 능력이 부족했다.

반면 벤처 캐피털의 시험과 적응력은 발생 초기의 산업을 추구하는 데 적합했다. 벤처 캐피털 프로세스—포커에 필요한 것과 동일한—는 사실상 혁신하는 새로운 방법이다. 벤처 투자자들은 새로운 아이디어와 지식이 회사 외부에서 발생할 것이라 예측했다. 재능을 개발하고 적용할 기회가 충분하지 않으면 직원들은 회사를 떠날 수 있고 그들도 퇴사하는 직원을 이해한다. 벤처 캐피털 회사는 새로운 아이디어를 더 빠르고 광범위하게 활용할 수 있는 방법을 모색하기 때문에 내부 아이디어의 급격한 쇠퇴가 예상된다. 그리고 기술과 지식 재산, 회사를 위한 경영 모델의 선택에 대한 새로운 방식의 사고를 일부 포함한다.

새로운 잠재적 시장을 발생시키는 급격한 변화의 세계에서 회사를 혁신하는 것은 포커를 하는 방법뿐만 아니라 체스를 두는 방법도 배워야 할 필요가 있다. 이 회사들이 아이디어를 시장으로 가져가는 것에 대한 그들의 생각을 바꾸지 않는다면, 잠재된 아이디어의 가치를 얻을 수 없다. 어떤 회사도 더 이상 아이디어에만 전적으로 의지할 수 없다. 또 시장으로 향하는 단 하나의 경로에서 혁신을 사용하는 것을 제한할 수 없다. 모든 회사는 새로운 시장에서 새로운 기술을 시험하는 그들의 능력을 개발할 필요가 있다. 회사가 포커 기술을 개발할수록 그들은 벤처 자본가, 스타트업, 분사들을 새로운 관점에서 보게 될 것이다. 이들을 회사의 체스 게임을 복잡하게 하는 문제로 인식하지 않고, 신생 기업이 기술과 성장의 새로운 자원을 이끌지도 모른다고 생각할 것이다.

이 기술을 배우는 데 실패하는 회사는 제록스처럼 개발에 성공해도 이익을 내지 못할 수 있다. 제록스는 회사의 기술로 체스를 두었지만, 실리콘밸리는 그것을 가지고 포커를 했다. 그리고 제록스 주주들은 혁신에 대한 후자의 접근 방식에서 발생한 이익을 얻지 못했다.

제2장

폐쇄형 기술 혁신의 패러다임

산업 연구 개발을 조직하기 위한 폐쇄형 기술 혁신 패러다임과 그에 따른 사고방식은 중요한 성과와 성공을 이끌었다. 그것은 제록스의 PARC 연구 시설을 운영하는 데 사용한 정신적 모델이자 20세기 미국 기업 대부분이 연구소를 운영하기 위해 이용한 모델이었다.

폐쇄형 기술 혁신 패러다임의 성공은 변화하는 지식 풍토에서도 그 틀을 유지하는 원인이 된다. 폐쇄형 기술 혁신 패러다임은 20세기 초의 지식 환경에 맞는, 근본적으로 회사 내부에 초점을 맞춘 접근 방식이다. 그러나 이 패러다임은 점점 21세기 초의 지식 풍토와 조화를 이루지 못하고 있다.

유용한 지식에 접근하는 방법: 사고의 실험

우선 사고의 실험부터 시작해보자. 당신이 21세기 초에 한창 성장하고 있는 회사를 경영한다고 가정해보자. 제품은 잘 팔리고 회사는 선두의 위치에 올랐다. 이 운이 영원히 계속되지 않을 거라고 판단한 당신은 이렇게 생각한다. 산업에서 계속 주도권을 잡는 가장 좋은 방법은 새롭게 개선된 제품을 만들어 시장에 판매하는 것이라고 말이다. 그렇다면 새로운 제품과 서비스를 창출하는 데 가장 좋은 방법은 무엇일까? 당신에게 유용한 지식은 무엇이며, 어떻게 그 지식을 사업에 활용할 것인가?

아마도 당신은 회사 외부의 동종 업체에 대한 지적 상황에 대해 평가하는 것부터 시작할 것이다. 외부의 과학적 지식은 19세기에 크게 확장되었다. 1900년대 초에는 미생물, 엑스레이, 원자, 전기, 상대성 이론을 발견했다. 또 과학 연구를 수행하는 좀 더 조직적인 방법을 알게 되었다. 일찍이 알프레드 노스 화이트헤드Alfred North Whitehead가 말했듯 19세기의 가장 위대한 발명은 '발명하는 방법'이다.

1900년대에 대부분의 산업에서 과학이 활발해졌지만, 당신은 사업을 개선하기 위한 외부 지식이 많지는 않았다고 생각할 것이다. 과학이 활발하게 진행되는 시기—아인슈타인

Einstein, 보어Bohr, 뢴트겐Roentgen, 맥스웰Maxwell, 퀴리Curie, 파스퇴르Pasteur, 플랑크Planck가 활약했다—였지만, 대부분의 과학을 사람들이 이제 막 이해하기 시작한 단계였기 때문에 과학 지식을 상업적으로 응용할 수 없었다.

게다가 그 당시 과학계의 일반적 생각은, 대부분의 과학 실용성은 과학자들의 도움 없이도 이룰 수 있다는 것이었다. 독일 대학에서는 '순수 과학'에 대한 규범을 만들었고, 미국의 과학자들은 실용적 지식의 추구를 '천박한 과학'이라 여겼다. 에디슨 같은 '엉터리' 과학자의 명성을 한탄했던 헨리 로랜드Henry Rowland의 신랄한 항의를 생각해보자. 1883년, 미국과학진보학회American Academy for the Advancement of Science 모임 연설에서 그는 다음과 같이 말했다.

"나의 위치에서 앞으로 수행할 적절한 과정 하나는 전보와 전등, 그리고 그런 편리한 물건을 과학이라는 이름으로 부르기보다 이 나라에서 물리학의 과학을 창조하기 위해 반드시 행해져야 할 것은 무엇인가를 고려하는 것이다. … (과학) 사회의 평균 목소리가 낮을 때, 가장 높은 영광이 이류에게 주어질 때, 삼류 사람들이 본보기로 제시될 때, 그리고 하찮은 발명이 과학적 발견으로 확장될 때, 그런 사회의 영향은 좋지 않다."

당시 존경받던 많은 과학자는 그들의 재능을 적용하고 상업적 문제에 응용할 곳이 없다고 주장했다. 응용과학은 과학 자체의 가치와 질이 손상될 수밖에 없다고 믿었기 때문이다. 그들은 스스로 타협하고 과학적 발견의 과정을 타락시킨 토머스 에디슨 같은 사람이 능력 없는 과학자라고 생각했다.

이 시기의 과학자들은 물리 세계를 이해하는 데 탁월한 능력을 갖췄지만, 실용적 문제에는 관심이 없었다. 대학 강의실과 과학 강의와 상업적 응용에는 큰 차이가 있었다. 대학 내부에서 창조된 지식이 아무리 유용해 보여도 산업에 그 지식을 활용할 수는 없었다. 게다가 대학은 중요한 실험을 수행할 재정적 자원이 부족했다. 정부의 도움을 기대할 수도 없었다. 정부의 경제 지원 규모는 오늘날보다 훨씬 작았기 때문이다. 그리고 그 당시의 정부는 연구 시스템 분야에서 큰 역할을 하지 못했다. 정부는 특허 체제 제정 같은 몇 가지 일을 수행했으며, 무게와 측정에 관한 특정한 요구와 화약 같은 군수 물품 연구를 위한 자금만 지원했다. 미국 정부는 농업 연구를 위해 대학에 토지를 무상 대여 등 자금을 지원했고, 독점 금지 활동이란 명목으로 가장 큰 독점 기업을 해체했다. 그러나 전반적으로 정부는 과학을 조직하고 연구비를 지원하는 데 제한적 역할만 했다.

만약 대학과 정부가 과학의 상업적 응용을 이끌지 않았다면 무엇이 기술적 진보를 이끌었을까? 산업계는 과학의 상업적 이용을 위한 연구 자금의 주요 자원이었고, 산업계 연구소는 산업 연구의 중요한 활동 무대였다.

이 도전의 비용과 이익을 저울질해보면, 당신은 회사 내부에서 과학적 지식을 발견하고 상업적인 개발을 추구하는 것이 실제로 할 수 있는 유일한 일이었다고 생각할 것이다. 외부의 과학 집단이 과학의 실용성에 관심을 가질 때까지 막연히 기다릴 수는 없기 때문이다. 다른 회사가 당신이 생산하는 완제품의 중요한 부품을 제공하는 사업을 시작할 때까지 기다릴 수도 없다. 결국 당신은 내부에 연구 개발팀을 만들기로 한다.

이제 당신은 제품의 근간을 이루는 기본 재료 과학부터 그것을 응용하는 방법, 제작하는 과정, 사용하는 방법까지, 다양한 범위의 주제를 연구해야 한다는 것을 깨닫는다. 당신의 연구소는 기본 물질부터 최종 제품까지 다루어야 한다. 따라서 고도로 훈련된 사람들을 고용해 뛰어난 연구 집단을 만들어야 한다.

당신은 다른 선두 기업을 조사하고, 그들이 지식을 향상하기 위해 어떤 일을 하고 있는지 살펴볼 것이다. 예를 들어 화학, 석유 같은 그 당시 선두 산업의 기업가들이 당신이 내린 것과 같은 결론, 즉 내부 연구 개발 조직을 통한 기술 혁신 추구에 도달했다는 것을 알게 될 것이다. 독일의 화학 회사는 새로운 염료를 만들어내는 데 쓰이는 물질의 특성을 업그레이드된 연구를 통해 체계적으로 확장했다. 석유 회사들은 원유의 특성을 이해해 정제법을 빠르게 향상했다. 이 과정에서 그들은 원재료를 벗어나 추가로 새로운 생산품까지 혁신했다.

역사가인 알프레드 챈들러Alfred Chandler는 이 기간에 많은 선두 산업체의 선택을 상세히 기록했다. 그의 중요한 발견 중 하나는 내부 연구 개발 기능의 역할이었다. 이 연구 개발 시설은 매우 성공적이었고, 회사는 많은 선두 산업이나 규모의 경제(투입 규모가 커질수록 장기 평균 비용이 줄어드는 현상—편집자)를 자연스럽게 독점하게 되었다. 또 이 연구소들은 물질에 대한 새로운 특성을 계속 발견했다. 그 결과 만들어낸 제품에 대한 새로운 가능성은 새로운 사업 기회 혹은 창조적 영역의 경제를 이끌었다.

따라서 중앙연구소와 내부 제품 개발 시설은 현대 산업이 번영하는 데 중요한 요소였다. 중앙의 조직에서 이루어지는 이 연구와 개발은 회사 전략의 중심이자 핵심적 사업 투자라 여겼다. 그러므로 연구 개발은 경제의 지식 풍토에서 나타나는 두드러진 특징이었다. 이들은 상대적으로 대학과 소규모 기업, 정부와도 연결고리가 없었다. 그래서 대부분 자급자족 형태였다.

20세기 초 지식 풍토는 불모지나 다름없는 빈약한 지역에 위치해 요새화된 성城이라고 할 수 있다. 각 회사의 중앙 연구 개발 조직 성벽 안에는 폭넓은 현상을 철저하고 상세하게 연구하는 데 기반을 둔 이해의 보물창고가 자리 잡고 있었다. 각각의 성은 상대적으로 자급자족 형태를 띠었기 때문에 때때로 외부인이 방문할 수 있었다. 성의 거주자를 둘러싼 환경에서 벗어나 대학 혹은 과학 박람회로 모험을 떠나기도 했다. 그러나 대부분의 활동은 성벽 안에서 이루어졌다. 성 바깥에 있는 사람들은 성 안에서 만든 불가사의한 것을 보고 놀라는 것밖에 할 수 없었다.

지식 풍토의 변화

지식 풍토에서 중요한 변화 중 하나는 20세기 초 미국의 국공립대학 시스템과 기업의 독특한 관계였다. 유럽의 수준 높은 교육 시스템과 달리, 미국의 시스템은 국립대학에서조차 분산되었다. 주립학교는 주 정부로부터 자금을 조달받았고, 대서양 너머에 있는 경쟁자보다 커져가는 지역의 상업적 요구에 응해야 했다. 광업, 농업, 공업 같은 산업은 국공립대학 시스템에서 과학과 기술에 대한 집중 투자로 큰 이익을 얻었다. 하지만 사립대학은 국가에 의무를 다하거나 주 정부에 대한 책임을 지지 않았다. 그래서 그들은 과학과 기술 정책을 자유롭게 추구할 수 있었다.

과학이 상품화되는 경향이 두드러지자, 과학의 상업화에 대한 독일의 태도가 반영된 헨리 로랜드의 앞선 속물근성도 힘을 잃기 시작했다. 챈들러의 기록에서 알 수 있듯이 산업 연구 개발 부문에서는 에디슨 같은 과학자들이 막대한 상업적 이익을 가져온 초기 제품을 만들어냈다. 분산된 지역 자금 조달과 더 높은 교육 수준에 집중한 결과, 미국 내 대학 수가 증가하고 품질이 향상되었다. 대학은 기업이 산업 연구실에 고용했던 실력 있는 기술자와 과학자 인력을 확장했다.

다음 두 가지 조치는 분산된 시스템 기능의 좋은 예다. 첫째, 연방 정부가 남북 전쟁 이후 과학과 기술에 집중하는 주립대학을 위해 무상 토지를 제공했다. 오늘날 '빅 텐'(미국 중서부 지역에서 가장 우수한 주립대학교 10개)은 대부분 이 무상 증여된 토지에 세워졌다. 중요한 것은 이 대학들이 어떤 역사와 종전의 접근 방식에도 구애받지 않으며 그들의 과제를 수행한 최초의 공동체라는 점이다. 그들은 공학 분야를 연구할 가치가 있는 분야로 받아들였다. 이는 로랜드와 비슷한 생각을 하고 있던 하버드, 예일 같은 대학과 달리 과학의 실용성을 처음으로 적용한 것이다.

둘째, 연방 정부는 1862년의 모릴 법 제정과 1887년, 1906년의 성공적인 법으로 농업의 확장을 주도하기 위한 자금을 조성했다. 이 법률 제정은 농업에 새로운 아이디어를 보급하기 위해 지역적으로 대학의 연구실에 기반을 둔 정부 자금의 네트워크—몇몇은 '빅 텐' 대학에서 나왔다—를 형성했다. 이 시스템은 혼합 종자, 윤작, 해충 통제 같은 혁신을 통해 미국 내 농장의 생산성을 높였다.

이를 고려한 새로운 연구의 시작은 연방 정부, 대학, 산업의 유대를 돈독하게 했다. 그리고 이 유대관계는 제2차 세계대전의 발발로 크게 강화되었다.

제2차 세계대전: 미국 사회에서 과학 지식 동원하기

제2차 세계대전은 미국 산업에서 능률, 생산, 기술 혁신을 중요시하는 촉매제 역할을 했다. 프랭클린 D. 루스벨트Franklin D. Roosevelt 대통령은 원자폭탄과 최초의 컴퓨터를 성공적으로 만들어낸 전시 체제를 평화 시기의 기술 혁신에 적용할 수 있으리라 믿었다.

"정신의 신개척지는 우리 앞에 있다. 그리고 만일 우리가 이번 전쟁에서 수행한 것과 동일한 시각, 배짱으로 개척하고 이끈다면 우리는 더 풍부하고 더 유익한 고용, 더 풍부하고 더 유익한 삶을 창조할 수 있을 것이다."

전쟁이 거의 끝나갈 무렵인 1944년 11월 17일, 루스벨트는 미국이 평화 시기에 군대와 과학의 진보를 활용하는 방법을 연구하기 위해, 바네바 부시Vannevar Bush를—전쟁 중 군대 연구 프로그램을 조사한—과학 연구와 개발부 책임자로 임명했다. 루스벨트는 부시에게 어떻게 하면 정부가 군수 과학을 민간인의 개선으로 변화시킬 수 있고, 훈련된 미국 과학자의 수를 늘릴 수 있으며, 공적·사적인 영역에서 연구 활동을 도울 수 있는지 물었다. 〈과학, 끝없는 개척지Science: The Endless Frontier〉라는 제목을 붙인 부시의 결과 보고서는 과학과 기술에 대한 미국의 전후 정책의 토대가 되었다.

부시는 대학 수준에서 기초 연구에 대한 연방 자금을 늘릴 필요가 있다고 주장했다. 비록 미국이 응용 연구 개발 분야에서는 앞서고 있으나(비행기, 라디오, 레이더 등의 기술이 이를 증명함), 이 혁신은 유럽에서 들여온 기초 연구에 의존해왔다. 심지어 원자폭탄도 결정적으로 유럽에서 훈련을 받은 과학자의 지식을 빌려야 했다. 부시는 다음과 같이 주장했다.

"새로운 기초 과학 지식을 위해 다른 나라에 의존하는 국가는 기계적 기술과는 상관없이 산업이 느리게 발달하고, 세계 무역에서 경쟁력이 떨어질 것이다."

부시는 정부 부서와 대학, 군부, 산업을 통제하고 조절할 국가 연구 재단National Research Foundation의 건립을 제안했다. 또 정부는 기초 연구 개발이 산업과 군부에 이익이 될 것이므로 기초 연구를 강화하기 위해 대학에 자금을 조달해야 한다, 그러면 산업과 군대가 응용 기술에 주의를 집중할 수 있다고 주장했으나 받아들여지지 않았다. 반면, 정부는 그가 변호한 산업과 대학에서 더 많은 연구개발을 자극하기 위해 연방 자금을 사용하는 분산화 접근 방식을 받아들였다. [표 2-1]은 연구 개발을 위한 정부 자금 조달의 급격한 증가와 연구 개발 시스템의 여러 기관을 보여준다. 이 시스템은 이후 40년간 미국의 혁신 시스템의 특성을 보여준다. 1985년까지 정부가 연구 개발을 위해 지원한 자금이 산업의 자금을 초과하는 것에 주목하자. 그때(1985년)부터 산업은 연구 개발을 위한 자금의 대부분을 지원하고 있다.

부시는 과학 인력의 질과 양을 늘려야 한다는 것을 깨달았다. 이 상황을 해결하기 위해 78회기 국회는 공법 346을 통과시켰다. 이 법은 소위 '제대 군인 보호법'으로 알려져 있으며, 연방 정부의 비용으로 특정 조건을 갖춘 전쟁의 퇴역 장병의 교육을 제공한다. 더불어 과학적 재능이 있는 군인에게는 새로운 장학금을 지급했으며, 그들이 과학 분야에서 석사나 박사 학위를 취득하도록 장려했다. 제대 군인 보호법은

표 2-1 미국의 연구 개발을 위한 투자의 출처(1992년)

단위 = 100만 달러(약 12억 2,000만 원)

연도	정부	산업	대학	기타 비영리단체	합계
1930년	248	1,195	210	59	1,712
1940년	614	2,077	280	94	3,063
1955년	17,977	12,902	453	318	31,650
1960년	39,185	20,281	666	538	60,670
1970년	53,559	26,944	1,099	894	82,498
1975년	49,534	34,543	1,544	1,122	86,743
1980년	43,070	37,084	1,810	1,273	83,237
1985년	48,022	50,133	2,175	1,469	101,799
1991년	63,035	95,030	3,505	3,372	164,942
1995년	59,375	102,994	3,816	3,679	169,864
1998년	59,083	125,469	4,342	3,717	192,611

출처: 1930, 1940년—바네바 부시, 《Science: The Endless Frontier》(워싱턴 DC: U.S. Government Printing Office, 1945).

1955~1985년—리처드 넬슨, 《National Innovation Systems》(옥스퍼드: 옥스퍼드 대학 출판, 1993).

1991~1998년—National Science Foun-dation, 《National Patterns of R&D Resources》(워싱턴 DC: National Science Foundation, 1993. 3).

학문 연구에 자금을 조달하는 연방 정부의 역할을 우수한 자격을 갖춘 학생의 수업료를 대주는 쪽으로 확장했다.

이러한 특권과 늘어난 자금 지원은 미국 기술 혁신 시스템에서 대학의 역할을 크게 확장시켰다. 또 부시가 전시에 이용한 과정은 레이더, 원자폭탄, 시한폭탄, 암호 작성법 개발을 성공적으로 이끌었다. 이 과정은 전쟁이 끝나고 부시가 제안한 기술 혁신 모델에 큰 영향을 미쳤다. 실제로 부시가 이용한 방법의 장점은 단순히 더 많은 돈을 써야 한다는 데 있지 않았다. 그보다 돈이 어떻게 쓰여야 하느냐는 '방식'에 있었다. '끝없는 개척지'라는 부시의 비전은 대학에서 연구하는 과학을 군대와 사회의 요구에 적용하는 임무에서 정부, 산업과 동등한 상대가 되도록 향상시켰다. 정부는 기초 과학 연구에 투자했으나, 그 연구의 대부분은 정부의 연구팀이 수행하지 않았다. 대신 학구적이고 선두적인 대학에서, 과학적 연구와 출판의 규범에 따라 연구가 진행되었다. 특히 이 협정으로 대학과 대학원 졸업자의 급격한 증가를 통해 사회와 기업이 이용 가능한 지식의 보고를 크게 키울 수 있었다.

확장되었으나 분산된 이 지식의 보고는 기업들이 대학의 연구 개발에 더 많은 자원을 투자하게 만들었다. 이것은 벨 연구소와 제너럴일렉트릭, 듀폰의 연구소처럼 전쟁 전에 형성된 많은 기업 연구소를 확장시켰다. 또 IBM의 티 제이 왓슨 연구소T. J. Watson Laboratories, RCA의 사노프 연구소Sarnoff Labs, 나중에는 HP 연구소와 제록스의 PARC 같은 새로운 연구소 설립에도 영향을 미쳤다.

많은 상업적 과학 성취가 이 회사 내부 연구소의 연구 결과로 실현되었다. 마이크로웨이브 위성 전송의 배경 잡음을 조사하던 벨 연구소 과학자들은 이 잡음이 전에는 알지 못했던 현상에 뿌리를 두고 있다는 것을 발견했다. 이들은 결국 우주의 암흑 물질을 발견해 노벨상을 받았다. IBM의 과학자들은 초전도(전류에 대한 저항이 전혀 없는 0의 상태로 내부 자기장을 밀어내는 성질을 가진다—편집자)를 발견해 노벨상을 받았다. 듀폰은 여러 가지 화학 섬유와 새로운 물질을 개발해 기술을 혁신했다. 급성장한 신생 기업인 제록스는 토너를 종이에 부착하기 위해 정전기를 충전하는 방식인 제로그래피Xerography를 발견했고, 상품화하는 데 성공하여 〈포춘〉이 선정한 자산 규모 500위 안에 드는 회사가 되었다.

이러한 발명에 투자한 회사들은 막대한 이익을 얻었다. 텔레콤 분야에서 합법적인 독점권을 가졌던 AT&T는 벨 연구소의 과학을 적용해 새로운 제품을 소개할 수 있었다. IBM은 메인 프레임 컴퓨터Mainframe computer(인구 조사, 공업 및 소비자 통계, 금융 같은 막대한 정보를 처리하고 다수의 사용자가 동시에 작업할 수 있도록 고안한 컴퓨터—편집자) 산업에서 거의 독점권을 쥐고 있었다. 그들은 회사의 이익을 최대화하고, IBM의 주도권을 따라잡으려는 경쟁자들의 문제점을 부각했다. 그리고 새롭게 발달한 기술을 단계적으로 도입하는 방법을 터득했다. 제록스는 많은 양을 복사하고, 정교하게 용지를 공급하고, 분류하며, 묶는 기능의 복사기로 시장에서 입지를 굳혔다. 그 밖에 많은 성공 사례도 회사가 중앙연구소를 통해 조직한 기초 연구에 상당한 투자를 하는 전략이 있었기에 가능했다.

그 결과는 내부적 연구 개발의 황금기였다. 기업의 연구 개발 혹은 기관은 과학 연구의 최첨단 분야에서 활약했다. 연구실 울타리 안에는 최첨단 장비가 갖춰져 있고, 능력 있는 직원이 근무하며, 상당한 수준의 자금을 조달받는 장기 연구 개발 프로그램에 초점을 맞췄다. 대규모 회사는 많은 연구에 자금을 조달해 진보된 기술을 얻었다. 그들이 연구와 기술을 주도해 산업에서 큰 이익을 얻을 수 있었다. 그러나 경쟁사에는 큰 걸림돌이었다. 산업에 참여하고 싶은 회사들은 경쟁에서 이기기 위해 장기 투자를 하고, 체스 게임에서 이기기 위해 움직임을 미리 파악해야 했다.

기술 혁신에 대한 경쟁사의 접근 방식의 기초가 되는 원리는 폐쇄적이면서 기업에 집중된 내부의 연구 개발이었다. 그 뿌리를 보면 깊은 수직적 통합이 필요하다는 것을 알 수 있다. 어떤 사업을 하려면 반드시 도구와 재료를 설계하고, 생산하고, 판매하고, 서비스하고, 지원하는 등 모든 것을 내부적으로 해야 한다는 것이다. 요새화된 내부 중심 연구의 바같에서는 지식 풍토가 거의 메말라 결실을 볼 수 없다고 추측했다. 결과적으로 회사는 핵심 기술을 위해—힘없는 외부 공급자들이 아니라—자신에게 의지해야 했다.

'여기에서 발명하지 않은NIH, Not-Invented-Here'이라는 용어도 이때 처음 나온 말이다. 이 용어는 원래 부정적 의미로 쓰였다. 만약 기술이 회사 내부에서 만들어지지 않는다면—즉, 여기에서 발명하지 않았다면—회사는 특정 기술의 품질, 성능, 유용성을 확신할 수 없었다. 예를 들어, IBM은 1960년대 회사의 디스크 드라이브 사업부에서 헤드와 미디어를 만들기 시작했는데, 이 중요한 부품을 매번 필요할 때마다 외부 공급자가 만들도록 지시할 수 없었기 때문이다. 그래서 부품을 개발하고, 그 부품을 서브 시스템으로 조립했으며, 이 요소로 시스템을 설계하고, 회사의 공장에서 시스템을 제조하고, 그들 스스로 시스템을 분배하고, 서비스하고, 심지어 시스템의 자금 조달까지 처리했다.

제록스는 제로그래피를 소비자에게 전달하기 위해 토너, 복사기, 광 렌즈, 용지와 분류의 하위 시스템을 만들 필요가 있었다. 기계적이고 전기적인 시스템을 추진했으나 함께 일할 만한 협력업체를 찾지 못했기 때문이다. 초기에는 복사기 시스템을 통과해 최적의 종이를 얻으려면 '종이'를 만들 필요가 있다는 것을 깨달았다. 연구 개발의 황금기는 깊

그림 2-1 폐쇄형 기술 혁신 안에서의 지식 이동

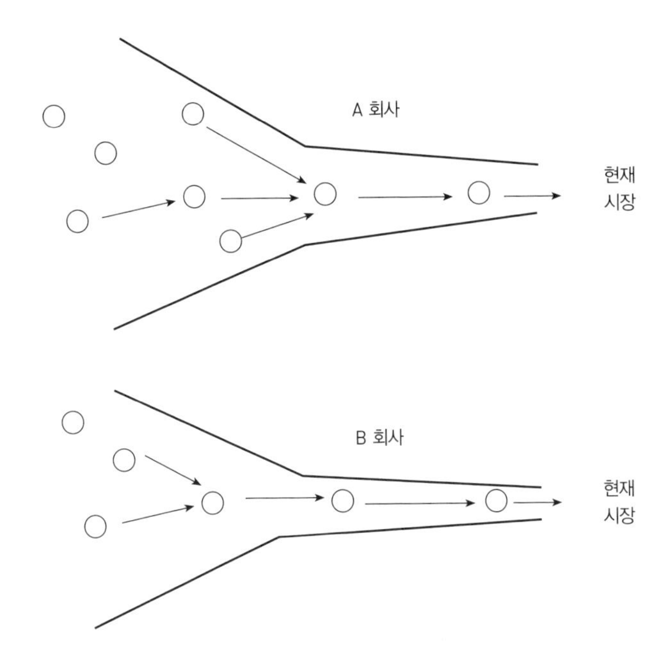

은 수직적 통합의 시대였고, 필요성—외부에 대안이 거의 없었기에—과 장점—어떤 회사가 사업 활동의 전체 가치 사슬을 통제하고 있다면, 생산 시장에서의 지배적인 위치 덕분에 연구 개발에서 가치를 얻기가 수월하므로—이 그 원인이었다.

〔그림 2-1〕은 연구 개발을 관리하는 폐쇄형 기술 혁신 패러다임을 나타낸다. 굵은 선은 A와 B라는 회사의 경계선을 나타낸다. 왼쪽의 아이디어는 각각의 회사로 유입되고, 오른쪽

시장으로 유출된다. 아이디어는 연구 과정에서 심사받고 걸러지며, 살아남은 아이디어는 개발되어 시장에 내놓게 된다.

〔그림 2-1〕은 A사와 B사처럼 깊고 수직적이며 통합된 연구 개발 기관의 패턴으로부터 발생한 지식 풍토와 회사를 둘러싼 메마른 지식 풍토를 보여준다. 비록 많은 아이디어가 있지만, 이 회사의 울타리 바깥에서 사용할 수 있는 아이디어는 거의 없다.

이 개념은 암묵적으로 모든 활동이 회사 내부에서 일어나야 한다는 것을 가정한다. 아이디어가 회사로 유입되는 다른 경로는 없고, 시장에 출시하는 제품과 서비스를 위한 다른 어떠한 경로도 없다. 이 단단한 연결은 시스템 밖으로 누출되는 것이 없음을 보여준다. 회사가 새로운 아이디어를 연구 개발 통로로 계속 유입하므로 많은 아이디어가 제품으로 개발되고, 결국 가치를 얻어낼 것이다. 이 흐름에 따라 회사가 미래에 수익성 있는 다른 제품을 연구할 때 재투자할 수 있을 것이다. 따라서 회사의 연구 개발 시스템은 계속 유지된다.

연구와 개발 사이의 긴장

이 기간의 산업 기술 혁신에 문제가 없었다는 것은 아니다. 그중 하나는 특정한 기술 프로젝트에 대응한 연구와 개발의 서로 다른 성과였다. 연구는 새로운 발견을 끌어낼, 기본적으로 새로운 개척지 탐험에 대한 것이다. 이 발견은 사전에 예측할 수 없다. 즉 특정한 날짜에 도착하도록 계획할 수도 없다. 또 연구 기관에 들어간 사람들이 연구 계획을 구성할 때 특별히 일정을 고려하지도 않는다. 대부분의 연구원은 고도로 훈련된 과학자와 기술자이며, 박사 학위를 가진 사람도 있다. 회사에서는 이들에게 많은 급여, 프로젝트 선택의 자유, 결과를 발표할 자유를 제공한다. 좁은 영역 안에서 전문화된 이들의 기술은 만약 사업 조건이 바뀌면 재훈련하기가 어렵다.

고도로 훈련된 전문가들은 중요한 연구 개발을 감지하고 그것을 회사의 사업에 적용할 수 있다. 그들은 결과를 시장에 내놓을 준비를 하기 전에 또 다른 프로젝트를 준비한다. 연구 기관은 대개 아이디어를 무조건 시장으로 가져가지 않는다. 대신 회사는 그들의 연구 부서를 아이디어의 발견과 초기 탐색으로 제한하고, 이 아이디어를 제품으로 개발하는 과제는 개발 기관으로 넘긴다. 연구 부서는 언제나 돈을 쓰는 곳으로 만들어져 있다. 매년 그 부서의 재무 목표는 예산을 벗어나지 않는 것이다. 시간이 흐르면서 연구 부서의 관리자는 대부분의 개념 학습이 이루어진, 숙성된 연구 프로젝트를 끝내길 원한다. 또 관리자는 능력 있는 젊은 연구원에게 공간을 마련해주기 위해 나이 많은 연구원이 회사에서 나가기를 바란다. 이 재편성은 관리자가 새로운 프로젝트를 시작하고, 새로운 아이디어와 에너지를 연구 기관에 쏟아붓게 한다. 이 과정은 의욕적인 연구원이 일하기 좋은 연구소를 만든다.

반대로, 개발은 연구 결과를 입력 정보로 보고 개발 자체 과정에 들여온다. 그 과정은 시간과 예산 같은 특정한 제약 안에서 문제를 해결하도록 훈련받은 기술자가 주도한다. 이 기능은 연구 아이디어를 구체화한 제품과 서비스로 생산해내고 시장에서 잘 팔리게 한다. 그러한 개발은 연구 과정과 달리 예측 가능한 마감 기한을 포함한다. 개발 부서의 관리자는 확인하려 하고, 특징지으려 하며, 새로운 제품과 서비스를 만들어낼 때의 위험을 최소화하기 위해 노력한다. '탁상공론'의 연구 환경과는 대조적으로, 연구를 새로운 제품과 서비스로 전환하기 위해 목표와 예산을 계획하고 그 일정에 맞춘다.

개발 부서는 대체로 사업부의 일부다. 개발 자체의 손익계산서를 갖는 이익 중심으로 구성된다. 개발 관리자는 연구로 탄생한 새로운 정보가 잘 규정되고 이해될 때 그것이 구체화하기를 원한다. 그러면 추가 비용 없이 새로운 연구 결과를 이용할 수 있기 때문이다. 이해할 수 없는 연구 결과는 그것을 새로운 제품에 적용하기까지 개발이 좀 더 필요하다. 이러한 추가 개발은 비용이 많이 드는 데다 회사에 손해를 입힌다. 또 불완전하게 이해된 정보는 개발 집단이 제품을 소개하는 일정을 놓친다는 더 큰 위험이 있다. 새로운 연구 정보를 다른 많은 기술과 결합해야 하므로 시스템의 나머지 부분과 새로운 기술의 상호작용은 복잡한 프로그램 실행을 어렵게 한다.

연구 부서와 개발 부서의 상반된 목표는 예산상의 차이점을 만든다. 돈을 쓰는 연구소는 새로운 아이디어로 나아가기를 원하지만, 개발 부서는 그 이상의 자금을 대기 전에 현 연구 아이디어에 더 많은 작업이 이루어지기를 바란다.

연구 부서	개발 부서
• 돈 쓰는 곳	• 이익을 내는 곳
• 발견: 왜?	• 집행: 어떻게?
• 예측하기 어려움	• 목표를 달성함
• 일정 계획이 어려움	• 일정에 맞춤
• 가능성을 창조함	• 위험을 최소화함
• 문제를 규명하고 그에 대해 생각하는 방법 추구	• 제약 조건 안에서 문제 해결

연구 부서와 개발 부서 간 차이점을 해결하기 위해 많은

회사에서 두 과정을 분리하는 완충 장치를 만들었다. 개발이 연구와 너무 긴밀하게 연결되지 않도록 하는 것이다. 이 완충 장치는 개발 부서가 연구 아이디어를 갖고 일할 준비가 되기 전까지 대기시키는 데 효과적이었다. 연구 부서가 "이것을 다 끝냈다"라고 말하면, 개발 부서는 "아직 준비되지 않았다"라고 할 것이다. 즉 개발 부서가 프로젝트의 개발 자금을 추가로 지원받는 것을 연기하는 동안, 연구 부서는 자금 지원이 중단되었을 것이다. 프로젝트는 사용해줄 기관이 나타나기를 기다리면서 완충 장치, 즉 선반 위에 놓여 있을 것이다. 많은 중앙 연구소들은 수많은 연구 결과가 이러한 방식으로 쌓여 있는 것을 발견했다.

이는 전후 황금기에 미국의 많은 선두 회사들의 기술 혁신 시스템의 특징이었다. 대규모 회사는 큰 중앙연구소에 투자해 확실한 시장점유율을 확보했다. 그래서 회사가 연구소 기술로 만들어낸 가치의 중요한 부분을 얻을 수 있었다. 회사는 지식의 결과물을 통제할 수 있었고, 그들의 기술로 부가가치를 창출하는 제품을 만들었다. 그래서 이 수익을 더 많은 연구에 투자해 선순환을 만들어냈다. 연구 결과물은 지식 저장고로 취급받았는데, 이 지식 저장고는 또 다른 사업이 준비되고, 아이디어를 사용하기 전까지 계속 선반 위에 올려두는 곳이었다.

특정 사업에서 황금기는 계속되었고, 이 연구 개발에 내부적으로 집중된 접근 방식은 기술 혁신을 관리하기에 적합했다. 이 산업에서 지식 재산의 보호는 매우 엄격하거나, 제한적이다. 그러므로 스타트업이 회생하기 어렵고, 벤처 자본가는 거의 투자를 하지 않는다. 회사는 외부 혹은 스타트업, 다른 경쟁사로 기술이 유출될 염려가 없었다. 또한 연구 결과를 시장에 내놓을 준비가 되기 전까지 기술을 관리하는 능력이 있었다.

하지만 다른 여러 산업에서 폐쇄형 기술 혁신 패러다임에 깔린 원리는 근본적으로 쓸모없게 되었다. 이 패러다임을 손상시킨 몇 가지 요인이 있다.

침식 요인 1: 숙련된 인력의 가용성과 이동 증가

폐쇄형 기술 혁신 패러다임을 죽음으로 이끈 침식 요인 중 하나는 숙련된 인력 효용성과 이동의 증가다. 쓸만한 인력이 증가한 원인으로 더 높은 수준의 교육을 확대하기 위한 제대군인 보호법과 다른 프로그램에 의해 육성된 대졸자 및 대학원생의 폭발적인 증가를 꼽을 수 있다. 전쟁 후 잘 훈련된 많은 인재가 배출되었고, 인재의 증가는 유용한 지식을 생산할 수 있는 '원료'가 증가했음을 나타낸다.

노동 시장의 또 다른 동향은 고도로 훈련된 인력의 이동률을 높인 것이다. 그들이 소유하고 있던 지식을 내부 연구 개발 기관의 요새화된 성에서 공급자, 소비자, 협력자, 대학, 새로운 회사, 고문, 그리고 제3자에게 확산시켰다. 그로 인해 새로운 회사는 이전에는 이용할 수 없던 유용한 지식을 얻을 수 있었다. 어떤 회사는 다른 회사의 직원 중 몇 명을 스카우트하거나 다른 회사에서 일하던 자문가를 고용했다. 여기에 어떠한 대가도 지급하지 않고 다른 회사의 훈련과 경험을 통한 이익을 얻을 수 있었다.

잘 훈련된 인력의 높은 이동률은 뛰어난 인재를 얻기 위한 경매 시장을 형성하게 했다. 능력 있는 기술자들은 최고 금액을 제시한 입찰자에게 그들의 재능을 팔면서 새로운 회사로 '떠돌아다닐' 수 있었다. 유동적인 노동 시장은 스타트업이 새로운 기술적 기회를 상업화하고 개척하게 했다. 또 개개인이 재능 경매 시장에서 그들의 가치를 향상하려면 가능한 한 많이 배워야 하므로 스스로 교육에 투자하게 되었다.

특히 '스카우트를 통한 학습'의 극적인 사례는 하드 디스크 드라이브 산업에서 시작되었다. IBM은 수년간 이익을 얻고, 기술을 이끄는 장기 연구의 대부분을 수행하며, 대다수의 산업 특허권을 획득한 지배적인 기술 혁신 회사였다.

그림 2-2 IBM과 하드 디스크 드라이브 회사들(1996년 12월)

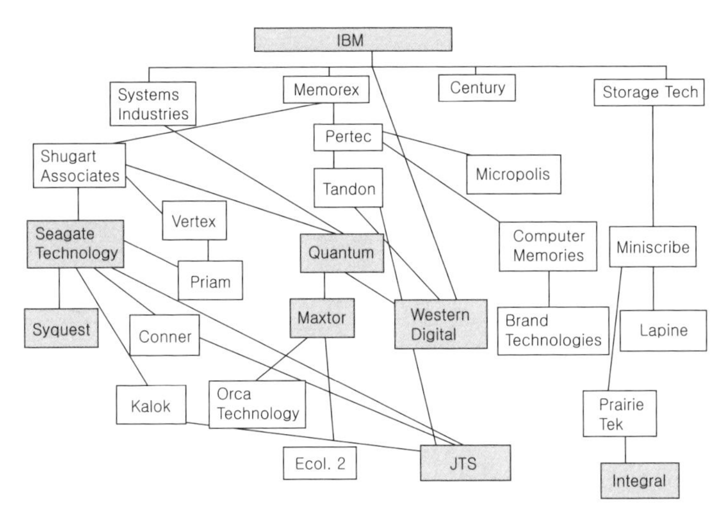

□ 1996년 12월 기준 하드 디스크 드라이브 제작사들

IBM 디스크 드라이브 기술자의 이동은 시간이 흐르면서 우세했던 회사의 리더십을 서서히 손상시켰다. 알 슈가트Al Shugart라는 기술자는 메모렉스Memorex로 옮기기 위해 IBM을 떠났는데, 그는 메모렉스가 IBM 메인 프레임 컴퓨터에 연결했던 하드 디스크를 개선하는 데 공헌했다. 그 후 그는 슈가트 어소시에이트Shugard Associate라는 회사를 세우기 위해 또다시 메모렉스를 떠났다. 그리고 소형 컴퓨터와 워크스테이션Workstation(과학 기술 연산, 공학 설계, 컴퓨터 그래픽스 등 전문 분야의 작업을 위한 고성능 개인용 컴퓨터—편집자)을 위한 하드 디스크 드

라이브, 8인치 디스크 드라이브의 새로운 종류를 개발했다. 얼마 후 그는 시게이트Seagate라는 또 다른 회사를 차렸고, 이 회사는 개인용 컴퓨터를 위한 훨씬 더 작은 5.25인치 드라이브를 출시했다.

슈가트는 새로운 회사에 많은 직원을 두었다. 슈가트는 다른 회사에서 훈련을 받은, 경험 많은 직원들과 함께 본격적으로 사업을 시작할 수 있었다. 슈가트의 이 접근 방식은 별로 특별한 것이 없다. 디스크 드라이브 산업에 가담한, 미국에 본거지를 둔 스타트업 99개 중 21개에서 IBM을 떠난 직원들이 근무하고 있었다. 〔그림 2-2〕는 1973년부터 1996년까지 하드 디스크 드라이브 회사의 부분적인 가계도를 보여준다. 그림은 회사가 설립될 당시 그들의 최고 경영 팀에 있던 이전 IBM 직원들의 분산을 보여준다. 진한 박스 안 회사들은 1996년 12월에도 여전히 활동 중이다. 하지만 대부분의 자회사는 문을 닫았다. 2002년, IBM은 하드디스크 드라이브 사업을 히다치Hitachi에 팔았고, 히다치는 자기 저장 소자 분야에서 거의 50년 동안 최고를 유지했다.

미국 이민 정책으로 다른 나라에서 재능 있는 대학원생을 불러들였기 때문에 이 역시 숙련된 전문가의 가치를 높이는 데 중요한 역할을 했다. 이 대학원생의 모국에서는 '두뇌 유출'로 간주하겠지만, 많은 미국 회사와 산업에 학생들의 이 주는 '두뇌 유입'이었다. 1998년, 국립과학재단의 연구 결과 MIT와 스탠퍼드 대학의 연구원 과정을 밟던 학생들의 50% 이상이 미국인이 아니며, 실리콘밸리의 컴퓨터 전문가의 30% 이상이 다른 나라 출신이라는 것이 밝혀졌다. 미국의 회사 대부분은 이들을 교육한 본국에 어떤 보상도 하지 않았다.

재능 있는 학생들의 유입과 숙련된 인력의 높은 이동률은 미국 경제에 큰 도움이 되었다. 미국의 회사 대부분은 실제적 경제 가치를 만들어내는 문제를 연구해온 똑똑하고 뛰어난 재원을 얻었다. 그러나 내부 연구 개발의 황금기 동안, 첨단 기술의 연구 개발 투자로 입지를 굳힌 회사에는 이동률이 높은 노동 시장 때문에 발생한 실질적 문제가 생겼다. 경쟁 회사들은 '가장 뛰어난 그리고 가장 똑똑한' 사람들을 스카우트해서 최소한의 비용으로 다양한 경험과 능력을 이용할 수 있었다. 이것은 이전 고용주에게 피해를 주고, 연구 개발에 투자를 계속하기 위한 회사의 능력을 위태롭게 만들었다.

침식 요인 2: 벤처 캐피털 시장

1980년 이전까지 미국에서는 벤처 캐피털을 거의 이용할 수

그림 2-3 미국 벤처 캐피털에 투자된 총액(1980~2001년)

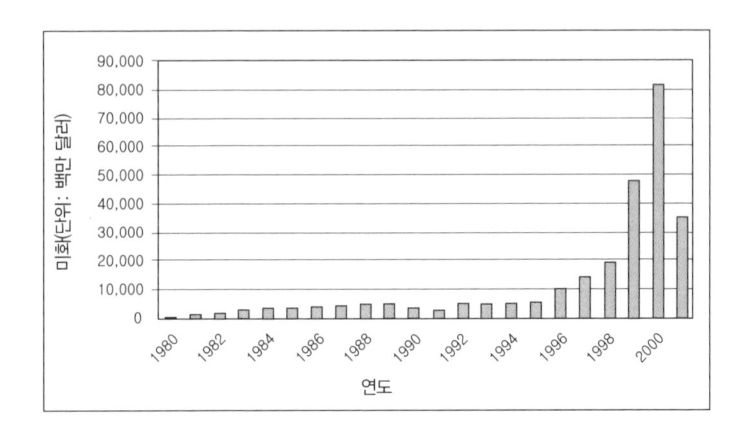

없었다. 대규모 회사에서 퇴직한 사람들이 만든 스타트업은 자본을 찾기 위해 고군분투해야 했다. 재능 있는 직원을 끌어들이는 회사의 능력도 자본 부족으로 힘을 잃었다. 인재에게 자본이 안정된 회사를 떠나 아직 알려지지 않은 회사에 입사하는 위험을 무릅쓰게 하려면 적절한 자본이 필요했기 때문이다. 연구 개발에 광범위한 투자를 하는 대규모 회사는 직원이 떠나는 것을 좋아하지 않았지만, 그들은 이직한 직원들이 미래 사업에 어떤 영향을 미칠지 걱정하지 않았다.

1980년, 벤처 캐피털은 확장되기 시작했다. 1980년에는 벤처 캐피털의 대략 7억 달러(약 8,530억)가 미국에 투자되었고, 2000년에는 800억 달러(약 97조 5,000억 원) 이상 증가했다([그림

2-3] 참조). 2001년에는 360억 달러(약 43조 9,000억 원) 정도로 감소했지만, 3년 전에 투자한 돈과 비교해도 그것은 엄청난 금액이다.

성장하는 대규모 벤처 자본 저장소는 내부 연구 개발에 전념한 회사에 위험을 안겨주었다. 내부에 회사만의 지식 저장고를 만들고, 개발과 연구 사이의 완충 장치에 저장했던 지식이 이제 훨씬 더 위험한 상태가 되었다. 연구소 직원들은 스타트업에 합류하는 대가로 위험 보상 사례금 패키지에 유혹당할 수 있었다. 이는 같은 기간 붐을 일으킨 주식 시장 때문에 더욱 악화했다. 대규모 회사는 세계적 수준의 장비, 연구 프로젝트를 선택할 수 있는 자유, 그리고 동기를 부여할 수 있는 지적 환경을 제공했다. 하지만 그들은 스타트업의 스톡옵션(주식 매입 선택권)에 필적할 만한 보상을 하기는 어려웠다.

침식 요인 3: 선반 위에 놓인 아이디어를 위한 외부 선택권

연구 부서와 개발 부서의 성과에 대한 긴장감은 선반 위에 놓인 아이디어의 완충 재고(생산이 많아서 가격이 내려가면 그 제품

그림 2-4 선반 위의 아이디어를 위한 외부 옵션

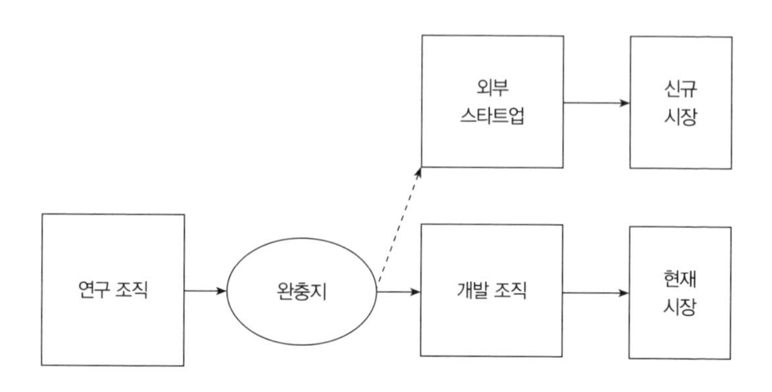

을 사들이고, 가격이 오르면 재고품을 내보내 가격의 안정과 수요를 조절하는 재고 처리 방식—편집자)를 불러왔다. 두 부서 사이의 긴장은 새로운 게 없어 보이지만 중요한 차이가 있다. 침식 요인 1(인력의 효용성과 이동성)과 침식 요인 2(벤처 캐피털)가 결합한 결과로, 이 아이디어 중 많은 양을 시장으로 가져갈 두 번째 외부 경로가 있다. 만일 개발 그룹이 일을 시작하기까지 아이디어를 그냥 둔다면 스스로 외부로 빠져나갈지도 모른다([그림 2-4] 점선 참조).

제품의 주기가 짧아지고 외부 선택권이 늘면서, 회사가 지식을 처리하는 속도를 높이는 것이 점점 중요해지고 있다. 고객은 더 나은 제품을 무한정 기다려주지 않으며, 경쟁자들은 고객이 그러한 제품을 기다리도록 내버려 두지 않을 것이다. 만일 회사 내 개발 기관이 새로운 연구 결과를 당장 사용할 준비가 되어 있지 않다면, 아이디어가 언제든 사용할 수 있게 선반 위에 놓여 있을 것이라 장담할 수 없다. 환멸을 느낀 직원들은 아마도 벤처 캐피털에 의해 자금을 지원받아 그들의 아이디어를 상품화할 다른 방법을 찾을 것이다. 그리고 성장한 회사가 다루기에는 적절하지 않은, 이 아이디어를 탐색할 새로운 시장을 찾아낼 것이다.

침식 요인 4: 외부 공급자의 능력 향상

IBM 같은 회사들이 초기 대용량 기억장치 시스템의 성능을 향상시키고 싶어 할 때, 그들은 질이 좋고 적절한 기술의 부품을 충분히 공급받으려면 외부에만 의존할 수 없다는 것을 깨달았다. 20세기 중반에 이르러 새로운 제품과 서비스를 제공하려는 회사는 시장에 도움이 되는 데 필요한 재료, 부품이 더 필요했다. 또 시스템을 만들어내는 데 믿을 만한 협력자 역할을 할 필수 지식과 생산 경험, 자본이 부족하다는 것도 알게 되었다.

앞서 언급한 많은 요인으로 대학과 대학생의 증가, 모든 회사를 위한 잘 훈련된 인력의 효용성, 벤처 캐피털의 증가 같은 외부 공급의 토대가 제2차 세계대전 이후에 비해 오늘날 대부분의 산업에서 더 광범위하게 발달했다. 이 공급물은 이제 회사가 내부적으로 얻을 수 있는 것과 질이 비슷하거나 더 뛰어나다.

내부 연구 개발 투자를 하는 대규모 회사로서는 능력 있는 외부 공급자의 출현이 양날의 검일 수밖에 없다. 한편으로는 다양한 영역에서 연구 개발 투자를 적용하는 능력을 지원하는데, 이는 만약 회사가 스스로 가치 사슬에서 모든 기능을 수행해야 한다면 시간을 대폭 절약할 수 있다. 따라서 대규모 회사는 더 빠르게 움직일 수 있고, 더 많은 잠재적 시장 기회를 다룰 수 있게 된다. 외부 공급자의 측면에서 보면, 지금까지 선반 위에 연구 개발 프로젝트라는 상당한 재고를 쌓아온 회사에 모든 공급자가 압력을 가한다. 그래서 상대 회사를 더 빠르게 움직이게 하고, 또 다양한 시장을 만족시키게 만든다. 이것은 연구와 개발 사이의 선반 위에 놓인, 사용되지 않은 아이디어와 기술의 완충 재고가 회사에서 시장으로 유출될 수 있음을 뜻한다. 원래 연구 개발에 자금을 조달했던 회사가 참여하든 말든 상관없이 말이다.

폐쇄형 기술 혁신 패러다임의 침식

이 침식 요인은 폐쇄형 기술 혁신 패러다임에서 연구 개발의 연결을 느슨하게 했다. 아이디어는 시간이 흐르면서 더 광범위한 환경으로 유출됐기 때문에 이제 더 이상 선반 위에 쌓여 있지 않다. 기술을 이용하는 데 실패한 회사는 나중에 다른 회사가 활용한 아이디어의 변형을 보게 될 것이다.

동시에 이 침식 요인은 전반적으로 회사 외부에서 사용 가능한, 풍부하고 다양한 연구 정보를 초래한다. 이 외부 결과는 어쩌면 회사 내부로 들여오거나 새로운 제품과 서비스로 변할 수도 있다. 기본적으로 폐쇄적 환경과 내부 환경—회사가 아이디어를 사용하려면 그것을 창조해야 했던 환경—이던 것이 열린 환경과 개방된 환경—회사가 외부와 내부에서 사용하기 위해 아이디어를 창조할 수 있고, 내부뿐만 아니라 외부로부터 아이디어를 활용할 수 있는 환경—으로 변했다.

이 침식 요인은 더욱 미묘하게 지식 풍토를 재배열했다. 지식의 분배는 중앙 연구 시설의 높은 성에서 모든 풍토에 걸쳐 분배된 지식의 다양한 저장지로 탈바꿈했다. 회사는 소비자, 공급자, 대학, 국립 연구실, 공동체, 심지어 스타트업에서도 필수 지식을 발견할 수 있다. 회사는 반드시 내부 연구 개발 정책을 추구하면서 저장지를 무시하기보다, 스스로 퍼져 있는 저장지를 활용하도록 구조화해야 한다. 또한 사업부가 기술을 사용하기 전까지 그 기술을 창고에 넣어둘 수만은 없다. 만일 회사가 그 아이디어를 민첩하게 사용하지 않는다면 외부 기관에 그 아이디어를 빼앗길 수 있기 때문이다.

지식 풍토에서 일어난 변화는 이전 패러다임에 익숙한 사람에게는 방해가 될 뿐이다. 아이디어가 회사 내부에서 시작해 외부로 유출되는 것은 문제가 있지 않은가? 만일 '회사에서 연구에 집중적으로 투자했지만 결과가 다른 회사로 유출된다면 어떻게 계속 연구에 투자할 수 있겠는가?' 하는 질문은 폐쇄형 기술 혁신 패러다임의 관점에서 보면 타당하다. 하지만 더 넓은 지식 풍토 관점에서 보면 틀린 문제에 가깝다. 이는 회사가 다른 지식 풍토로부터 이익을 얻는 방법에 집중할 수 없게 한다. 제3장에서는 회사들이 다른 기술 혁신 모델에서 어떻게 이익을 얻는지 알아보자.

제3장

개방형 기술 혁신의 패러다임

이 장에서는 과거의 패러다임인 폐쇄형 기술 혁신을 대체할 수 있는, 최근 부상하는 패러다임을 살펴볼 것이다. 이 새로운 접근 방식은 아이디어의 원천과 사용에 대해 다른 원리를 가지고, 다른 지식 풍토를 기반으로 하고 있다. 개방형 기술 혁신은 가치 있는 아이디어가 회사 내부 혹은 외부에서 발생할 수 있고, 마찬가지로 회사 내부 혹은 외부로부터 상업화될 수 있다는 것을 의미한다. 이 접근 방식은 외부 아이디어와 시장으로의 외부 경로를 폐쇄형 기술 혁신 시기에 내부 아이디어와 시장으로의 경로와 동등하게 취급한다.

〔그림 3-1〕은 회사 A와 B의 내부와 외부 아이디어 흐름의 결과인 지식 풍토를 안팎으로 묘사한 것이다. 아이디어는 각 회사의 내부뿐만 아니라 외부에도 존재한다. 이 아이디어는 사용될 수 있으며, 아이디어를 낸 사람도 고용될 수 있다. 닫힌 기술 혁신 패러다임의 연구 개발 저장고를 만드는 데 집

그림 3-1 개방형 기술 혁신 안에서의 지식 이동

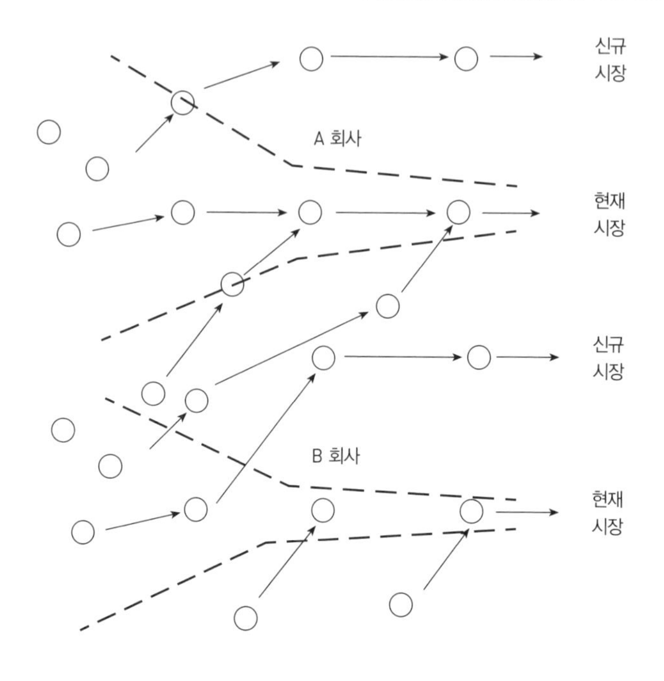

중적으로 사용되었던 원리는 이 외부 아이디어의 효용성과 질이 변화시킨다.

유용한 지식에 접근하는 법: 100년 후의 생각 실험

제2장의 사고의 실험으로 돌아가보자. 만약 당신 1900년대

가 아닌 2000년대에 산업 분야에서 선두 회사가 되었다면 어땠을까? 성장하는 사업의 핵심 기술을 계속 발전시키기 위해 유용한 지식을 생산하는 메커니즘을 창조하려면 어떻게 해야 할까? 사용하려고 계획한 기술 뒤에 숨어있는 과학의 모든 영역을 연구하는 중앙 연구 개발 기관을 회사 안에 만들 것인가? 당신이 경영하는 지금의 지식 풍토에 따라 그 질문에 대한 대답은 큰 차이가 있을 것이다.

사실, 주위에 있는 모든 분야에 지식의 풍요로움이 깃들어 있다. 적은 비용으로 인터넷을 사용하는 것, 높은 전송 속도가 결합된 공공 과학 데이터베이스, 온라인 저널과 논문의 급증이 그 예다. 1990년대 초반까지 이용하기 비싸고 시간이 오래 걸리던 지식의 풍요로움에 이제는 쉽게 접근할 수 있다.

대학은 전문 지식이 풍부한 교수로 가득하다. 자발적으로 이 교수들의 제자가 된 대학원생이 많을수록 좋다. 그들이 연구하는 과학은 훌륭하며, 많은 교수와 그 제자들은 이 과학을 사업 문제에 적용하는 데 열심이다. 과학과 공학의 규범도 바뀌었다. 더 이상 대학의 과학 전공에는 헨리 로랜드 같은 사람이 존재하지 않는다.

실질적으로 기초 과학 연구에 대한 정부 기금이 줄어들면서 교수진은 그들의 연구를 지지해줄 산업을 찾아야 했다.

그들의 미래 연구 정책은 산업이 마주한 중요한 문제를 반영한다.

이 지식의 풍요로움은 소수 상위 대학에만 한정된 것이 아니다. 말 그대로 수십 개 대학이 적어도 몇 개의 영역에서 세계 수준의 연구 능력을 갖추고 있다. 하지만 오로지 상위 대학만 다양한 영역에서 과학의 우수성을 증명할 수 있다. 게다가 미국 대학 교육이 성공하자 세계의 모든 다른 영역이 모방했다. 미국의 과학 지식은 인도의 상위 기술 기관, 홍콩 과학기술 대학, 국립 싱가포르 대학, 이스라엘의 테크니온 등 선진국에 영향을 미쳤다. 인터넷 세계에서는 전 세계의 유수의 학자들이 새로운 논문을 온라인 기록 보관소에 기고해 전 세계적인 학자들의 공동체를 형성하고 있다.

지식 독점의 종말

대학 과학 연구의 우수성과 그 연구 분배의 확산은 20세기의 중앙 연구 개발 기관이 만들어낸 지식 독점권이 끝났다는 것을 의미한다. 말하자면, 지식은 1970년대와 비교할 때 오늘날 지식이 훨씬 폭넓게 분포되어 있다. 이로 인해 새로운 아이디어를 사용하고 시장에 선보이는 폐쇄형 기술 혁신 접근 방식의 실행 가능성과 옳고 그름에 대한 생각이 변화했다.

지식 확산의 또 다른 사례는 특허권 분배에서 일어난 변화다. 특허권은 지식 발생 과정의 결과물 중 하나로, 자료를 보면 누가 특허권을 받았는지 알 수 있다. [표 3-1]은 1990년대 미국 특허청에서 특허를 받은 상위 20개 회사를 나타낸다. 1999년 미국 특허청에는 15만 3492개의 특허권이 등록되었다. 그해 상위 20개 회사는 1만 7842개의 특허를 받았으며, 이는 특허를 출원한 모든 특허권의 11.6%에 해당한다. 이와 관련해 개인과 작은 회사가 소유한 특허권은 1970년에 대략 5%에서 1992년에 20%로 증가했다.지식 확산의 두 번째 지표는 미국에 기반을 두지 않은 회사들이 현재 얼마나 많은 미국 특허권을 소유하고 있느냐다. [표 3-1]에 나타나 있듯이 이 특허권의 45%는 미국이 아닌 다른 나라에 본사를 둔 회사가 소유하고 있다. 이 외국 회사 중 몇 곳은 현재 미국 특허권의 상위 20개 수령 회사에 속해 있다. 이는 미국의 국경선을 넘어선 확산이자 지식 확산의 두 번째 지표다.

지식 확산의 세 번째 지표는 미국 내부의 기업 규모에 따른 연구 개발의 미국 정부 통계 자료에 반영되어 있다. 1981년부터 1999년까지, 산업 연구 개발의 점유율은 직원이 1000명 미만인 회사에서 많이 증가했다([표 3-2] 참조). 대규모 회사의 연구 개발은 연구 개발 투자의 중요한 부분으로 남아 있었지만, 전체 산업 연구 개발 비용에서 점유율은 41%로 하

표 3-1 1990년대 미국 특허권의 상위 20개 수령 회사

회사	특허권 수					
	1985년 이전	1986년	1990년	1995년	1999년	합계
1. 인터내셔널 비즈니스 머신즈	9,078	598	609	1,383	2,756	26,342
2. 제너럴일렉트릭 컴퍼니	14,763	714	787	758	699	25,868
3. 히다치	5,957	731	908	910	1,008	19,055
4. 캐논 주식회사	3,067	523	870	1,087	1,795	18,784
5. 도시바 주식회사	3,598	694	893	969	1,200	16,881
6. 이스턴 코닥 컴퍼니	5,780	229	721	772	992	16,032
7. AT&T 주식회사	9,231	437	430	638	278	14,837
8. U.S. 필립스 주식회사	6,519	503	637	504	735	14,575
9. E. I. du Pont de Nemours and Co.	7,560	329	481	441	338	13,735
10. 모토로라	3,244	334	394	1,012	1,192	13,682
11. 미쓰비시 덴키 주식회사	1,619	360	868	973	1,054	13,408

12. 지멘스	6,388	410	508	419	722	13,324
13. NEC	1,601	234	437	1,005	1,842	12,464
14. 바이엘	6,541	389	499	327	341	12,189
15. 웨스팅하우스 일렉트릭	7,896	398	436	170	11	11,970
16. 마쓰시타 전기산업 주식회사	3,193	224	343	854	1,052	11,782
17. 미 해군	7,820	216	265	330	348	11,691
18. 제너럴모터스 주식회사	6,781	294	379	282	275	11,660
19. 제록스 주식회사	5,106	219	252	551	665	11,638
20. 후지 포토 필름 주식회사	3,092	448	768	504	539	11,401
상위 20개 회사의 전체 특허권 수					17,842	
모든 회사의 전체 특허권 수					153,492	

출처: 미국 특허청, 〈Technology Assessment and Forecast Report, August 1999〉, 《All Technologies Report January 1, 1963 to June 1, 1999》(워싱턴 DC: 미국 특허청, 1999), B1–B2.

1999년 미국에서(27만 건의 신청을 받아) 부여한 15만 3492개의 특허권 중에서 외국 회사와 개인이 45%를 차지했으며, 일본계 회사와 개인이 전체의 20%를 차지했다. 그리고 1998년 미국에서 새롭게 특허를 받은 상위 12개 회사 중 8개 회사가 일본계 회사였으며, 그해에 1만 438개를 취득했다. 자국에서 해외로 특허 신청률은 전 세계적으로 일본 특허청이 90%로 가장 높았으며, 그 비율은 미국과 일본이 유럽의 국가들(독일은 45%, 영국은 29%)보다 높았다.

표 3-2 회사의 규모로 본 미국 기업의 연구 개발 비율

단위: %

회사의 규모	1981년	1989년	1999년
1,000명 미만	4.4	9.2	22.5
1,000명 ~ 4,999명	6.1	7.6	13.6
5,000명 ~ 9,999명	5.8	5.5	9.0
10,000명 ~ 24,999명	13.1	10.0	13.6
25,000명 +	70.7	67.7	41.3

출처: 미국 국립과학재단(National Science Foundation) 과학 자료 연구, 〈1991년 기업 연구 개발 조사〉(워싱턴 : 국립 과학 재단)

〈산업 내 연구 개발, 1999년〉, http://www.nsf.gov/sbe/ srs/nsf02312/pdf/secta.pdf, (2002년 10월 9일 조사).

락했다. 1999년, 미국에서 연구 개발 비용의 대부분은 직원이 2만 5천 명 이하인 회사에 의해 이루어지고 있다. 1981년부터는 변화가 두드러졌는데, 대규모 회사가 산업 연구 개발 비용의 70% 이상을 차지했다. 표에 묘사했듯이, 이 변화의 대부분은 1989년과 1999년 사이에 일어났다. 오늘날에는 연구 개발에서 규모의 경제와는 관계가 거의 없는 것처럼 보인다.

지식 확산의 네 번째 지표는 미국 내 대학 졸업자와 대학원 졸업자가 늘어난 것이다. 이는 아이디어를 발견하고 개발하는 원재료를 만드는, 인적 자본의 사회적 투자를 반영한다. 교육받은 인력이 풍부하다는 것이 성공 요인으로 거의 거론되지 않지만, 제2차 세계대전 이후 미국 공공 정책의 대성공을 이끌었다.

인적 자원의 확산에 대한 세계적 차원도 있다. 예를 들어, 스탠퍼드 대학과 매사추세츠 공과대학에서는 박사 후 과정의 과학자와 기술자의 절반 이상이 미국 외 다른 나라 출신이다.

이 확산은 앞으로도 계속될 듯하다. 미국 내에서 노동력의 이동이 높아지는 추세가 이전의 장기근속 혹은 '평생 직장' 추세로 되돌아갈 것 같지 않다. 미국의 연금 제도 역시 점점 유동적으로 변해간다. 이는 그들이 직장과 함께하기보다는 직장인과 함께 움직인다는 것을 의미한다. 비록 벤처 자본이 닷컴 거품이 고조된 때보다는 줄었지만, 사라지지는 않을 것이므로 벤처 자본은 스타트업이 지식의 확산을 활용할 수 있게 한다.

이 모든 것을 고려한다면, 지식의 풍요로움을 이용하기 위해서 어떤 메커니즘을 만들어낼 것인가? 이 메커니즘이 제2장의 중앙연구소와 닮았는가?

답은 '아니다'이다. 중앙연구소는 한 회사가 내부적으로 사업의 모든 측면을 수행해야 한다는, 깊은 수직적 통합 원리에 바탕을 둔다. 그러나 '모든 것을 스스로 하기' 접근 방식은 외부 지식이 부족한 세계에만 들어맞는다. 대신 선두 회사가 지식과 능력이 풍부한 세계에서 회사의 기술을 발전시키고 싶다면 회사 밖에서 많은 가치를 찾게 될 것이다. 전문가를 쉽게 고용할 수 있으며, 광범위한 내부 훈련이나 평생 직장 보장이 필요하지도 않다. 또 여러 대학에서 수행한 다양한 연구물에서 나온 아이디어를 채택할 수도 있다. 다양한 사업을 하면서 뛰어난 전문적 지식을 적용해온 유능한 공급 업체 역시 풍부한 아이디어를 활용하고 개발할 준비가 되어 있는 또 다른 자원이다. 벤처 자본 스타트업은 다른 회사의 선반 위에 놓인 아이디어 혹은 대학의 유용한 기술을 개발하고 있다.

기술 혁신 과정의 밑바탕에 깔린 원리는 이제 완전히 바뀌었다. 제2장에서 회사가 반드시 경계해야 할 외부 기술로 설명한 '여기에서 발명하지 않은'이라는 표현은 전혀 다른 의미를 가지고 있다. 오늘날 NIH는 회사들이 효과적으로 목적을 달성하기 위해 외부 자원에 의존할 수 있기에 그들이 시간과 노력을 낭비할 필요가 없다는 것을 의미한다. 실제로 내부 자원은 종종 세계 시장을 만족시키는 세계적인 수준의 외부 공급자에 비해 더 큰 비용으로 적은 양을 개발할 것이다. 하지만 이제는 지식 풍토의 풍요로움 속에서 모든 과정을 처리하지 않고 특정 영역에만 집중해 더 많은 것을 얻을 수 있다.

만일 유용한 지식을 활용하기 위한 메커니즘을 개발하고 싶다면 주변 지식 풍토부터 조사해야 한다. 주변 지식의 대부분을 가능한 한 사용하길 원하겠지만, 기본적으로 적절한 때 원하는 지식을 얻기 위해 필요한 최소한의 새로운 지식 창출에 자금을 지원하고 싶을 것이다. 깊은 수직적 통합의 전략을 규정하기 위해 개발한 특수화된 지식과 함께 연구원은 다양한 범위의 과학과 기술을 조사하고 이해할 필요가 있다. 그런 다음 가능성 있는 연구물을 새로운 시스템과 구조로 통합하는 방법을 계획해야 한다.

외부 지식을 활용하기 위해 어떻게 할 것인가? 당신은 아마도 내부 직원들과 함께 일할 대학교수들을 여름 동안 고용할 것이다. 또 대학원생 몇 명을 고용한다면 비용을 절약할 수 있다. 인근 대학에 연구 자금을 지원할 수도 있다. 지원해준 대학의 연구 결과가 성공적일 것이라 기대하기는 어렵지만, 어쩌면 그 결과를 산업에 적용할 수도 있을 것이다. 만일 여러 프로젝트에 자금을 지원하고자 한다면 연구원에게 기획안을 미리 받아볼 수 있다. 이는 과학 기술 분야에서 기회의 지평을 자세히 조사하는 저렴한 방법이다.

당신은 스타트업이 어떤 활동을 하는지 조사할 것이다. 만약 스타트업의 도움을 받고 싶다면 사업 개발 토론, 전략적 동맹, 가치 있는 영역에 투자하기 위한 벤처 자본 지원, 유망한 스타트업에 직접 투자하는 것까지 방법은 다양하다.

제6장에서 살펴보겠지만, 인텔 같은 몇몇 회사는 실제로 그런 일을 실천하고 있다. 인텔은 1968년에 설립한 회사로, 규모가 작지 않음에도 1989년에 연구 개발 전략을 시작했으며 그전까지는 외부 연구에 전적으로 의존했다. 이제는 어느 정도 내부 연구 능력을 갖췄지만, 내부에서 독자적 방침을 계획하기 전에 외부로부터 사용 가능한 것이 무엇인지 평가하려 노력한다. 인텔은 대학의 연구 프로젝트에 자금을 지원하는 데 매우 용의주도할 뿐만 아니라 1년에 1억 달러 이상 투자한다. 또 비공식 동맹에서부터 법인의 위험 부담 자본 투자 등 다양한 방법으로 컴퓨터와 통신 산업의 스타트업 활동을 바짝 뒤쫓는다.

생명과학 분야에서 밀레니엄과 젠자임 같은 몇몇 신생 회사는 기술 혁신 전략을 고심하고 있다. 그러나 제8장에 제시했듯이, 기술 혁신을 관리하는 데 그들의 해결책은 전통 연구 개발 패러다임에 크게 어긋난다. 폐쇄형 기술 혁신 체제에서 성공한 IBM과 머크 같은 대규모 기업도 연구에 대한 그들의 전략을 확장하고 있다. 그들은 내부 프로그램을 넘어 외부 지식을 활용하기 위해 접근 방식 메커니즘을 형성한다.

기술 혁신의 새로운 원리를 향해

어떤 사람들은 이 추세를 본 후 절망하고 단념하면서 '연구 게임은 끝났다'고 말한다. 겉으로 드러나는 또 다른 관심사는 '다음 세대의 발명을 자극할 씨앗은 어디에서 올 것인가?'다. 내 측정 결과도 산업의 연구는 '시대의 끝'에 있다고 결론지었다.

회사들이 산업 연구 개발을 수행하기 위해 사용한 전통적 패러다임은 대부분의 산업에서 끝이 났다. 그러나 그것이 내부 연구 개발 자체가 쓸모없게 되었다는 말은 아니다. 우리에게 필요한 것은 이전 시기의 원리를 대체할 기술 혁신 새로운 원리다. 회사는 스스로 내부 연구 정책을 추구하면서 확산된 지식 풍토를 무시하기보다 그것을 유리하게 활용하도록 구조화해야 한다.

새로운 원리는 지식의 확산을 무시하기보다는 오히려 활용하며, 오래된 가정에 관심을 갖는다. 기술을 축적해 돈을 벌기보다 기술을 위한 시장으로 다양한 경로에 영향을 끼쳐서 돈을 벌어들인다. 연구 기능을 새로운 지식을 발명하는 것으로 제한하는 대신, 훌륭한 연구 실습은 외부 지식을 이용하고 통합한다. 아무도 기술을 사용하지 못하게 하는 방법으로 지식 재산을 관리하기보다 발전시킨 비즈니스 모델을 경쟁자가 사용하는 데서 수익을 얻기 위해 지식 재산을 관리한다. 연구 개발 전략은 기술을 상품화하기 위해 다양한 실험을 하는 외부 스타트업의 능력으로부터 이익을 얻게 될 것이다. 경우에 따라 스타트업에 자금을 지원하기도 한다.

이는 회사가 모든 내부 연구 활동을 중단해야 한다고 말하는 것은 아니다([박스 3-1] 참조). 그런데도 회사 내부에서 하는 연구는 외부에서 일어나는 왕성한 활동을 고려해야 한다. 뿐만 아니라 새로운 원리는 차후 모든 결과물이 회사의 현 사업과 조화를 이루어야 한다고 주장한다. 어떤 연구 결과물은 회사의 사업에 활용할 수 없겠지만, 창고에 방치하는 대신 관리에 신경 써야 한다. 연구 그룹과 개발 그룹의 쓰지 않은 결과물은 예전의 패러다임에서는 '비즈니스 비용'의 일부다. 하지만 새로운 패러다임에서는 매출 기회와 잠재적인 새로운 사업 기반이 된다.

지식 확산을 촉진하는 요인은 새로운 기회를 만들어낸다. 지식 확산은 집중된 실행에 보상을 해준다. 이기기 위해 새로운 지식이나 좋은 지식을 발명할 필요가 없다. 대신 시기적절한 방법으로 내부와 외부 지식을 최대한 활용하고, 새로운 제품 혹은 서비스를 창조하기 위해 참신한 방법으로 다양하게 지식을 결합한다.

연구의 새로운 역할:
지식 제조를 넘어 지식 결합으로

개방형 기술 혁신 사고는 연구 기능의 역할을 변화시킨다. 내부 연구원들의 역할을 확장하며, 지식 창조뿐만 아니라 지식 중개도 포함한다. 이전에 연구원들은 단순한 지식만을 추구했지만, 요즘은 지식을 저장고 안으로 들이는 것과 밖으로 내보내는 것을 책임진다. 이 새로운 역할에서 외부 지식은 내부에서 창조한 지식과 마찬가지로 유용하고 동등하게 보상받는다.

내부 지식을 생산하는 것과 함께 외부 지식을 확인하고 평가하는 추가적 역할은 연구 개발 회사에서 일하는 연구원의 직업 경로를 바꾸게 한다. 다른 사람들의 연구, 성취와 결합하고 이를 기반으로 형성될 때 유용성은 더욱 증가한다. 지식에 대한 개방형 기술 혁신 접근 방식을 통해 연구 관리자들은 반드시 다양한 방법으로 연구원의 업무를 평가해야 한다. 관리자들은 승진에 다른 경로를 이용할지도 모르고, 연구원에게 돌아가면서 외부 참여자들과 상호작용하는 비즈니스 개발 영역의 임무를 부여할지도 모른다.

머크를 예로 들어보자. 머크는 독자적으로 연구를 한다는 측면에서 세계 제약 회사 중 선두임에 틀림없다. 머크는 내

박스 3-1 내부 R&D를 위한 새로운 근거

풍부한 지식 풍토에서 회사는 다음과 같은 이유로 인해 내부의 연구 개발을 준비한다.

- 사용 가능한 외부 지식의 풍부함을 확인하고, 이해하고, 선택하고, 연결하기 위해
- 외부적으로 개발되지 않은 지식의 부족한 부분을 채우기 위해
- 지식의 복잡한 결합을 이루고, 새로운 시스템과 구조를 만들어내며, 내부와 외부 지식을 통합하기 위해
- 회사의 시스템에 활용하기 위해, 연구 결과를 다른 회사에 판매하여 부가적 매출과 수익을 내기 위해

또한, 회사는 내부 연구 기관에서는 만들지 않는 기술도 필요하다. 유용한 결과물을 얻기 위해서는 오랜 시간이 소요되고, 회사의 전략은 기초 연구 주기보다 빠른 속도로 변한다. 새로운 패러다임에서 회사의 사업은 내부 기술만 기다리고 있을 수 없고, 또 기다려서도 안 된다. 대신 회사는 내부 연구실에서 필요로 하는 것뿐만 아니라 외부의 연구실에서 필요로 하는 것에도 곧바로 접근할 수 있어야 한다.

부 과학 연구에 지원을 아끼지 않으며, 20세기에 내부 과학자들이 만든 연구 결과에 자부심을 갖고 있다. 그러나 머크의 2000년 연례 보고서에는 다음과 같이 적혀 있다.

> 머크는 세계 생물 의학 연구의 대략 1%를 관장한다. 나머지 99%를 활용하려면 우리는 가장 좋은 기술과 잠재적 제품을 머크로 가져오기 위해 적극적으로 대학, 연구 기관, 그리고 전 세계의 회사와 접촉해야 한다. (단지 최근의 두 가지 개발만 지목하면) 생물공학과 인간 게놈의 해명으로부터 흐른

지식의 폭포는 어떤 한 회사가 단독으로 다루기에 너무 복잡하다.

그 끝에 회사의 내부 과학자에게 새로운 과제, 즉 회사의 연구 영역에서 가상의 연구실을 만들도록 지시한다. 이는 머크의 과학자들이 단지 연구실에서만 훌륭한 과학을 창조하지 않는다는 것을 의미한다. 연구실이 어디에 있든 훌륭한 과학을 발견할 수 있고 그들과 관계를 형성한다는 것이다. 머크 연구 개발 책임자는 다음과 같이 말한다.

"여기에서 프로젝트를 실행하는 모든 선임 과학자는 스스로 그 분야의 책임자라고 생각해야 한다. 우리 연구실에서 일하는 30명뿐만 아니라 그 분야에 몸담은 전 세계 3000명을 포함해서 말이다."

머크가 세상에서 가장 뛰어난 과학 능력을 지닌 제약 회사라는 데 이의를 제기할 사람은 없을 것이다. 외부 지식 기반과 깊은 관계를 맺고 싶다면, 머크를 본받아야 할 것이다.

벤처 캐피털에 대한 새로운 관점

벤처 캐피털은 2001년과 2002년에 수익을 올리지 못한 데다 벤처 자본의 자금 공급량이 정점을 기록했던 2000년에 비해 70% 이상 감소했다. 하지만 투자할 수 있는 금액은 1998년과 같은 수준으로 드러났다. 최근의 감소는 위험 투자 자본 산업에서 일부 초과량을 줄였고, 한계 수익권에 있던 참여자들을 없앴다. 그러나 선두 회사는 그들이 관리하는 수십억 달러의 자본이 있으므로 가능성 있는 많은 영역에 새로운 투자를 하고 있다.

개방형 기술 혁신 회사는 위험 투자 자본을 받아들이고, 벤처 자본이 자금을 조달한 수많은 스타트업은 기술 혁신을 계속할 것이다. 폐쇄형 기술 혁신 패러다임을 유지하는 회사들은 벤처 자본가를 해적과 기생충, 즉 가능하다면 처벌하고 그게 아니면 피해야 할 사람들로 간주한다. 그러나 개방형 기술 혁신 회사들은 벤처 자본의 부정적 결과를 뛰어 넘어, 그들 주위에 활발한 벤처 투자 자본 공동체를 갖게 됨으로써 큰 이득이 있다는 것을 이해한다.

내부에서 중요한 직원과 기술을 밖으로 끌어낼 우려가 있는 동일한 벤처 자본 집단 또한 새로운 기술의 조합을 실험하는 새로운 기관의 온상 역할을 한다. 그 집단은 종종 새로운 기술적 결합을 대규모 회사가 방치하는 신생 시장에 적용한다. 일련의 작은 실험실로서 이 스타트업의 기능은 기술 전략과 큰 회사의 시장 방향을 제시한다. 개방형 기술 혁신 회사는 스타트업이 실제로 돈을 지급하는, 실제 고객에게 실제 제품을 판매하기 때문에 벤처 투자 자본에 의해 자금을 지원받는 회사를 잠재적은 시장 기회를 위한 길잡이로 간주한다. 이 길잡이는 돈으로 살 수 있는 미래 기술과 미래 시장 기회에 대한 가장 타당하고 유용한 시장 연구를 제공한다.

이 참신한 결합은 만약 그들이 가치 있는 것으로 증명될 때 잠재적으로 활용할 수 있다. 이 '연습'의 실행 가능성 증거가 나타나면서, 그 결과 개방형 기술 혁신 회사는 실제로 기술 전략을 바꾸게 될 것이다. 벤처 자본가와 스타트업으로 가득한 환경과 공존하는 결과로, 그들은 빠른 속도로 학습하고 전략을 신속하게 수정한다. 해적과 기생충이라는 집단을 무시하다 보면 자금을 지원한 포트폴리오 회사를 관찰하는 것에서 오는 중요한 배움의 기회를 얻을 수도 없다. 개방형 기술 혁신을 하는 몇몇 회사는 이 원리를 더 확장한다. 그들은 초기에 투자하거나 나중에 그들과 협력하고 동맹을 맺음으로써 유용한 스타트업의 형성을 촉진한다. 경우에 따라, 그들은 유망한 스타트업 몇 개를 소유할 것이다. 개방형 기술 혁신 회사는 벤처 자본 공동체, 그리고 서로 창조하고, 재결합하며, 경쟁하고, 모방하며, 상호작용하는 회사의 복잡한 생태계에서 상호적인 참여자로서 그 공동체가 자금을 지원하는 스타트업으로 간주한다.

또 다른 개방형 기술 혁신 회사는 실제로 벤처 자본을 기술혁신 과정을 촉진하기 위해 내부적으로 이용한다. 제7장에서 루슨트가 벨 연구소 내부에서 사용되지 않은 기술로 새로운 회사를 설립하기 위해 법인 벤처 자본에 투자하는 방법을 자세하게 다루려 한다. 이 자회사의 설립은 적어도 세 가지 중요한 방식으로 루슨트의 내부 연구 개발에 영향을 미친다.

- 연구실 내부의 선반 위에 올려놓을 수 있는 기술을 위한 시장으로 향하는 외부 경로를 제공한다. 이는 루슨트에 추가적으로 돈을 벌게 해주고, 루슨트의 연구원을 위한 추가적인 선택권을 제공하며, 새로운 연구원을 고용하기 위한 자원을 만들어낸다.
- 기술이 연구소 외부로 더 빨리 나갈 수 있게 도와준다. 신규 벤처 그룹NVG이 자회사를 위한 후보 기술을 선별할 때마다, 회사 내 사업부는 시간에 쫓긴다. 만일 회사가 그 기술을 내부에서 사용한다고 약속하지 않으면, 신규 벤처 그룹은 이를 새로운 벤처 회사로 분리할 기회를 얻는다. 이는 기술을 더 빠른 속도로 연구소 외부로 끌어내는 강제적 기능을 한다.
- 루슨트의 신규 벤처 그룹의 모험적 행위는 벨 연구소의 기술이 서로 다른 시장에서 다르게 이용되는 것을 관찰

하는 실험적 환경을 제공한다. 그 결과, 루슨트는 기술을 썩혔다면 사용하지 못했을 가치 있는 반응을 얻어낸다. 기술을 더 빠르게 시장에 내놓음으로써 루슨트는 고객의 욕구, 동향 그리고 새로운 기회를 빠르게 학습한다.

또 고객들은 개방형 기술 혁신에 필요한 중요한 정보를 갖고 있다. 가장 진보적이고 요구가 많은 고객들은 종종 당신의 제품과 서비스를 막다른 데까지 몰아간다. 그럼으로써 그들은 당신 회사의 제품과 새로운 결합을 만들어내려고 할 것이다. 사실, '에릭 폰 히텔이 주도하는 사용자'라 불린 그들은 기술 혁신가다. 이 실험은 다시 한번 새로운 지식을 산출할 것이다. 사람들은 전혀 예상치 못한 방식으로 당신의 기술을 활용할 것이다. 그 과정에서, 고객의 실험은 당신이 만든 것에 대한 새로운 특징이나 요구를 산출한다. 이런 변화에 대응한다면, 새로운 학습의 장이 시작될 수 있다.

기술 혁신과 발명 과정은 학습의 순환을 찾아낸다. 이전 회사는 대부분 기술이 고객에게 배달될 '준비'가 될 때까지 기다렸다. '우리는 고객이 원하는 것을 알고, 고객은 우리가 준비되었다고 말할 때까지 기다려줄 것이다'라는 사고방식을 갖고 있었던 것이다. 개방형 기술 혁신 회사는 고객을 협력자, 공동 생산자로서 혁신 과정에 끌어들인다. 이 패러다임

안에서 사고방식은 이렇게 변한다: '여기에 어느 정도 우리 아이디어가 담긴 제품이 있다. 당신은 그것을 가지고 어떤 유용한 일을 할 수 있는가? 당신이 훨씬 유용한 일을 할 수 있게 하려면 우리는 무엇을 해야할까?'

개방형 기술 혁신과 지식 재산 관리하기

많은 회사가 특허 출원 결정과 특허권 보호를 회사 내 법무팀에 위임한다. 지식 재산이 회사의 기술 전략이라는 점에서, 회사의 내부 직원이 설계의 자유를 유지하도록 관리한다. 개방형 기술 혁신 회사는 지식 재산을 기술 전략의 없어서는 안 될 부분으로 간주하고 회사 내부의 전략적 수준에서 관리해야 한다고 주장한다. 회사는 지식 재산을 판매하는 데에만 관심이 있는 것이 아니라, 지식 재산에 동기를 부여한 정보를 지닌 구매자들이다.

회사는 오랜 기간 중요한 기술을 통제할 수 없다는 것을 잘 알고 있다. 지식을 확산하는 원동력이 크고 강해서 기술 전략이 빠른 속도로 확산되고 모방될 것이라는 가정 하에 계획하는 것이다.

유용한 지식을 빠른 속도로 퍼뜨리는 강력한 원동력의 세계에서 지식 재산을 향한 사고방식은 크게 변화한다. 개방형 기술 혁신의 의미 중 하나는 회사들이 지식에 접근하고 이해하며, 활용하는 '대사율'을 증가시켜야 한다는 것이다. 회사는 지식을 정적 수준이 아닌 역동적 수준에서 다루어야 하며, 가치 있다고 증명될 때를 대비해 기술을 유지, 관리해야 한다. 개방형 기술 혁신 회사는 기술을 위한 시장을 형성하고 확장하기 위해 라이선스을 활용한다. 기술을 시장에 빨리 내놓을수록 연구원들이 그것을 새로운 제품에 적용하고, 활용하고, 통합할 수 있는 새로운 방법을 더 빨리 배우게 된다.

그러다 사업이 위험에 빠질지도 모른다는 생각은 잘못된 전제에 기반을 두고 있기 때문이다. 지식과 능력이 분산된 세계에서는 위험에 처할 확률이 낮다. 경쟁자들은 종종 회사 주위를 맴돌며 지식 재산을 얻으려 한다. 그런 경우 만일 경쟁자에게 너무 신경 쓰다 보면 어떤 잠재적 이익을 놓칠 수도 있다. 그리고 나중에 시장에 내놓을 때 더 큰 비용이 들지도 모른다. 시장점유율을 유지할 수 없게 되며, 이전 고객으로부터 추가 자원을 받는 더 강한 경쟁자와 대결해야 한다.

내부 비용도 만만치 않게 들 수 있다. 어려운 장애물을 극복하고, 기술을 확립하고, 그것을 시장에 내보낼 준비를 하기 위해 열심히 일한 연구원을 생각해보자. 영업과 이윤을 극대화하기 위해 회사가 기술을 시장에 내놓지 않는다면 연구원은 크게 실망할 것이다. 실망한 연구원은 다음 연구에 얼마나 동기부여를 할 수 있을까? 그중 일부는 기술을 개발하면 즉시 시장에 내놓는 회사로 옮기고 싶어 할 것이다.

내부 경쟁: 지식의 신진대사율 높이기

제2장에서 설명했듯이, 원가 중심으로 움직이는 연구소의 결과물과 이익 중심으로 움직이는 개발 집단의 결과물에는 맞지 않는 부분이 있다. 개방형 기술 혁신 회사는 맞지 않는 부분을 극복하려고 기술을 위해 추가적 시장 경로를 찾고, 사업팀도 내부 연구소를 넘어선 장소에서 지식을 자원으로 활용할 수 있게 한다.

시장으로 내부 경로—사업팀은 기술을 받으리라 기대하는 상황에서—를 다른 경로와 경쟁하게 하는 것은 그 회사의 새로운 지식에 대한 대사율을 높이는 좋은 방법이다. 단순히 연구팀이 더 나은 쥐덫을 만들었다고 해서 영업팀이 그 쥐덫을 판매하는 것만이 최선의 방도라는 말은 아니다. 영업팀이 이전에 만든 성공적 기술 혁신 제품을 판매하는 데 급급할 때 다른 조직이 새롭고 흥미로운 방법으로 아이디어를 활용할 수도 있다.

회사는 대부분 외부 회사에 라이선스를 허용하는 것을 거부하거나 기술을 추구하는 새로운 스타트업에 소유권을 넘기기를 거부한다. 내부와 경쟁할 위험이 있기 때문이다. 하지만 개방형 기술 혁신 회사에서 약간의 경쟁은 필요하다고 생각한다. 외부 집단이 이 기술로 성공하면, 회사 내부 마케팅과 영업팀이 새로운 기술을 적용하는 데 더 많은 주의를 기울이고, 더 빠르게 움직인다는 것을 알기 때문이다.

내부 연구 개발로 아키텍처를 형성하고 진보하기

개방형 기술 혁신 패러다임은 단지 혁신을 위해 외부 기술에 의존하는 접근 방식이 아니다. 이 접근 방식에는 내부 연구 개발의 중요한 역할이 있다. 아키텍처의 정의는 새로운 시스템의 많은 부분을 조직화한다는 것이다. 시스템 내부의 위계 체제인 아키텍처는 기술을 유용한 시스템으로 결합한다. 모든 기술 진화의 초기 단계에는 서로 다른 기술의 구성요소를 연관지을 수 있는 많은 방법이 있다. 구성요소의 수가 많을수록 그 사이에서 상호 결합할 수 있는 가능성이 늘어난다.

내부 연구 개발을 활용하면 회사가 시스템 내부에서 일어날 수 있는 많은 결합을 모를 때 새로운 아키텍처를 만들어낸다. 다만 처음에는 그 특징과 능력이 이해되지 않을 뿐이다. 새로운 접근 방식의 복잡성은 가장 좋은 방법으로 시스템으로 통합하려 할 때 모호한 부분을 많이 만들어낸다. 이 단계에서 새로운 기술과 더 큰 시스템의 상호 결합을 구체화하는 것은 어려운 일이다. 그 시스템을 구분하여 전체적으로 복잡한 부분을 줄이는 방법은 많지만, 최선의 방법이 명확하게 있는 것은 아니다.

불확실하고 복잡한 환경에서 상호 결합을 결정하기 위해 외부 기술에 의존하면 결국 실패하게 마련이다. 이 기술을 만든 회사가 기술을 활용하는 가장 좋은 방법이 모두 다르기 때문이다. 사실 각각의 부품 회사는 더 많은 이득을 얻고 시스템을 통제하는 능력을 갖기 위해 시스템의 핵심 기술을 만들고 싶어 한다. 그리고 시스템의 중요한 부분을 엄격하게 통제하기 위해 전체 시스템의 개발을 보류할 수도 있다. 이러한 상호 결합 문제의 해결책을 변경한다면, 외부 회사가 시스템의 중요한 부분에 대한 통제력을 획득했다고 생각하고 보류한 전략을 무시할 수 있다. 이는 구성 조직들 사이에서 관계가 정의되는 방식 때문이다.

복잡성을 조절하고 모호한 부분을 해결하기 위해 회사는

그림 3-2 상호 의존적 아키텍처

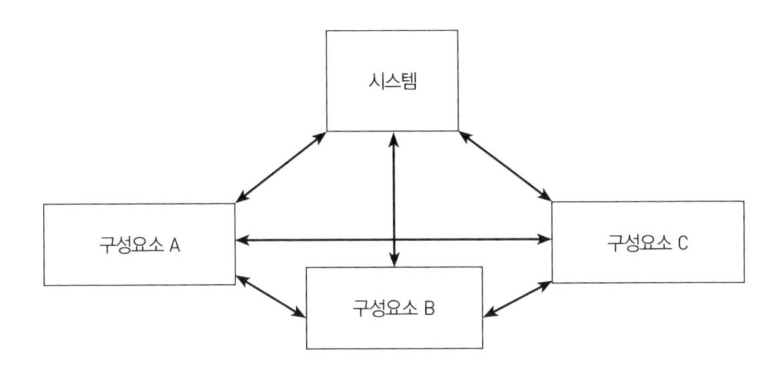

많은 영역에서 기술이 실제로 어떻게 작용하는지 이해하기 위한 전문 지식을 개발해야 한다. 새로운 기술의 어떤 측면이 더 큰 시스템에 어떤 결과를 가져올지 평가할 수 있기 때문이다. 한 가지 기능 영역에서 활동하는 것은 다른 기능 영역의 활동에도 영향을 미치므로 기능 내부 그리고 기능 사이에서 철저히 정보 교환을 해야 한다. 이 영향은 시간이 흐르면서 점차 뚜렷해지므로 회사는 초기의 모호성을 해결하기 위해 작업을 나눌 수 있다.

시스템의 부분 간 상호 의존성은 〔그림 3-2〕에 나타나 있다. 이 그림에서 구성요소 A, B, C는 시스템을 구성하며 서로 관계를 맺고 있다. 하나의 구성요소가 변하는 것은 시스템의 다른 모든 부분에서 변화가 필요한데, 이는 부분 간 관계가 뚜렷이 이해되지 않았기 때문이다.

시스템의 부분과 전체 시스템의 관계를 이해하는 것은 회사의 기술 혁신 시스템에서 매우 중요한 임무다. 기술적으로 연구원은 시스템의 한 부분에서 일어난 변화가 다른 부분의 대응에 어떤 영향을 미치는지 표시하기 위해 기술의 많은 변화 요소를 실험할 필요가 있다. [그림 3-2]에 나타나듯이 만일 어떤 사람이 구성요소 A를 매우 단순화된 시스템에서 변화시킨다면, 구성요소 B와 C도 반드시 변해야 한다. 수천 개의 구성요소로 이루어진 실제 시스템에서 구성요소의 가능한 상호작용은 그 숫자가 100만 개일 수도 있다. 어떤 부분이 이익과 통제를 위한 싸움에서 이익을 얻을지 염려할 필요 없이 상호작용을 정밀하게 표시한다. 그런 다음 이 상호작용을 결합하기 위해 아키텍처를 형성하는 것은 내부 연구 개발 과정에서 이루어진다.

상호 의존성을 줄이고 복잡성을 제한하기 위한 아키텍처 사용은 내부 연구 개발에 의해 추가된 가치 중 단 하나의 요소다. 또 회사의 아키텍처는 가치 사슬과 주변 생태계가 어떻게 구조화될 것인지 파악하는 데 큰 의미가 있다. 가치 있는 아키텍처는 기술적인 상호 의존성을 줄이고 해결할 뿐만 아니라, 다른 사람의 전문 지식을 시스템 형성에 이용할 수 있는 기회를 만든다. 좋은 아키텍처는 새로운 기술의 창출을

그림 3-3 모듈식 아키텍처

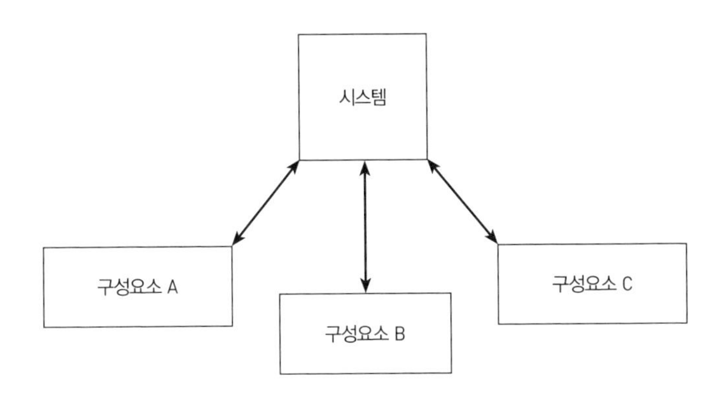

이끈 연구에서 이익을 얻기 위해 회사가 사슬의 조각을 정리할 기회를 남겨둘 때에도 그렇게 작용한다. 훌륭한 기술임에도 외부의 보완적 기술과 효과적으로 연결되지 않으면 당황하겠지만, 잘만 연결되면 열등해 보이는 기술이 훌륭한 기술을 따라잡을 것이다. 효과적인 연결이 요구하는 것은 회사가 그들의 생태계에서 다른 사람들과 경쟁하는 것뿐만 아니라 그들과의 협력도 필요하다는 점이다.

시간이 흐르면서 기술이 좋아지므로 상호 의존성은 더욱 명확해지고 처리하기 쉬워진다. 회사는 원하는 것을 구체화할 수 있고, 얻는 것을 입증할 수 있으며, 납품업체를 탈락시킬 수도 있다. 중개 시장은 이제 구조 안에서 나타날 수 있고, 전문 회사는 구조 내부의 한 층을 만족하기 위해 시장에 참여할 수 있다. 기술의 미성숙 단계에서 초기 기술적 경쟁은 복잡성을 분류하기 위해 내부 연구 개발이 중요했던 수직적 특징이 나타났다. 이후 외부 기술이 기존 아키텍처의 한 부분 안에서 경쟁하는 보다 수평적인 단계로 나아가게 된다.

〔그림 3-3〕은 구성요소의 상호 의존성을 지닌 시스템을 이해했다는 것을 나타낸다. 이 시스템에서 구성요소 A, B, C는 다른 구성요소에 어떠한 변화도 일으키지 않고 변화할 수 있다. 이제 회사는 시스템의 다른 부분에 미치는 더 좋은 제품의 잠재적 영향에 대해 걱정할 필요 없이 가장 좋은 요소인 A를 생산하기 위해 경쟁할 수 있다. 이 모듈의 방법은 회사가 구성요소의 접점을 이해해 구성요소를 '플러그 앤 플레이plug and play' 할 수 있게 하므로 시스템을 더 쉽게 조합할 수 있다. 잘 형성된 구조에서는 수백 개, 수천 개 회사가 시스템의 다른 부분에 미치는 영향을 걱정하지 않고도 더 나은 구성요소 기술을 혁신할 수 있다.

개방형 기술 혁신 회사는 모듈의 구조에 이 변화가 일어날 때 접근 방식을 충분히 변화시킬 만큼 숙련되어야 한다. 이전 단계에서 미성숙한 기술의 복잡성을 구분하는 데 필요한 수직적 통합은 이제 회사의 걱정거리가 된다. 이때 회사는 반드시 스스로 구조 내부의 중개 시장에 참여해 수평적으로

열어두어야 한다. 이는 돈을 절약하거나, 개발 시간을 줄이거나, 시스템에 바람직한 특성을 제공하는 어떤 부분을 외부에서 구매해 시스템 수준에서 경쟁하는 회사에 구성요소를 제공한다.

사업을 위한 아키텍처 형성하기

시스템 내부에서 기술 간 결합을 형성하는 것은 현대의 제품과 서비스의 복잡성을 관리하는 데 꼭 필요하다. 적어도 회사가 어떤 방법으로 회사의 혁신 활동에서 가치를 만들어내고 얻을 것인지 확인하는 것만큼 중요하다. 제4장에서는 내부와 외부 활동을 통해 사업 구조를 창조하는 개념으로서 사업 모델을 살펴볼 것이다. 회사의 활동이 회사의 가치를 유지하는 데 중요한 반면, 외부 회사의 활동은 고객을 위한 상당한 가치를 만들어낼 수 있다.

제4장

비즈니스 모델

내부와 외부의 기술 혁신 연결

많은 아이디어는 가치를 창출하기 위한 패러다임의 변화를 수반하므로 때로는 어려운 '수익 구조'를 연구해야 한다. 제록스는 점점 연구 결과물에 대한 가치 제안을 창조하기 위한 노력과 이 노력이 기술 자체를 발명하는 것만큼 가치 있다는 사실을 인정하고 있다.

— 존 실리 브라운

제3장에서는 개방형 기술 혁신 회사가 내부 연구와 외부 아이디어를 결합할 필요가 있고, 그런 다음에는 그 아이디어를 회사 내부와 다른 회사의 사업을 통해 전개할 필요가 있다고 주장했다. 이 회사들을 위한 핵심은 내부적으로 공급받는데 필요한 빠진 부분이 어떤 것인지와 내외부에 있는 부분을 시스템과 아키텍처로 어떻게 통합할지 그 방법을 알아내는 것이다.

비즈니스 모델Business Model은 이 기술적인 결정을 경제적 결과물과 연결하기 위해 꼭 필요하다. 비즈니스 모델이라는 용어는 대개 스타트업에 사용되지만, 모든 규모의 회사가 기술적 잠재력을 경제적 가치로 변화할 수 있는 방법을 이해하는 데에도 도움이 된다. 대부분의 회사는 다음과 같은 세 가지 기본 방법을 통해 새로운 기술에서 가치를 창조할 수 있다. 첫째는 기술을 회사의 현 사업에 결합하는 것, 둘째는 다른 회사가 기술을 사용하도록 허가하는 것, 셋째는 새로운 사업 무대에서 기술을 활용하는 새로운 벤처에 착수하는 것이다.

여기서 중요한 점은 기술 자체에는 어떠한 객관적 가치도 없다는 것이다. 기술의 경제적 가치는 그 기술이 어떤 방식으로 상품화되기 전까지 비공개 상태이며, 두 개의 다른 방식으로 상품화된 동일한 기술은 서로 다른 이윤을 만들어낸다. 어떤 경우에 기술 혁신은 회사에 이미 익숙한 비즈니스 모델을 성공적으로 사용할 수 있다. 또한 다른 회사에서는 라이선스를 받고, 다음에 상품화할 기술을 '채용'해서 기술을 활용할 수 있는 비즈니스 모델을 갖게 될 것이다.

하지만 새로운 기술은 뚜렷한 비즈니스 모델이 없다. 기술 책임자는 기술에서 가치를 얻기 위해 적절한 비즈니스 모델이나 '수익 구조'를 발견하는 그들의 관점을 넓혀야 한다. 만일 책임자들이 실패한다면 이 기술은 그렇지 않을 때보다 회사에 더 적은 가치를 가져다줄 것이다. 만일 회사 외부의 다른 사람들이 더 나은 비즈니스 모델을 찾는다면, 원래 그 기술을 개발한 회사보다 더 많은 가치를 창조할 것이다. 달리 말하면 훌륭한 비즈니스 모델을 갖고 추구하는 평범한 기술이, 뛰어나지 않은 비즈니스 모델에서의 훌륭한 기술에 비해 더 많은 가치가 있다.

사실 비즈니스 모델이라는 용어는 명확한 정의가 있는 게 아니다. 나는 동료인 리처드 로젠블룸과 함께 구체적이고 유용하며 실질적인 정의를 개발했다. 비즈니스 모델의 기능은 다음과 같다.

- '가치 명제', 즉 기술에 기반을 둔 제품으로 만들어 사용자가 느낄 가치를 분명히 표시하기 위한 것.
- '세분 시장', 즉 기술이 유용해 그것을 사용할 목적이 있는 사용자를 확인하기 위한 것.
- 회사의 '가치 사슬' 구조를 명확히 하기 위한 것. 가치 사슬은 제품을 만들고 분배해야 하며, 이 사슬에서 회사의 위치를 지원하기 위해 필요한 보완적 자산을 결정해야 한다.
- 가치 명제와 가치 사슬 구조를 선택한 상태에서 회사

를 위한 수익 창출 메커니즘을 구체화하고, 제품 생산의 '비용 구조'와 '목표 수익'을 추정하기 위한 것.

- 공급자와 소비자를 연결하는 '가치 네트워크' 안에서 회사의 위치를 명확히 하고, 잠재적 보완 회사와 경쟁 회사를 확인하는 것.
- 기술 혁신 회사가 경쟁사보다 높은 수익을 올리고 유지할 '경쟁 전략'을 명확히 하기 위한 것.

가치 명제

가치 명제 과정은 새로운 기술에 숨어 있는 가치 명제를 명확히 하는 것에서 출발한다. 이는 어떤 제품을 제공하게 될 것인지와 소비자가 그것을 어떤 형태로 사용하게 될 것인지에 대한 예비 정의가 필요하다. 가치 명제에 대한 유용한 방법은 다음과 같은 소비자의 관점에서 비롯된다. 해결하고자 하는 소비자의 문제는 무엇인가? 그리고 그것이 소비자에게 얼마만큼 큰 문제인가?

비타민과 진통제를 구별하듯이 작은 문제와 큰 문제를 구별하는 것은 매우 중요하다. 우리는 비타민이 몸에 좋다는 것을 알고 있지만, 대부분 규칙적으로 비타민을 복용하지는 않는다. 그에 반해 진통제가 필요한 때는 잘 알고 있다. 그리고 진통제가 나중이 아니라 지금 바로 필요하다는 것을 알고 있으며, 효과가 있는지 없는지도 금방 알 수 있다. 사람들은 비타민보다 진통제에 더 큰 비용을 지급하려 할 것이다. 진통제는 비타민보다 훨씬 더 강한 가치 명제를 제공하는데 이는 사람들이 욕구를 더 강하게 느끼며 그 이익이 더 크고 훨씬 빠르게 인식되기 때문이다.

다른 경우, 겉보기에 보통의 기술 진보가 강력한 가치를 제공한다. 캐논Canon과 리코Rico 같은 일본 회사가 1976년에 작은 복사기를 만들 때 제록스는 그들을 비웃었다. 그리고 예상대로 작고 값싼 기계들은 많은 양을 복사할 수 없었다. 게다가 자동으로 다량의 용지를 공급하거나, 복사물을 합치거나, 복사 이미지의 크기를 확대 혹은 축소할 수도 없었다. 하지만 제록스가 놓친 게 있다. 이 작은 기계들이 제공한 다른 가치, 즉 문서를 복사하기 위해 인쇄소에 가는 대신 개인 사무실에 복사기를 두고 쓸 수 있는 진정한 편리함이었다.

세분 시장

가치 명제를 정의하는 것은 어떤 소비자를 목표로 하느냐에 따라 다른데, 이것이 비즈니스 모델 정의의 두 번째 특성이다. 비즈니스 모델은 반드시 그 제안에 이끌리게 될 고객, 그리고 자원을 지원받을 사람들을 목표로 해야 한다. 소비자는 존재하는 문제에 대한 해결책의 비용을 줄이는 기술의 능력 혹은 새로운 가능성과 해결책을 찾는 능력에 따라 기술의 가치를 평가할 수 있다. 게다가 다른 관점의 소비자는 기술의 다른 잠재적 특성을 원할 것이다. 개인과 작은 회사는 캐논, 리코 등 신생 회사의 1세대 복사기에서 많은 가치를 찾았지만, 대기업에서 일하는 소비자는 그렇지 못했다.

기업은 개발에서 목표로 할 기술적 특성이 무엇인지 결정할 수 있도록 소비자 집단을 정의할 필요가 있다. 적당한 규모의 모든 시장에서 개발자들이 고려해야 할 것이 많다. 많은 수의 기술적 대안, 세분 시장, 미래의 경쟁자 등이다. 이처럼 뚜렷한 가치 명제로 구체적 시장을 목표로 정하는 것은 기술 영역에서 어떤 일을 해야 하고, 어떤 것을 생략할 수 있는지를 알려준다. 이 목표를 정하는 것은 연구원과 기술자들이 어디에 활동을 집중해야 할지 신호를 주는 것이다. 그러면 회사는 개발 과정에서 발생하는—비용 대비 성능, 무게 대비 성능 같은—많은 문제를 해결할 수 있다. 소비자가 누구인가와 그들이 제품의 가치를 어떻게 평가하는지 알기 전까지는 제공해야 할 것이 무엇인지, 하지 않아야 할 일이 무엇인지 알 수 없을 것이다. 만일 회사가 프로젝트에 집중하는 데 실패하면—진통제가 아니라 비타민 같은—별로 필요하지 않은 기능으로 가득한 제품을 만들어낼 우려가 있다.

가치 사슬

대부분 가치 사슬 안에서 회사 위치라는 세 번째 특성을 사업 모델과 연관 짓는다. 의도된 시장, 의도된 가치 명제, 제품의 의도된 설명을 알기에 이 요소를 전달할 가치 사슬을 구성할 수 있다. 가치 사슬은 반드시 두 가지 목표를 달성해야 한다. 가치 사슬 전반에 걸쳐 가치를 창조—사슬의 끝에서 가치를 소비자에게 전달—하고, 가치 사슬의 어느 부분에서든 충분한 가치를 차지할 수 있어야 정당화된다. 가치 사슬은 의도된 고객에게 전달하는 데 필요한 많은 활동을 통합하고 고생을 덜어주어야 한다.

회사는 회사의 가치 사슬로부터 이익을 얻기 위해 가치를 창조하는 것이 필수조건이지만, 충분조건은 아니라는 데 주목해야 한다. 일단 제품을 전달하기 위해 필요한 가치 사슬을 확인하면 회사는 그 가치의 어떤 부분을 얼마만큼 충당할 것인지 고려해야 한다. 이 가치의 능력은 회사와 소비자, 협력자, 경쟁자 간의 힘의 균형에 달려있다. 다른 연구는 가치를 요구하는 것이 회사 제품의 가치를 늘리는 보완 제품과 서비스의 가용성에도 의존한다는 것을 보여준다. 그리고 제조, 분배, 브랜드 같은 보완 자산의 존재는 회사가 만들어낸 가치를 유지하게 도와준다.

비용 구조의 목표 수익

이제 수익 구조에 대해 알아보자. 수익 구조란 소비자가 어떻게 비용을 지급할 것인지, 얼마나 부과할지, 만들어낸 가치를 소비자와 회사, 공급자에게 어떻게 분배할 것인지 정의하는 것이다. 여기에는 완전 매각, 임대, 거래에 따른 대금 청구, 광고와 예약 모델, 사용 권한 허용, 저렴한 가격과 판매 후 지원, 서비스를 판매하기까지 많은 선택사항이 있다. 또 회사는 신문사가 독자에게는 구독료를, 광고주에게는 광고료를 청구할 때 하는 것처럼 하나 이상의 지급 메커니즘을 사용할 수 있다.

제품의 일반적 설명과 가치 사슬의 일반적 윤곽을 알게 되면, 알맞은 비용 구조에 대한 이해를 높일 수 있다. 가격과 비용에 대한 예비적 지각은 목표 수익을 산출한다. 목표 수익은 가치 명제를 실현하기 위해 실제 자산과 재정적 자산이 꼭 필요하다는 당위성을 실어준다. 이익과 자산은 기술을 실행 가능한 사업으로 확장하는 재정 능력을 위한 한계점을 설정한다. 투자자로부터 충분한 자본을 끌어들이려면, 모델을 창조하고 확장하기 위해 필요한 자산에 대한 수익 가능성을 이해시켜야 한다.

가치 네트워크

가치를 창조하는 것은 가치 사슬에 인접한 제3자를 포함하며, 외부 집단은 가치 네트워크를 형성한다. 주어진 사업 주변에 형성된 가치 네트워크는 공급자, 소비자, 제3자가 기술 혁신의 상품화를 통해 획득한 가치에 영향을 미치는 역할을 분명하게 한다. 공급 면에서 보완 제품의 공급이 증가하는 것 외에 가치 네트워크는 수요 면에서 소비자의 네트워크 효과를 높일 수 있다. 가치 네트워크와 단단한 결합을 형성하는 것은 기술의 가치에 영향을 미칠 수 있다. 그러한 가치 네트워크를 형성하는 데 실패하면 기술의 잠재적 가치를 감소시킬 수 있는데, 특히 기술이 강력한 가치 네트워크를 가진 기술과 경쟁하고 있다면 더욱 그러하다.

경쟁 전략

이제 비즈니스 모델의 마지막 기능, 즉 회사가 어떤 방식으로 선택한 시장을 위한 경쟁 전략을 조직화하는지 살펴보자. 이 영역에 대한 마이클 포터Michael Porter의 1980년대 초기 연구는 기본적으로 비용, 차별 혹은 틈새시장에서 경쟁할 필요가 있다는 것을 강조했다. 더 최근의 연구에서는 회사가 시장에서 이익이 되는 위치를 유지하게 하는 것이 무엇인지 그 토대를 조사했다. 성공을 유지하기 위해 중요한 것은 핵심 자원에 차별적으로 접근하는 능력, 소비자에게 가치 있고 경쟁자들이 모방하기 어려운 내부 프로세스 설계, 그리고 시장에 대한 회사의 과거 경험과 미래 추진력이다.

비즈니스 모델의 인지적 의미

비즈니스 모델을 구성할 때는 고려해야 할 사항이 많다. 이 복잡한 사항들은 비즈니스 모델에서 중요하지만 자주 논의되지 않는 부분, 즉 비즈니스 모델의 인지적 의미를 이끌어낸다.

제1장에서 말했듯이, 회사는 기술과 시장이 불확실한 환경에서 기술 혁신 기회를 추구해야 한다. 관리자들이 새로운

기술을 새로운 시장으로 연결해야 하는 수많은 선택권을 모두 이해하기는 무척 어렵다. 그리고 기술적 선택권의 세계는 경제적, 사회적 선택권의 세계와는 다르다. 각각의 영역이 그 자체만으로 복잡하기에 회사는 보통 각각의 영역에 초점을 맞추도록 직원들을 전문화한다. 그러나 비즈니스 모델을 정의하기 위해 관리자에게 필요한 것이 있다. 기술적 측면과 시장 모두 불확실한 상황에서도 기술적 정보의 물리적 영역—용량, 속도, 기능 등—을 결과물의 경제적 영역—소비자, 가격, 보증, 지원, 분배 경로 등을 위한 가치—과 연결하는 것이다. 사실, 회사가 수행하는 과제 전체를 충분히 이해하는 사람은 별로 없다. 〔그림 4-1〕에 나타나 있듯이, 투입물의 기술적 영역에서부터 결과물의 사회적 영역까지 학습을 돕는 단순화된 인지적 지도를 만드는 것이 비즈니스 모델의 가장 중요한 역할이다.

비즈니스 모델은 기술적인 영역과 경제적인 영역을 연결하는 매개 구성 개념으로 작용한다. 기술 관리자들은 기술의 능력과 성능을 증가시키는 것으로부터 소비자가 얻는 이익을 이해하지 못하지만, 그들의 결정이 소비자 집단에 정의된 가치 명제에 어떤 영향을 미칠지 이해할 수 있다. 그리고 마케팅 책임자는 많은 기술적 주제에 대한 소비자의 선호도를 알지 못하지만, 가치 명제의 구체적 개선이 어떤 방식으로

그림 4-1 여러 영역에 걸친 인지적 지도로서 비즈니스 모델

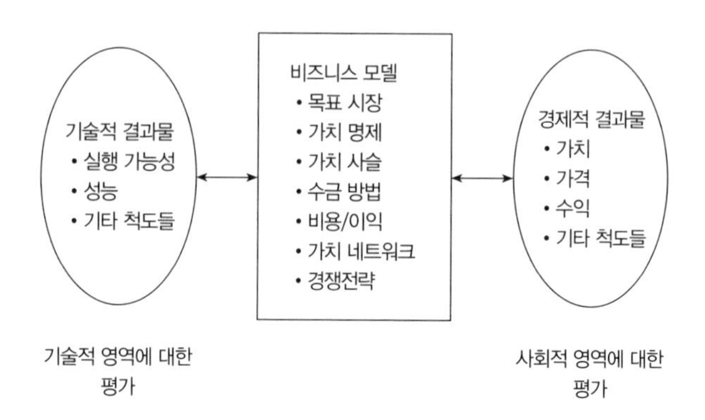

높은 가격, 많은 시장점유율, 많은 수익으로 변화될 수 있는지는 잘 알고 있다. 〔그림 4-1〕을 보면 회사의 기술에서 비롯된 경제적 가치 실현은 기술 자체의 타고난 어떤 특징보다는 비즈니스 모델에 대한 회사의 선택에 달려 있다.

비즈니스 모델을 구성하려면 관리자들이 복잡성과 모호성을 다뤄야 한다. 우리는 이전의 연구에서 관리자들이 그러한 상황에 직면했을 때 모든 대안을 평가할 수 없고, 평가하지 않는다는 것을 확인했다. 대신 그들은 이 복잡성을 다룰 수 있는 수준으로 감소시키기 위해 인지적인 필터를 적용한다. 관리자들은 그들의 현 비즈니스 모델의 원리와 부합하는 정보는 선택하되, 그 모델과 일치하지 않는 정보는 걸러낸다. 이러한 선택은 유용하며 매일 들어오는 엄청난 양의 정보를 이해하기 위해 필요하다. 그러나 필터를 사용하는 과정에서 관리자의 결정에 사심이 들어갈 수 있다. 그들의 현 비즈니스 모델과 갈등이 있는 정보를 제외하는 것이다. 이와 같은 결정은 인지적인 덫이 되기 쉽다. 회사의 현 모델과 어긋난다는 이유로 더 나은 비즈니스 모델을 놓칠 수 있기 때문이다.

이 과정은 회사의 지배적 원리라는 또 다른 개념과 밀접한 관련이 있다. 지배적 원리는 세계가 어떤 방식으로 움직이는지와 회사가 이 세계에서 돈을 벌기 위해 어떤 방식으로 경쟁하는지에 대해 알 수 있는 효과적인 원리다. 이 원리는 모호성을 줄이고 복잡한 선택권을 이해하는 데 도움이 되며, 신입사원이 회사생활에 잘 적응하게 한다. 원리는 세계를 다른 관점으로 보는 다른 형태의 원리를 지배한다. 회사 내부에 있는 사람들은 새로운 정보가 들어올 때마다 그들의 접근방식을 재평가하지 않는다. 반대로, 그들은 새로운 자료를 해석하기 위해 지배적 원리를 적용하는 방법을 찾는다. 또 지배적 원리의 이면에서 공유된 가정은 새로운 정보의 의미를 다른 사람에게 전파하도록 돕는다.

지배적 원리는 다양한 상황에서 사원의 행동을 통제하는 데 유용하지만 대가를 치러야 한다. 비즈니스 모델을 선택하는 것은 신중하게 고려한 뒤 특정한 가능성을 제거하기 때문에 다른 선택을 하는 데 제한을 준다. 시간이 지나면서 사업은 현 모델에 더 굳어지게 되고, 더 나은 모델로 가는 길을 알려주는 정보를 인지할 수 없게 한다. 이것이 바로 숨어 있는 덫이다.

이 특성은 스타트업이 성공하기 위한 비즈니스 모델에 대한 관점을 제공한다. 스타트업은 혼돈을 이해할 내부 원리를 창조해야 한다. 그런 다음 회사가 단 하나의 장소에서 적은 수의 사람들을 뛰어넘어 성장할 수 있도록, 회사 구석구석에 그 원리를 전달하기 위해 노력해야 한다.

하지만 기존 회사에는 비즈니스 모델이 필요하지 않다. 대신 새로운 기회에 적용하게 될 그 모델은 이미 사용하고 있는 비즈니스 모델과 비슷한 것이다. 그리고 시간이 흐르면서 현 비즈니스 모델이 성공적일수록 새롭게 발생한 기회를 상품화하는 방법에 미치는 영향은 더욱 강해진다. 이는 회사 기술의 상업적 개발이 회사의 이전 역사와 경험에 의존하게 된다는 것을 의미한다. 그리고 회사가 기존의 비즈니스 모델로 성공할 만한 새로운 기회가 오더라도 그 모델을 고집하게 될 것이다.

제록스 모델 914 복사기: 비즈니스 모델을 구하는 기술

제록스의 복사기 모델 914는 비즈니스 모델의 가치 그리고 성공한 회사들이 좋은 제품을 알아보는 것이 얼마나 어려운 일인지 알 수 있는 좋은 사례다. 당시 할로이드의 사장이던 조 윌슨Joe Wilson은 기술을 개발한 체스터 칼슨Chester Carlson을 만났다. 칼슨은 그가 제로그래피라 부른 기술인 토너 가루를 종이에 부착하기 위해 전하(물체가 띠고 있는 정전기의 양—편집자)를 사용하는 방법을 발견했다. 칼슨의 기술은 비록 조악했지만 선명한 복사를 가능하게 했다.

당시에 복사본은 '습식' 사진 복사나 '건식' 열 공정으로 만들어졌으며, 이 방법은 모두 질 낮은 이미지를 제공했다. 각 과정에서 효과적인 비즈니스 모델은 비용을 넘어선 적당한 이윤 폭에서 장비의 비용을 청구하고, 제품과 소모품의 비용은 보통 수준을 넘어 훨씬 높은 이윤 폭에서 따로 청구하는 것을 포함한다. 즉 '면도기와 면도날' 비즈니스 모델인 것이다. 두 복사기 기술은 판매자를 위한 부품 시장 이익의 흐름을 창조해야 하므로 특별한 종이와 공급품이 필요하다. 전형적인 사무기기는 300달러(약 38만 원)에 팔렸다. 일반적으로 사용하는 기계는 하루 평균 열다섯 개에서 스무 개의 복사본을 생산했고, 이 기계의 90%는 한 달에 채 100장도 되지 않는 복사를 하고 있었다.

제로그래피 기술에서 본래의 유망한 능력을 경제적으로 활용하는 가장 좋은 방법은 무엇일까? 이 새로운 기술의 가능성을 금세 알아챈 칼슨과 윌슨은 제로그래피를 사용한 견본 기계를 개발했다. 이 기계는 당시 많이 쓰이던 기술과 달리 가열 종이가 필요 없는 데다 질 높은 건식 복사가 가능했다. 윌슨을 기계를 제작하는 데 대략 2,000달러(약 245만 원)의 비용이 들 것으로 예상했다. 그는 한 개의 복사물당 그 복사기의 변동 비용은 대략 이전의 방법과 동일하리라 추측했고, 이는 상품화에 대한 문제를 초래했다. 기계의 제조 원가는 사용하고 있는 복사 기술보다 훨씬 높지만, 소모품의 원가는 이 경쟁 기술과 거의 비슷했다. 어떻게 이 새로운 기술이 주어진 여건에서 시장에 진출할 수 있었겠는가? '면도기'는 매우 비쌌고, '면도날' 또한 저렴하지 않았다. 수준 높은 이 기술에 소비자가 비용을 지급하도록 어떻게 설득하겠는가?

할로이드의 사장 조 윌슨은 복사기 모델 914의 마케팅 협력자를 찾았다. 그들은 그 당시 몇몇 선두 회사에 협력자가 제조와 마케팅을 제공하는 데 대한 답례로 기술을 제공할 것을 제안했지만 코닥kodak, 제너럴일렉트릭, IBM에 퇴짜를 맞았다. 그 결정을 하기 전, IBM은 훌륭한 컨설팅 회사 아서 D. 리틀ADL, Arthur D. Little에 신중한 그리고 전문적인 시장 분석을 위임했다. 다행히 리처드 로젠블룸이 1959년에 쓴, IBM에 전달한 ADL 보고서의 복사본을 갖고 있었다. 그 보고서를 토대로 IBM이 모델 914를 평가한 내용을 재구성해보았다.

아서 D. 리틀은 제로그래피 기술에 대한 성공적 비즈니스 모델을 생각하지 못했다. 어떤 부분에서 현저한 가치 명제를 확인할 수 없었기 때문이다. 제로그래피 기술은 뛰어났지만, 어떤 특정한 일에 대해 월등하게 뛰어나지도 않았다. 그리고 '더 큰 비용에 더 나은 질'은 훌륭한 가치 명제로 보이지 않았다. 그들은 다음과 같이 보고했다.

"모델 914는 호환성이 상당히 좋기 때문에 그것이 다른 가능한 장치와 비교해 적합한지에 대해 특별한 실용성을 확인하는 것은 극도로 어렵다. (…) 구체적인 목적 혹은 목적들이 부족한 것은 모델 914이 가진 가장 크고 유일한 약점일 것이다."

아서 D. 리틀의 분석가들은 본질적으로 모델 914가 사무용 복사기 산업에서 당시 남아 있던 지배적 원리인 면도기와 면도날 비즈니스 모델 안에서 제공될 것이라 가정했다. 이 모델은 소비자에게 장비와 소모품에 대한 비용 부담을 가중한다. 분석가들은 소비자가 당시 한 달에 겨우 수백 개의 복사물을 만드는 데 사용된 복사기를 사기 위해 수천 달러를 투자할 것인지 의심했다.

"전문화된 복사에는 적합할지 모르지만, 모델 914는 사무·복사·장비·시장에서 장래성이 없다."

코닥과 제너럴일렉트릭도 같은 결론에 도달했다. 이 세 곳의 선두 회사는 제로그래피가 경제적 가치가 없다고 판단했다.

그러나 윌슨은 다르게 생각했다. 1959년 9월 26일, 할로이드는 다른 비즈니스 모델을 사용해 높은 시설비의 장애물을 극복하면서 자체의 힘으로 모델 914를 시장에 내놓았다. 그리고 기계를 판매하는 대신, 고객에게 '임대'를 제시했다. 고객들은 기계를 임대하기 위해 한 달에 95달러(약 12만 원)를 지급했으며, 그들이 매달 기계로 만드는 복사본 2천 부의 이상은 한 부당 4센트(약 40원)를 지급하기로 약속했다. 할로이드—머지않아 제록스로 이름을 바꾸었다—는 필요한 모든 서비스와 지원을 아끼지 않았고, 임대 계약은 15일 전에만 통보하면 취소할 수 있었다.

할로이드의 임대 계약은 면도기와 면도날 문제를 극복했고, 고객들을 크게 만족시켰다. 새로운 비즈니스 모델은 작은 할로이드 기업에 대부분의 위험을 강요했다. 고객들은 매달 95달러의 임대 비용만 부담했다. 이후 고객들이 복사량을 늘리자 이 비즈니스 모델은 할로이드에 큰 이익을 안겨주었다. 본질적으로 ADL의 분석이 옳았지만, 불완전했음을 증명했다. 윌슨은 제로그래피가 ADL의 판단보다 더 큰 잠재적 가치가 있을 것이지만, 그 가치를 열기 위해서는 다른 비즈니스 모델이 필요할 것이라 단언했다.

그것은 현명한 생각이었다. 일단 모델 914가 고객의 건물에 설치되자, 사용자들은 질 높은 이미지와 편리함 때문에 하루 평균 2천 부의 복사본을 만들었다. 고객들은 이제 습식 복사 과정 때문에 지문을 묻히지 않고도 깨끗하게 복사할 수 있었다. 이 비즈니스 모델은 윌슨의 예상치를 훨씬 넘어선 이익을 안겨주었고 12년간 누적 매출 증가율이 41%로 상승했다. 그 결과 3,000만 달러(약 366억 원) 규모의 작은 할로이드 회사가 1972년에 25억 달러(약 3조 900억 원)의 매출을 올린 세계적인 기업으로 탈바꿈했다. IBM, ADL, 코닥, 제너럴일렉트릭이 거절한 기술이 다른 비즈니스 모델의 사용을 통해 수억 달러의 기업을 만든 것이다.

제록스 비즈니스 모델의 인지적 효과

이 엄청난 성공은 제록스에 계속 영향을 미쳤다. 더 많은 양의 복사물을 만들 때 더 많은 이윤을 창출하는, 모델 914 복사기 비즈니스 모델의 성공은 이후 제록스의 복사기 사업에도 지배적 원리를 제공했다. 제록스의 비즈니스 모델은 최대 기계 가동 시간과 유용성으로 많은 양을 빨리 복사할 수 있는 기계를 개발하게 했다. 이것은 비즈니스 모델이 낮은 속도의 복사기 개발을 방해하는, 제록스 내부에 강력한 인지적 편향을 주었다. 이후 제록스의 최고 경영자는 다음과 같이 말했다.

"우리의 이익은 그 기계로 얼마나 많은 복사물을 만들어내는가에서 나온다. 만일 복사기가 복사하는 속도가 느리다면 그것은 우리 주머니에서 돈을 잡아채는 것이다."

한편 일반 종이에 복사하는 기술에 대한 제록스의 독점은 갑작스럽게 끝이 났다. 연방거래위원회가 주도한 독점 금지 활동은 강제적으로 회사의 특허권을 허용하도록 요구하는 조정서를 받아들였고, 회사의 기계를 임대만이 아니라 판매하도록 강요했다. 코닥과 IBM은 제록스의 비즈니스 모델과 비슷한 모델을 개발해 많은 양과 빠른 속도의 복사기를 고가 시장에 선보였다. 하지만 무엇보다 제록스에 위협이 된 것은 여러 일본 제조업체의 저가 시장 진출이었다. 일본의 제조업체들은 다른 가격 전략과 제품 구성, 다른 세분 시장을 목표로 한 판매 경로를 이용했다. 그들 역시 다른 비즈니스 모델을 선보이며 저가 시장에 진출한 것이다.

1980년대 초 제록스의 비즈니스 모델을 〔표 4-1〕에 요약했다. 제록스는 회사의 제품과 판매에서 주요한 기업 소비자와 정부 기관을 목표로 했다. 제록스의 가치 명제는 '매달 낮은 임대료로, 질 높은 복사물을 대량으로'였다. 제록스는 회

표 4-1 제록스와 일본의 저가 복사기 업체의 비즈니스 모델 비교

	제록스	일본 복사기 업체
세분 시장	기업과 정부	개인과 소규모 업체
가치 명제	매월 낮은 임대비용으로 질 높은 복사 가능	저렴한 가격으로 복사기 구입
가치 사슬의 요소	소모품을 포함한 전체 복사기 시스템 개발 / 직판 영업팀을 통한 판매	내부적 기계와 카트리지 / 분배, 서비스, 지원, 자금 조달의 아웃소싱
정의된 비용과 이윤	기기에서는 적당한 이익을, 소모품 및 '클릭'시 높은 이익 창출	복사기에는 저렴한 '한 상자의 비용', 카트리지에는 높은 이윤—'면도기와 면도날' 비즈니스 모델
가치 네트워크에서의 위치	건식 복사 프로세스의 선구자 / 협력자들을 필요로 하거나 추구하지 않음	전국에 판매하기 위해 제3의 사무 장비 판매상 모집 / 사용자가 사용하기 쉬운 카트리지
형성된 경쟁우위 전략	제품의 기술적 질과 성능으로 경쟁	가장 낮은 복사기 원가, 편리한 판매상의 위치, 기계의 질 / 셀프서비스에서 경쟁

사 자체의 직접 판매 조직을 통해 판매한 복사기 시스템을 전달했다. 그리고 회사 자체의 기술자가 제공하는 유지 서비스를 전달하기 위한 가치 사슬을 조직화했다. 회사의 장비로 큰 이익을 내는 대신, 서비스와 소모품—토너와 종이 등—판매를 통해 이익을 내도록 가격을 책정했다.

이 비즈니스 모델은 제3의 기관과 협력할 필요가 없었다. 실제로 제록스는 회사 비즈니스 모델의 많은 요소를 독자적으로 연구했다. 그리고 새로운 제품을 시장에 내놓고 지원하는 데 필요한 모든 제품 개발 활동을 수행했다. 제품을 내부에서 제조했으며, 모든 제품을 자체적으로 만든 경로를 통해 판매했다. 또 고객에게 자금과 서비스를 지원하고, 제록스 기계를 위한 종이도 자체적으로 만들었다.

그러던 중 일본의 몇 개 회사에서 제록스 모델의 문제점을 발견했다. 제록스의 모델은 복사물이 많은 대기업에는 적합했지만, 소규모 사업체와 개인에게는 맞지 않았다. 사람들은 질은 다소 낮더라도 적은 비용으로 제품을 사고 싶어 했다.

일본의 복사기 회사들은 다른 비즈니스 모델을 선보이며 제록스를 공격했다. ([표 4-1]의 오른쪽 줄 참조) 전문 기술자가 아니어도 기계를 쉽게 조작할 수 있는 제품을 설계했으며, 복사기에서 자주 고장 나는 부분을 교체 가능한 카트리지로 만들었다. 이 기술에 기존의 면도기와 면도날 비즈니스 모델을 다시 적용했다.

복사기는 적절한 매출 이익 선에서 가격이 정해질 수 있고, 교체 카트리지는 높은 매출로 가격을 정할 수 있었다. 그런 다음 이 장비를 팔고, 필요한 만큼 서비스와 융자를 제공하기 위해 판매상과 판매점의 간접 판매 경로를 만들어냈다.

간접 판매 경로는 일본의 회사들이 영업팀을 따로 만드는 비용을 절약하게 했다. 일본의 회사들은 빠른 속도로 제품을 판매점에 공급해 잠재 고객에게 구입하기 전에 미리 시험해 볼 수 있도록 했다.

제록스는 일본 회사들에 위협을 느꼈다. 제록스의 기술자들은 훨씬 정교하고 뛰어난 복사기를 설계했지만, 일본 회사들의 도전에 대응하려면 그들이 만들어놓은 성공한 회사의 지배적 원리를 중단해야 했다. 이는 복잡한 기계 장비를 통해 종이를 빠르게 공급한 기술자들이 이제는 훨씬 낮은 가격에 단순한 제품을 만들어내야 한다는 것을 의미했다.

영업부는 간접 영업팀을 직접 영업팀과 함께 관리하는 방법은 물론 소비자가 직접 경로를 통해 서비스를 받아야 할지, 간접 경로를 통해 서비스를 받아야 할지, 또 언제 받아야 할지를 논쟁하면서 보내는 무수한 시간을 관리할 방법을 결정해야 했다. 그리고 마케팅에는 제록스가 우위를 점하던 고가, 고수익 판매를 여전히 유지하면서 저가 시장—기계 하나에 낮은 판매 이익을 얻는—에 판촉하는 방법이 필요했다. 제록스가 일본 회사들의 위협에 대응 방안을 마련하는 데에 10년이 걸렸다. 2001년, 복사기 사업 전반에 걸친 도전을 받은 제록스는 결국 소규모 시장을 포기했다.

또 제록스 비즈니스 모델의 효과와 제록스 본래의 지배적 원리는 두 번째 시련을 주었다. 회사를 위해 새로운 사업 영역에서 새로운 기술의 상품화에 걸친 시련이었다. 모델 914의 판매와 마케팅 노력을 이끈 피터 매콜로는 1968년에 제록스의 사장이 되었다. 복사기 매출 신장률이 1960년대 후반에는 그 속도가 느려졌기에, 매콜로는 제록스가 성장률을 유지하려면 새로운 영역으로 사업을 확장할 필요가 있다는 것을 깨달았다. 그는 정보 구조를 향한 새로운 방향을 제시했다. 매콜로는 회사의 미래를 위한 방향을 명확히 제시했지만, 회사 경영은 과거의 성공적 비즈니스 모델의 원리에 따라 제한되었다.

PARC 기술의 상용화

제록스의 사장이 된 매콜로의 첫 번째 조치는 과학적 자료 시스템SDS을 10억 달러(약 1조 2,400억 원)에 인수해 컴퓨터 사업에 진출하는 것이었다. 1969년, 기업을 인수하기 위해 제록스는 엄청난 금액을 지급했지만 이후 크게 실패한 것으로 드러났다. 제록스는 컴퓨터 산업에 기술적으로 진출하기 위해, 그리고 SDS팀에 새로운 기술을 제공하기 위해 1970년 팔로알토 연구 센터를 설립했다. 하지만 SDS는 1975년에 폐쇄되었다.

SDS가 실패했음에도 PARC 내부의 연구 공동체는 1970년대에 크게 번성했다. 예산도 넉넉했고 새로운 영역을 탐색하기 위한 자유에 아무런 제약도 없었다. 제록스가 빠른 속도의 레이저 프린터로 컴퓨터 사업에 진출하면서, 1977년에 PARC 기술의 첫 번째 수익이 발생했다. 빠른 속도의 복사기 비즈니스 모델은 새로운 프린터 기술과 함께 크게 성공했다. 레이저 프린터는 훨씬 높은 화질에 더 빠르게 복사할 수 있는 복사기를 탄생시켰다. 이 기술을 이용해 제록스는 큰 이익을 창출했다. 회사의 비즈니스 모델은 이 강력한 신기술을 부가적 판매와 높은 판매 수익으로 재빨리 변화시킬 수 있었다.

같은 해, 제록스는 주요 제품을 위한 첫걸음을 내디뎠다. 미국의 텍사스주 댈러스에 설립한 사무용 제품 부서는 1977년에 독립형 컴퓨터 워드프로세서를 시장에 내놓아 고객을 만족시켰다. 1979년, 제록스는 워드 프로세서와 프린터를 연결하기 위해 이더넷 기술을 사용한 첫 번째 '오피스 시스템Office system'을 선보였다. 1981년 출시한 스타 워크스테이션Star workstation은 사무 자동화를 위한 통합 시스템의 핵심으로 소개되었다. 제록스는 이 기술을 개별적이 아닌 통합 시스템 형태로만 제공했다.

후자의 움직임은 제록스가 컴퓨터에 대한 PARC의 기술혁신을 평가하는 데 사용한 비즈니스 모델의 패턴을 형성했다. 제록스는 완전한 컴퓨터 시스템을 만드는 데 PARC의 기술을 적용했는데, 이 컴퓨터 시스템은 제3의 장비 혹은 소프트웨어를 사용하는 선택권이 없는 독점 기술의 가치 사슬을 만들었다. 처음에 제록스는 스타 워크스테이션을 1만 6,995달러(약 2,100만 원)에 선보였다. 필수 네트워크 시설과 공유 프린터는 세 명의 사용자를 위한 시스템에서 총비용을 10만 달러(약 1억 2,400만 원)까지 증가시켰다. 그런 다음 이 시스템은 직접 영업팀을 통해 〈포춘〉이 선정한 매출 규모 상위 천 개 회사에 올랐고, 현장 서비스 기관이 지원했다. 제록스는 이 혁명적 기술을 복사기에 효과적이던 비즈니스 모델을 통해 시장에 내놓았다.

IBM이 컴퓨터 중앙 처리 장치CPU의 핵심 기능을 통합한 집적 회로인 마이크로프로세서Microprocessor를 기반으로 한 PC를 처음 선보였을 때 활용했던 모델과 제록스의 비즈니스 모델을 비교해보자([표 4-2] 참조). 두 회사는 목표 시장이 달랐는데, 제록스는 고객을 스타 오피스 시스템을 대규모 기업과 정부 부서로 제한했다. IBM 역시 대규모 기업에 컴퓨터를 판매했지만, 개인이나 소규모 회사에도 판매하는 전략을 세웠다. IBM은 찰리 채플린Charlie Chaplin식 광고 캠페인을 만들어냈고, 컴퓨터의 사양을 2,995달러(약 370만 원)에 제

표 4-2 제록스 스타 워크스테이션 비즈니스 모델 vs. IBM PC 비즈니스 모델(1981년경)

	제록스 스타	IBM PC
세분 시장	기업과 정부	기업, 정부, 개인, 소규모 업체
가치 명제	첨단 기능 선도, 질 높은 문서 화면과 인쇄, 문서를 공유하고 전송하는 능력, 최첨단 기술 이용	산업에서 가장 잘 알려진 이름으로, 개인용 컴퓨터를 저렴하게 만듦, 타 회사의 하드웨어와 소프트웨어를 실행하는 능력, 지역 유통 업자를 통해 구매하는 능력
가치 사슬의 요소	제조, 분배, 서비스, 자금 조달, 그리고 지원을 통해 기본적인 조각들로부터 전체 스타 시스템 개발	PC 시스템 내부 설계와 제조 / 마이크로프로세서, 운영체제 그리고 제3의 응용 소프트웨어와 하드웨어를 위한 외부 자원 / 직간접적인 분배
정의된 비용과 이윤	적당한 양, 한 단위당 높은 총매출 수익	많은 양, 적당한 총 수익 이윤
가치 네트워크에서의 위치	어떤 것을 하기 위해서는 반드시 모든 것을 해야 함	제3의 판매상과 하드웨어, 소프트웨어 개발자를 모집, 마이크로프로세서와 운영체제는 외주 제작, 판매점이 '호환 가능한' 제조업체를 판매하도록 함
형성된 경쟁우위 전략	기술, 최첨단 기능과 성능으로 승리	주요 시장 점유율, PC 구조의 통제로 승부함, PC의 능력을 확장하기 위해 수천 개의 독립적인 개발자와 협업하는 능력

공했다. 개인과 소규모 회사를 위해 시어스Sears, 컴퓨터랜드

ComputerLand, 비즈니스랜드Businessland를 통한 2천 개 이상 판매점의 유통 경로를 만들었다. IBM은 가치 사슬의 일부인 마이크로프로세서와 운영체제를 외부—각각 인텔과 마이크로소프트—에서 조달하는 기술적인 구조까지 만들었다. 그 결정은 컴퓨터 산업의 행보를 변화시켰지만, IBM의 장기 이익에는 도움이 되지 못했다. 여기에서 중요한 것은 IBM이 메인 프레임 사업에서 크게 성공한 자체 비즈니스 모델을 맹목적으로 모방하고 확장해 컴퓨터 산업으로 진입하는 데 제약이 없었다는 점이다. 그에 반해 PARC 기술의 상업화는 제록스의 복사기 비즈니스 모델과 관련한 사업 원리의 범위를 절대 벗어나지 않았다.

제록스는 스타 네트워크 오피스 시스템에서 뛰어난 기술을 선보였지만, 이 컴퓨터 기술은 IBM PC의 비즈니스 모델과는 상대가 되지 않았다. IBM의 개방형 시스템 구조는 제삼자가 IBM 시스템의 가치를 매우 증가시키는 하드웨어와 소프트웨어 제품을 개발할 수 있게 했다. 예를 들어, 제록스 스타는 사용 가능한 스프레드시트(표 형식의 계산용 프로그램—편집자) 패키지를 개발하지 못했지만, 반면 IBM 컴퓨터 판매는 로터스 소프트웨어Lotus Software에서 개발한 스프레드시트인 로터스 1-2-3에 의해 매우 증가했다. IBM PC는 애시턴 테이트Ashton-Tate에서 만든 디베이스 프로그램을 실행할 수 있었지만, 스타는 그러한 데이터베이스 제품을 갖고 있지 않았다.

게다가 IBM PC 하드웨어는 종종 제3자의 하드웨어 추가로 성능이 우수해졌다. 이 추가적인 하드웨어는 유용한 작업을 수행하고, 제3의 소프트웨어를 실행하는 컴퓨터에 큰 도움이 되었다. 예를 들어, 헤라클래스Hercules 같은 회사는 로터스 1-2-3 Lotus 1-2-3(기계어와 일대일 대응이 되는 컴퓨터 프로그래밍 언어인 어셈블리어를 이용해 로터스 소프트웨어가 개발한 스프레드시트—편집자) 그래프를 표시할 수 있도록 컴퓨터의 그래픽 성능을 확장했다. 인텔, AST, 쿼드램Quadram 같은 회사는 작업 메모리를 확장하는 보드를 판매했다. 플러스 디벨로프먼트Plus Development라는, 내가 회사 초창기부터 관여한 회사는 컴퓨터에서 하드디스크 저장장치를 쉽게 증가시킬 수 있는 내장 하드디스크 드라이브를 갖춘 확장 카드를 만들었다. 헤이즈Hayes의 모뎀Modem, 3Com의 이더넷 보드Ethernet board, IRMA의 에뮬레이션 보드 3270 Emulation board 3270는 컴퓨터를 다른 컴퓨터와 연결할 수 있지만, 스타 시스템은 다른 스타 시스템과만 연결할 수 있었다.

가치 사슬에서 차이점은 판매에서도 계속되었다. 스타는 제록스의 영업팀을 통해서만 구매할 수 있지만, IBM PC는 IBM 자체의 영업팀뿐만 아니라 미국 전역의 2천여 개 상점에 입점해있었다. 또 이 유통 경로는 'IBM과 호환 가능한' 하드웨어와 소프트웨어 제품을 팔고 싶어 하는 회사도 사용할 수 있었다. 하지만 제3의 개발자가 제록스의 워크스테이션 고객에게 다가갈 방법은 없었다.

PARC 연구원은 자신이 만들고 있는 기술로 제록스 스타 제품을 상품화하는 것보다 더 많은 일을 할 수 있다는 것을 깨달았다. 그들은 연구 개발한 것의 상품화를 추구하는 제록스의 속도에 의문을 제기하거나 독점 기준과 '시스템' 마케팅에 대한 회사의 원칙에 동의하지 않았다.

몇몇 연구원은 결국 아이디어를 상업화하기 위해 제록스를 떠나기로 했다. 하지만 컴퓨터에 대한 제록스 시스템 모델을 적용하는 대신, 개별적인 부품 기술로 더 개방된 컴퓨터 구조를 탐색하기 위해 새로운 회사를 만들었다. 몇몇 직원의 출발은 1980년대와 1990년대에 몇 개의 새로운 PARC 기술이 동시에 통합된 시스템—보통 제록스 복사기와 프린터에서—안에서 제록스가 연구하고, 분리된 자회사에 의해 독립적인 기술 혁신으로 활용되는 상황을 만들었다.

이 실험은 비슷한 기술이 다른 비즈니스 모델로 시장에 출시되는 상황에서 상업화 현황을 비교할 수 있는 보기 드문 기회를 제공했다. 이 모델들은 제록스 본사의 폐쇄형 기술 혁신 패러다임과 그 분사의 개방형 기술 혁신 패러다임을 비교할 수 있게 한다. 앞서 제1장에서 신옵틱스의 예를 들어 이 공동 진화의 몇 가지 측면을 검토했다. 이 장에서는 세 개의 다른 자회사를 검토하고, 제록스의 비즈니스 모델과 비교해 볼 것이다.

3Com

3ComComputer, Communication, Compatibility은 제록스의 PARC에서 창조한 기술을 기반으로 한, 크게 성공한 자회사 중 첫 번째 회사다. 로버트 멧칼프가 이더넷 지역 정보 통신망LAN 기술을 개발했을 때, 그는 PARC의 젊은 컴퓨터 과학자였다. 1975년 PARC 내부에서 사용한 이 기술은 제록스 컴퓨터의 다른 부분과 복사기를 연결했다. 이더넷의 잠재적 기회와 PARC의 최첨단 기술을 상품화하는 것에 대한 제록스의 우유부단함에 안타까움을 느낀 멧칼프는 1979년 1월에 PARC를 떠났다. 그는 그해 6월 3Com을 창립했다.

멧칼프는 3Com에서 비전을 추구하는 동시에 지원 방법을 찾고자 노력했다. 당시 디지털이큅먼트사DEC, Digital Equipment Corporation의 핵심 기술자인 고든 벨Gordon Bell이 그를 네트워킹 고문 자리에 앉혔다. 그리고 1980년, 벨의 격려로 멧칼프는 제록스를 설득해 네 개의 강력한 특허권을 가지고 있던 이더넷 기술에 비독점적인 특허권을 부여하는 데 성공했다. 그 총액은 1,000달러(약 122만 원)였다.

이 제안에 대한 제록스의 동의는 실수라기보다는 전략적 선택이라는 것을 반영한다. 제록스는 DECDigital Equipment Corporation 컴퓨터를 사용했고, 제록스 프린터와 워크스테이션을 DEC 소형 컴퓨터에 연결하는 기술을 판촉하려고 했다. 이를 실현하려면 DEC의 도움이 꼭 필요했던 것이다. 이더넷 기술의 사용을 허가받은 제록스는 그의 스타 시스템 제품을 판촉할 수 있었다. 멧칼프의 노력에 용기를 얻은 디지털Digital, 인텔, 제록스는 이더넷 LAN 커뮤니케이션을 위한 기준을 정의하고, 컴퓨터 산업에 따른 '개방형 표준'으로, 그것의 광범위한 채용을 촉진하기 위해 동맹DIX을 맺었다. 반면 IBM PC는 1981년 8월까지 발표하지 않았다. DIX 동맹으로 무장한 3Com은 하드웨어 제품을 개발하기 위해 1980년 10월에 벤처 자본을 찾기 시작했다. 컴퓨터나 워크스테이션을 위해 형성된 시장이 없었기 때문에 물론 3Com의 사업 계획은 모호했다. 그런데도 그 노력은 1981년 2월에 소기의 성과를 거두었다. 형식적인 미래 계획보다는 멧칼프 팀의 강력한 기술적 재능과 그의 비전, 카리스마에 매료된 벤처 자본 투자자로부터 1차 자금 100만 달러를 지원받은 것이다.

물론 멧칼프가 바로 성공한 것은 아니었다. 3Com의 첫 제품은 인텔 칩을 사용해 DEC의 소형 컴퓨터를 이더넷 LAN에 연결했다. 이는 회사가 유닉스 운영체제를 사용하여 대부분 스스로 프로그래밍을 하는 연구원과 기술자에게 가장 먼저 판매한 시장이었다. 제품은 직접 영업 혹은 부가가치 재판매업자를 통해 판매되었다. 이 시장에서는 3Com이 뒤처지고 웅거만바스Ungermann-Bass가 앞섰는데, 이는 부분적으로 3Com의 훨씬 더 작은 직판 영업팀 덕분이었다.

3Com은 IBM PC 시장에서 큰 성공을 거두었다. 노벨의 운영체제를 사용하는 기업 네트워크에서 IBM과 호환 가능한 컴퓨터 내부에 장착하는 이더넷 어댑터 카드 판매를 통해서였다. 핵심적 가치는 공유 파일과 레이저 프린터—그 당시에는 매우 고가였다—를 초기의 IBM PC 기준과 호환 가능한 이더넷 네트워크 프로토콜을 통해 공유하는 능력이었다. 이후 이더넷은 회사들이 LAN망 안에서 이메일을 사용할 수 있게 했고, 나중에는 네트워크를 인터넷에 연결할 수 있도록 만들었다.

컴퓨터 사업이 성황을 이루고 워크스테이션에 집중하던 데서 벗어나자 3Com은 도약하기 시작했다. 1984년에 처음으로 주식에 상장했고, 2001년 말의 시장 가치가 제록스 시장 가치의 3분의 1과 동일해졌으며, 2002년에도 여전히 독립 회사로 운영되었다.

표 4-1 제록스와 일본의 저가 복사기 업체의 비즈니스 모델 비교

	제록스	3Com	어도비	메타포
세분 시장	기업과 정부	기업 PC 시장	PC, MAC, 레이저 프린터 시장	기업의 지식 근로자들
가치 명제	매월 낮은 임대료로 질 높은 복사 가능	IBM PC 간의 파일과 프린터 공유	풍부한 종류의 문서 작업을 가능케 함	기업 데이터베이스의 기술 외적인 문의를 가능케 함
가치 사슬의 요소	소모품을 포함한 전체 복사기 시스템 개발 / 직판 영업팀을 통한 판매	이더넷 프로토콜과 확장 카드에 집중	폰트를 레이저 프린터 제조업체와 소프트웨어 업체에 공급하는 데 집중	하드웨어에서부터 소프트웨어와 유통까지 통합 시스템을 개발하고 판매
정의된 비용과 이윤	기기로는 적당한 이익을, 소모품과 '클릭'으로 높은 이익	많은 양, 낮은 단위 비용	매우 높은 고정 비용, 매우 낮은 가변 비용	높은 고정 비용, 높은 수익, 낮은 단위 수량
가치 네트워크에서의 위치	건식 복사 프로세스의 선구자 / 협력자를 필요로 하거나 추구하지 않음	IEEE 802 표준을 형성, PC 유통 경로 이용	축소 및 확대 가능한 폰트를 위한 포스트스크립트 표준 정의	이용하는 제3자 혹은 보완자가 없음
형성된 경쟁우위 전략	제품의 기술력과 성능으로 경쟁	표준과 새로운 경로에서 경쟁	강력한 네트워크 피상성, 높은 교체 비용	뛰어난 기술, 유용성에서 경쟁

제록스가 단지 1,000달러에 이더넷의 특허권을 허용한 것은 잘못 생각한 것일까? 이더넷의 잠재적 경제 성장 가능성은 제록스가 라이선스하기로 결정할 당시에는 매우 불투명했다. 사실 제록스는 회사 장비를 DEC 소형 컴퓨터와 효과적으로 연결하기 위해 라이선스에 동의했고, 그 결과 스타 네트워크 시스템을 위한 자체 전략을 진보시켰다.

이더넷의 가치는 그 기술이 제록스 워크스테이션, DEC 소형 컴퓨터, 유닉스 운영체제의 외부에서 새로운 비즈니스 모델로 상품화되었기에 발생할 수 있었다. 그 비즈니스 모델의 핵심 요소는 유일한 독점 기술을 탐색하고, 선두 사무기기 고객에게 직접 영업 시스템을 통해 판매하는 제록스의 비즈니스 모델과는 극명하게 대비된다([표 4-3] 참조). 이더넷 기술의 잠재적 가치는 그 기술이 다른 시장을 목표로 하기 전까지는 구체화되지 않았다. 이 시장은 다른 가치를 제공하고, 많은 제3자에게 인기 있는 개방형 기술 플랫폼을 사용하며, 일단은 새로운 유통 경로를 통해 판매된다. 3Com과 같은 비즈니스 모델은 기술이 제록스 내에 남아 있었다면 만들어지지 못했을 것이다. 그리고 제록스는 획기적인 다른 방법으로 기술을 출시하지 않는 이상 기술에 담겨있던 가치를 결코 발견하지 못했을 것이다.

어도비

제록스의 자회사인 어도비는 3Com과 비슷한 경로를 거쳤다. 어도비의 설립자 찰스 게슈케Charles Geschke와 존 워녹John Warnock은 그들의 첫 제품이었던 포스트스크립트PostScript 프린터의 제어 언어를 상품화하기 위해 1983년에 PARC를 떠났다. 포스트스크립트는 프린터가 컴퓨터에서 생성된 다양한 특징을 재생산할 수 있도록 디지털 폰트를 사용했다.

포스트스크립트의 구체적 기술은 워녹과 게슈케가 PARC에서 개발한 프린터 제어 소프트웨어 프로젝트 인터프레스Interpress—그 프로젝트는 에반스와 서덜랜드에서 그들이 한 이전의 작업에 의지했다—에서 비롯되었다. 이는 나중에 제록스가 그 자신을 위해 독점적으로 아이디어를 통제하는 제록스의 능력을 복잡하게 만들었다). 인터프레스는 제록스 워크스테이션에서 생성한 폰트를 제록스 프린터로 출력하기 위해 사용된, 내부적이고 독점적인 프로토콜이었다. 이는 그 기술을 효과적으로 사용한 것이었다. 그 기술은 제록스의 비즈니스 모델과 단단히 연결되어 있었고, 다른 시스템에 비해 경쟁력을 갖출 수 있었기 때문이다. 그러나 그 기술의 잠재적 가치는 제록스 시스템에서 중요한 독점적 요소의 가치로 제한되어 있었다.

PARC에서 워녹과 게슈케는 제록스의 프린터 부서장이던 로버트 애덤스Robert Adams와 논쟁을 벌였다. 그들이 개발한 프로그래밍 언어인 인터프레스를 개방형 표준으로 만들어야 할지를 놓고 의견이 분분했다. 애덤스는 제록스가 만약 폰트 기술을 '거저' 주고, 제록스 시스템의 가장 차별화된 특징 중 하나를 약화시키면 돈을 벌어들일 방법이 없다고 주장하면서 강하게 저항했다. 1년 이상 심사숙고한 끝에 그들은 의견이 다르다는 데 동의했고, 워녹과 게슈케는 PARC를 떠났다. 게슈케는 이를 다음과 같이 회고했다.

"확실히 제록스 내부에서는 우리가 원하는 일이 일어나지 않았을 것이다. 그들은 산업의 표준을 갖기를 원했지만, 동시에 모든 것을 통제하기를 원했다."

적어도 부분적으로는 애덤스의 말이 옳았다. 제록스의 사업 모델은 그 기술을 개방형 표준으로 만들면 이득을 얻지 못했을 것이다. 결국 어도비의 중요한 경제 가치를 실현한 비즈니스 모델은 제록스의 비즈니스 모델, 그리고 워녹과 게슈케가 떠날 때의 본래 의도와 상당히 달랐다. 실제로 어도비의 초기 비즈니스 모델은 그때 제록스에서 지배적이던 모델과 비슷한 요소가 많았지만, 다음에 일어난 사건은 설립자들이 비즈니스 모델을 변화하도록 만들었다. 게슈케는 다음과 같이 회상했다.

"우리의 본래 사업 계획은 달랐다. 우리는 하드웨어, 프린터, 소프트웨어 등을 포함한 턴키 시스템Turnkey System(제품을 곧바로 사용할 수 있는 상태로 완성하여 고객에게 전달하는 것—옮긴이) 솔루션을 공급하려고 했지만, 그것을 손에 넣은 뒤 우리는 턴키 방식의 출판 시스템을 형성하려 했다. 다른 사람들이 이를 동시에 하려 했다는 것이 드러났다. 만일 우리가 이 경로를 택했다면 경쟁은 매우 치열했을 것이다. (…) 스티브 잡스와 고든 벨—대학원 시절 교수님—은 그들이 원하는 것을 얻기 위한 핵심 요소였다. 고든은 '전체 시스템을 하지 말라'고 말했고, 스티브는 '우리는 당신 하드웨어를 원하지 않는다. 다만 우리에게 소프트웨어를 판매하라'고 말했다. 우리는 '싫다!'고 했고, 이후 스티브는 내게 '좋아, 그렇다면 내게 특허권만 사용하게 해줘라'라고 말했다. 그렇게 해서 사업 계획이 세워졌다. 초기에는 그렇지 않았다."

자체적인 하드웨어와 소프트웨어가 완비된 턴키 방식의 출판 시스템을 판매하고 지원하는 것은 제록스가 복사기 사업을 관리한 것과 비슷하게 직판 영업팀과 현장 서비스 네트워크가 필요했다. 게슈케의 관점에서 그런 시스템은 개발하는 데 시간이 오래 걸리고, 많은 경쟁자를 상대해야 한다는 것을 의미했다. 폰트 기술—이더넷이 원래는 제록스 내부에 있었던 것처럼—은 더 큰 시스템의 구성요소였기 때문에 이 환경에서는 그다지 가치가 없었을지도 모른다.

대신 주문자 상표 부착 생산업자OEM에게 폰트 라이브러리를 판매했다. 전자출판을 둘러싼 새로운 가치 네트워크를 창조하기 위해 노력하는 애플, IBM 등의 컴퓨터 OEM 그리고 캐논, 휴렛팩커드 등의 프린터 OEM에게 폰트 기술이 상당한 가치를 얻었다. 어도비는 디지털 폰트 라이브러리digital font library를 레이저 프린터와 소프트웨어 제조업체에 공급함으로써 이 가치 사슬에서 단 하나의 중요한 부분을 차지했다. 컴퓨터, 프린터, 소프트웨어 제조업체가 더 빠르고 강력한 제품을 만들수록 어도비의 위치는 더욱 확고해졌다.

기술을 상품화하는 다른 접근 방식은 어도비를 가치 있는 회사로 만들었다. 어도비시스템즈는 1987년에 공개 회사가 되었고, 2002년에도 독립 회사로 계속 운영되었다. 2001년 말, 그 시장 가치는 제록스의 시장 가치와 거의 비슷했다.

3Com처럼 어도비를 위한 포스트스크립트도 결국 상당한 경제적 가치를 창조한 비즈니스 모델은 제록스의 비즈니스

모델과 크게 달랐다. 어도비가 제록스의 모델과 유사한 내부 계획을 끝까지 고집했다면 그 잠재적 가치는 결코 실현되지 못했을 것이다.

메타포: 제록스 비즈니스 모델을 사용한 제록스 자회사

3Com과 어도비는 제록스가 사용한 모델에서 탄생한 비즈니스 모델을 변형한 뒤 제록스의 기술에서 바로 가치를 창조했다. 그와 반대로 전망 있는 사용자 인터페이스와 데이터베이스 의문 개념을 상품화한 메타포Metaphor 설립자들은 제록스의 비즈니스 모델과 꽤 비슷한 비즈니스 모델을 활용했다. 따라서 메타포는 제록스가 비즈니스 모델을 통해 회사의 그 기술을 계속 추구했다면 얼마나 효과적이었을지 알 수 있는 중요한 사례다.

1982년, 데이비드 리들David Liddle과 도널드 마사로Donald Massaro가 메타포를 설립했다. 이 회사는 비기술적인 사용자들도 대규모 데이터베이스의 정교한 쿼리Query(데이터베이스에 정보를 요청할 때 쓰이는 컴퓨터 언어—편집자)를 만들어낼 수 있는 기술을 개발했다. 새로운 사용자 그룹은 시장 조사, 가격 분석 그리고 가능성 있는 신제품들의 특징을 거래 분석하는 등 다양한 목적으로 기업의 자료를 얻을 수 있었다. 전에는 이 작업을 하려면 메인 프레임에서 자료를 뽑아 보고서 작성기에 기록하는 기업의 프로그래머에게 의존해야 했다. 프로그래머들은 메인 프레임 사용자를 위해 수행해야 할 많은 프로젝트가 있었기에 이 요청이 줄을 이을 수밖에 없었다. 사용자들은 일을 하기 위해 필요한 필수 메인 프레임 자료를 얻는 데 걸리는 긴 리드 타임에 좌절했고, 자료 생성이 필요한 기술적인 프로그래밍은 그들이 직접 다루기에는 너무 난해했다. 메타포의 기술을 사용하면 지식 근로자는 마우스로 클릭하는 그래픽 사용자 인터페이스를 활용해 회사 데이터뱅크에 직접 데이터베이스 쿼리를 만들 수 있다. 유용한 기업의 데이터를 직접 뽑아내는 능력은 잠재적으로 강력한 가치 명제였다. 그 기술은 사용자들이 보고서 작성 프로그래밍 기술자들의 시간을 절약하게 하고, 데이터에 더 빠른 속도로 접근하게 하며, 사용자에게 자료의 새로운 결합을 실험하는 능력을 선사할 것이다. 그것은 PARC의 그래픽 사용자 인터페이스 기술을 사용해서 이전의 난해하고 복잡했던 데이터베이스 쿼리를 직관적으로 구성한 최초의 진정한 클라이언트 서버 애플리케이션Client Server Applications(요청자와 제공자 간에 작업을 분리해주는 분산 애플리케이션 구조—편집자)이었다.

메타포의 기술적 접근 방식은 제록스의 비즈니스 모델을 활용했다. 메타포는 독점적 소프트웨어 제품 개발과 소비자를 위한 턴키 방식의 솔루션으로 독점적 하드웨어와 함께 그 소프트웨어를 판매할 수 있었다. 메타포는 직판 영업팀을 통해 소비자에게 제품을 판매할 예정이었다. 제록스의 비즈니스 모델과 마찬가지로 메타포는 회사의 기술을 상품화하기 위한 강력한 시스템 접근과 독점 기술에 대한 동일한 접근 방식을 가지고 있었다. 본질적으로 그것은 내부적 가치 사슬을 형성했고, 외부의 가치 네트워크는 배제했다. 이들은 이 접근 방식이 당시 회사의 제품 판매 전략을 실행하기 위한 유일한 방법이었다고 주장한다.

"문제는 비즈니스 모델 하나가 아니었다. 우리가 메타포를 설립했을 때 표준을 사용할 수 없었고, 유일한 선택—오늘날과 달리 당시에 모든 사람이 했던 방식—은 전체 시스템을 개발하는 것뿐이었다. 게다가 그런 종류의 제품은 유통 단계에서 판매할 수 없었다. 그것을 판매하는 유일한 방법은 식견 있는 영업팀을 구성하는 것이었다. (…) 당시에는 묶음 소프트웨어가 없어 장비를 따로 만들어야 했다."

많은 면에서 메타포가 처한 상황은 어도비와 비슷했다. 1983년, 워녹과 게슈케가 PARC를 떠날 때, 레이저 프린터에서 폰트나 컴퓨터 언어를 수학적으로 생성하는 표준은 없었다. 그런 제품을 판매할 뚜렷한 방법도 없었다. 어도비의 초기 계획은 전체 시스템을 개발하는 것이었다. 그것의 가치 네트워크는 '새롭게' 구성되어야 했다. 만약 워녹과 게슈케가 초기 비즈니스 계획을 밀고 나갔다면 성공하지 못했을 것이다. 또 그들은 메타포의 상황을 잘 알고 있었고, 메타포가 제록스에서 그들의 경험에 대한 직접적인 결과로써 이 접근 방식을 사용한다는 것을 알았다. 존 워녹은 "메타포는 제록스의 비즈니스 모델을 함께 가지고 갔다"고 말하기도 했다.

이는 큰 실수였다. 메타포는 혁신기술과 잠재적으로 강력한 가치 명제를 가지고 있었음에도 불구하고 PARC에서 독립한 자회사 중 상업적으로 크게 성공한 회사는 아니었다. 1982년부터 1991년 IBM에 매각되기 전까지 용케 살아남았지만 메타포의 재정 상태는 좋지 않았고, 많은 양의 벤처 자본을 소진했다. IBM이 1991년에 지급한 금액은 총자본에도 미치지 못했다. 제록스 비즈니스 모델에 대한 대안을 탐색하는 데—특히 어도비가 폰트 기술로 초래한 가치 네트워크와 비교해—성공하지 못한 것이 가장 큰 실패 요인이라고 할 수 있다. 하지만 메타포의 실패가 그 기술의 한계를 반영하는 것은 아니다. 그보다는 기술에 포함된 잠재적 가치 모델을 찾지 못한 데서 원인을 찾아야 한다.

개방형 기술 혁신을 위한 비즈니스 모델의 암시

제3장에서는 개방형 기술 혁신 접근 방식을 이용하고자 하면 회사의 내부와 외부 기술을 통합하고 빠진 부분을 채워 넣는 구조가 필요하다고 설명했다. 이번 장에서는 이 구조가 마케팅, 영업, 지원, 자금 조달까지 처리하기 위해 기술적 관리에 적용했던 기존의 경계선을 뛰어넘어 훨씬 많이 확장된다는 것을 보여주었다. 선택된 세분 시장과 정의를 내린 가치 명제는 개발되는 기술의 특성에 대한 중요한 결과를 가지고 있다. 제품을 둘러싸고 구성된 가치 사슬은 만들어지는 가치뿐만 아니라 회사를 위한 가치의 한 부분을 요구하는 회사의 능력을 결정한다. 결과적인 이윤 구조는 '그들이 이윤을 유지하거나 늘릴 수 있는가'로 구분할 수 있는 미래의 주도권에 큰 영향을 미친다.

이 문제는 연구 개발 관리자들이 개발과 비즈니스 모델의 실행에서 중요한 역할을 해야 한다는 것을 의미한다. 이 장의 맨 앞에서 존 실리 브라운이 말했듯이, 관리자들은 기술로부터 가치를 얻는 필수 요소로 '수익 구조'를 염두에 둬야 한다. 이 문제들은 연구 개발 관리자들이 효과적인 비즈니스 모델을 형성하는 데 그들이 책임지는 부분을 포기할 수 없다는 것을 의미한다. 비즈니스 모델 자체가 기술적·경제적인 영역을 아울러야 하는 것처럼, 기술과 사업 관리자들은 자신의 책임 영역을 넘어 효과적인 모델을 연구해야 한다.

기술 관리자들은 대안적인 비즈니스 모델에 대해 실험을 할 필요가 있다. 이는 기술적인 위험을 평가하기 위해 연구실 내부에서 수행하는 실험만큼이나 중요하다. 새로운 기술 혁신을 내부적으로 전달하기 위해 가치 사슬의 모든 요소를 자체적으로 만든다는 것도 맞는 말이다. 하지만 그 사슬의 하나 혹은 그 이상의 조각, 그리고 나머지를 위해 사용하는 외부 요소에 집중할 수 있는 가능성을 탐색하는 것 역시 옳다. 또 소비자에서 제3자에 이르는 사회적 영역, 가치 네트워크의 주변 요소를 더욱 철저히 탐색하기 위한 과정을 만들어 내는 기술 관리자가 필요하다. 사업 관리자들이 기술을 외부에 노출하고, 기술 개발자에게 아이디어가 궁극적으로 적용될 사회적 맥락에 대한 더 큰 이해와 공감을 고취하는 메커니즘 창조가 필요하다.

벤처 자본: 비즈니스 모델 혁신을 위한 벤치마킹

기술 관리자들의 확장된 역할은 의욕적인 과제처럼 보인다.

사실 실행 가능한 비즈니스 모델을 위한 연구는 벤처 투자자에게 자금을 지원받는 상품화 과정에서 꽤 자주 일어난다. 벤처 투자자들은 기술적이고 불확실한 시장 환경에서 기술을 상품화하기 위해 투자한다. 또 그들이 투자한 회사는 기술적 영역과 사회적 영역이 분명하지 않은 비즈니스 모델을 배치한다. 실제로 비즈니스 모델이라는 용어는 그 공동체에서 흔히 쓰인다. 많은 벤처 투자자는 투자 결정을 비즈니스 모델에 대한 투자로 생각한다. 하지만 성공한 기업의 비즈니스 모델에서 나온 지배적 원리로 운영하는 대신, 벤처 투자자들은 가능성 있는 모델에 대해 적극적으로 고려하고, 특정한 벤처에 맞는 것으로 보이는 모델을 채택하기 위해 투자한 회사와 협력한다.

이 투자자들은 회사의 초기 비즈니스 모델을 고집하지 않는다. 그들은 출시 전 회의 테이블에 내놓은 모델이 잘되지 않을 것 같다는 확신이 들면, 벤처 사업의 비즈니스 모델을 바꾸라고 강요한다. 그다음 위험 부담을 안고 다시 새로운 비즈니스 모델을 개발하는 데 동기를 부여할 수 있도록 높은 성과급을 제시한다. 그리고 더는 효과적이지 않다고 판단되면 다른 가능성 있는 모델을 찾기 위해 신중하게 지배력을 발휘한다. 반면 기업의 지배 구조는 비즈니스 모델이 특정한 상황에서 더 잘 작동하더라도 기업의 비즈니스 모델을 강화하고, 다른 비즈니스 모델을 적응시키는 벤처의 능력을 억제하려는 경향이 있다.

일반적으로 그들이 하는 것보다 나은 벤처 자본 과정을 이해할 수 있을 것이다. 비록 기업의 과정은 현재 비즈니스 모델에 효과적인 영향을 미치지만, 이 동일한 과정은 다른 비즈니스 모델을 계획하고 실행하는 회사의 능력을 훼손한다. 만약 회사가 자체 비즈니스 모델과 맞지 않는 기술을 상품화하고자 한다면 벤처 자본 회사와 협력하는 것은 당연하다.

비즈니스 모델: 양날의 검

기업에 비즈니스 모델은 양날의 검이다. 비즈니스 모델은 새로운 기술 혁신의 잠재 가치를 열어주지만, 비즈니스 모델이 크게 성공하면 이후 회사에 미묘하게 인지적인 덫을 만들 수도 있다. 효과적인 비즈니스 모델은 어떻게 가치가 만들어지고 요구되는지를 반영한 회사 자체의 내부 원리를 만들어낸다. 그 후의 모든 기회는 지배적 원리의 맥락—목표 시장, 시장 규모, 이윤, 가치 사슬, 유통 경로, 제3자의 사용 혹은 무시—안에서 평가된다. 제록스의 복사기 모델 914 비즈니스 모델은 이후 일본 복사기 제조업체에 대한 제록스의 대응을 손상시켰다.

복사기와 프린터 사업에서 잘 돌아가던 수직적 통합의 강한 내부적 원리는 PARC에서 개발한 컴퓨터 기술에 검은 그림자를 드리웠다. 제록스가 PARC 기술을 복사기와 프린터 비즈니스 모델 같은 과정을 통해 상품화했지만, 그 비즈니스 모델과 맞지 않는 기술을 위한 다른 비즈니스 모델을 창출하는 데는 효과적이지 못했던 것이다.

앞서 언급한 개별적인 자회사의 사례에서 메타포를 제외하고는 제록스의 독점적 가치 사슬에서 멀리 벗어났다. 그리고 외부 회사와 기술 표준을 훨씬 많이 사용해 비즈니스 모델을 발전시켰다. 물론 자회사들은 기술이 전체 시스템의 부분으로서 효과적으로 작동하도록 만드는 데 빠진 부분을 채워 넣어야 했지만, 그들은 전체 시스템을 독점적으로 통제하기 위해 노력하지 않았다.

3Com과 어도비의 성공은 상당히 모순인데, 두 자회사는 제록스가 기술을 상품화하기 위해 가진 것보다 자원이 훨씬 적었기 때문이다. 그러나 그들이 원하는 것은 그 기술을 통해 제록스가 할 수 있었던 것보다 훨씬 많은 가치를 창출한 비즈니스 모델이었다. 3Com과 어도비는 이 외부 자원에 영향을 미치는 방법을 찾았기에 더 많은 가치를 창출할 수 있었다. 그리고 각 회사의 비즈니스 모델은 그 가치의 일부분

을 획득하는 외부 기술과 연결하려면 어떤 내부 요소가 필요한지, 그 기술을 상품화하기 위해 어떤 수익 메커니즘이 이윤을 산출할 것인지를 결정했다.

메타포는 이 맥락에서 실패한 예다. 벤처 사업은 가치 명제를 포함한 기술을 토대로 형성되었다. 하지만 이 벤처 사업 지도자들은 그 기술의 잠재 가치를 실현할 수 있는 적절한 비즈니스 모델을 찾아내는 데 실패했다. 제록스의 관리자들과 마찬가지로 메타포의 지도자들은 어떤 것을 하기 위해서는 모든 것을 스스로 해내야 한다고 생각했다. 그들은 다른 회사의 기술 혁신뿐만 아니라 그들의 기술 혁신을 촉진하는 제품을 위한 비즈니스 모델을 구상하지 못했다.

유망한 기술을 위한 올바른 비즈니스 모델 형성

자체 연구실 관리 면에서 보면, 제록스는 PARC 기술에서 잠재적 시장 기회에 대응하기 위한 다른 비즈니스 모델을 창조하기보다 현 비즈니스 모델을 확장했다. 하지만 제록스 같은 회사는 창조해낸 기술의 가능성을 탐색하기 위해 비즈니스 모델을 형성하는 방법을 배우기 전까지는, PARC와 비슷한 곳에서 기술 혁신 투자의 가치를 결코 파악하지 못할 것이다.

적절한 비즈니스 모델을 형성하는 것은 기업 관리자에게 부담스러운 과제다. 다른 방면에서는 유능했던 제록스의 관리팀도 절대 그렇게 하지 못했다. 그러나 제5장에서는 엄청나게 성공한 회사 IBM이 자사의 혁신에 대한 사고방식을 어떻게 전환했는지 알아본다. 현재 IBM은 회사가 추구했던 비즈니스 모델과 비교해 매우 다른 비즈니스 모델로 기술 혁신을 하고 있다. 또 과거에는 내부 연구 개발에 의존했지만, 지금은 회사의 사업에 다른 기술을 광범위하게 사용하고 있다. IBM의 진화는 개방형 기술 혁신에 의해 제기된 이슈와 기회를 알고자 하는 많은 회사에 좋은 사례가 될 것이다.

제5장

폐쇄형 기술 혁신에서 개방형 기술 혁신으로

IBM 기업의 전환

대규모 회사에서 폐쇄형 기술 혁신의 성공적 모델은 혁신을 조직화하는, 외부로 분산되어 집중하는 방법으로 점차 물러서고 있다. 스타트업들은 설립 시기부터 폐쇄형 기술 혁신 접근 방식을 피했지만, 이미 자리 잡은 회사가 과연 폐쇄형 기술 혁신에서 개방형 기술 혁신으로 패러다임을 전환할 수 있는지, 어떻게 변화할 수 있는지의 문제는 여전히 과제로 남아 있다.

IBM 기업은 그런 전환을 이루어냈다. 그 과정이 길기 때문에 여기서는 폐쇄형 기술 혁신과 개방형 기술 혁신의 주제와 관련해 제한적으로 설명할 것이다. IBM의 변화는 절대 쉽지 않은 일이었다. 사실 그 변화를 만드는 데 죽었다 깨어날 정도의 경험이 필요했다. 변화 과정에서 수천 명을 해고한 것이 그 증거다. 계속된 정리 해고와 거액의 손실을 보았음에도 IBM의 경험은—어느 정도 대가를 치르면—폐쇄형 기술 혁신 시대에서 성공적이던 기관조차 기술 혁신에 대해 개방적으로 될 수 있다는 것을 보여준다. 게다가 다른 방식이지만, 대규모 회사들은 그들의 기술 혁신 투자로부터 계속 이익을 얻을 수 있다.

IBM에서 폐쇄형 기술 혁신의 성공: 1945~1980년

IBM이 컴퓨터 산업에 미친 영향은 결코 간과할 수 없다. 제2차 세계대전 당시 컴퓨터의 도입부터 1980년까지, IBM은 컴퓨터 산업의 중심이었다. 1980년대에 PC 혁명이 일어날 때까지, IBM은 그 산업에서 단연 독보적인 회사였다. IBM은 컴퓨터 산업에서 그 어떤 회사보다 가장 큰 판매점, 가장 많은 수익, 가장 높은 시장 자본, 가장 큰 연구 예산, 가장 많은 특허권이 있었다. IBM은 컴퓨터 산업의 많은 부분에서 그 산업과 산업 환경을 '정의했다' 해도 결코 과언이 아니다.

IBM은 이 기간에 폐쇄형 기술 혁신 모델의 장점을 통해 리더십을 발휘했다. 1945년, IBM은 첫 번째 연구 센터를 개관했는데 이 센터는 뉴욕의 컬럼비아 대학 주변에 있었다. 대학과 특별한 협정을 맺은 IBM은 연구 센터 운영에 컬럼비아 교수진을 참여시켰다. IBM 연구원들은 프로젝트를 진행하면서 컬럼비아 교수들과 협력했고, 미국에서 제공한 초기 컴퓨터 수업을 했다. 이들의 협력은 이후 컴퓨터 과학으로 알려진 분야를 탄생시켰다.

제2차 세계대전 이후 10년간 데이터 처리 산업을 위한 기술 기반은 엄청난 변화를 겪었다. 전기기계인 계수기와 계산기는 진공관 전기공학(진공을 이용한 유리관 부품으로 전류를 움직이거나 증폭시키는 것—편집자) 으로 대체되었다. 그리고 얼마 후 벨 연구소에서 트랜지스터를 발명했고, 진공관은 고체 전자공학(전기 반도체나 집적 회로 등 고체 소자의 성질을 이용한 것—편집자)에 자리를 빼앗는다.

IBM은 많은 발명에 직접 관여했는데, MIT 공과대학에서 제이 포레스터가 발명한 코어 기억장치를 처음으로 상품화했다. 이는 초기 형태의 컴퓨터 메모리이다. 그들은 군 비행기와 민간 항공기를 추적하기 위한 세이지Sage(반자동 방공 관제 지상 시설) 시스템을 개발해 새로운 시스템 기술 혁신으로 이끌었다. IBM은 고급 프로그래밍 언어인 FORTRAN, RAMAC 디스크 드라이브, 자기테이프 와 같은 중요한 기술 혁신을 이루어냈다. 이 기술 혁신은 컴퓨터 산업 분야에서 더 많은 기술 진보를 예고했다.

1956년, 토마스 왓슨 2세는 그의 아버지로부터 IBM의 경영권을 물려받았다. 컴퓨터 산업에서 기술의 빠른 진보는

IBM이 새로운 연구를 관리하고, 수행하며, 적용할 능력이 필요하다는 것을 일깨워주었다. 그때까지 IBM은 기술 면에서 전혀 뒤처지지 않았지만, 핵심 연구의 대부분은 IBM 외부에서 수행되었다. 왓슨은 이 상태가 계속되면 위험하다는 것을 느꼈다. 만일 산업에서 기술적 진보가 계속되고 IBM의 기술 연구 능력이 부족하다면, RCA에 일어난 일처럼 새로운 기술을 터득한 다른 회사가 IBM을 따라잡을 수도 있었다. 그러나 만일 IBM이 새로운 기술의 개발에서 산업을 이끌 수 있다면 회사 제품에 대한 비교우위를 만들 수 있을 것이다. 따라서 연구는 미래에 대한 투자이자 불확실성에 대비하는 보험이나 다름없었다.

당시 IBM에서 연구는 내부적 연구를 의미했고, 연구 결과물을 위한 유통 경로는 전적으로 회사 내부에 존재했다. IBM은 벨 연구소를 타산지석 삼아 뉴욕과 취리히에 기업 전용 연구소를 설립했다. 물리학, 수학, 컴퓨터 과학 분야에서 최고를 자랑하는 인재로 연구팀을 구성했다. IBM은 벨 연구소, 국립 무기 연구소National Weapons Labs 및 각각의 분야에서 훌륭한 대학과 최고의 박사를 뽑기 위해 경쟁했다. 회사는 연구원들에게 최신 장비를 제공했고, 연구 활동에 자유를 보장했다.

당시 IBM의 혁신 철학은 연구를 개발과 분리하는 것이었다. 만약 개발이 연구원의 주요 관심사가 되면 연구원들은 단기적 문제 해결에 열중하게 되고, 새로운 기초과학에 기반을 둔 개발에 공격당할 위험이 있다는 두려움 때문이었다. 1961년, IBM 연구소는 게르마늄과 갈륨비소 같은 실리콘을 대체할 물질 연구에 집중했다. IBM의 반도체를 위한 연구 집단은 그 후 실리콘에 대한 IBM의 모든 개발을 책임졌다.

1964년, IBM은 혁명적 수준의 제품이자 컴퓨터의 집합체인 시스템 360System 360을 공표했다. IBM에서 엄청난 노력을 들여 개발한 제품으로 40억 달러(약 4조 9,000억 원) 이상 들었으며, 그 결과를 두고 '도박'을 한 것이나 다름없었다. 획기적 기술 혁신 제품인 시스템 360은 메인 프레임 컴퓨터 세대를 위한 지배적 설계가 가능한 것이었다. 또 시스템 360은 IBM이 전체 시스템뿐만 아니라 핵심 요소, 핵심 하부 시스템, 주변장치, 운영체제, 응용 소프트웨어를 생산하는 수직적 통합 제품이었다. IBM은 키보드, 펀치 카드, 전원 장치처럼 겉보기에 시스템 360의 부분으로 보이지 않는 것까지 생산했다. 그리고 시스템 360을 회사의 직접 판매 조직을 통해 미국 기업에 판매했고, 회사 직원이 고객에게 자금 조달, 서비스, 지원을 직접 제공하게 했다.

시스템 360의 개발과 마케팅의 모든 측면에 대한 이 광범위한 수직적 통합은 IBM의 우연한 선택이 아니었다. 시스템 360의 설계는 IBM의 기술자들이 개발한 새로운 구조에 기반을 둔 것이었다. 이 구조는 다른 회사와 달랐고, IBM의 이전 시스템과도 확연한 차이가 있었다(그리고 호환되지 않는 것). 이 구조를 외부 회사에 알려주기 위해서는 시간과 자원이 필요했고, 외부 판매자의 능력은 특히 '빅 블루Big Blue'라 불리던 IBM 자체 능력과 비교해볼 때 매우 부족했다.

시스템 360은 IBM에 큰 성공을 안겨주었다. 1963년에 28억 6,000만 달러(약 2조 5,200억 원)에서 1973년에는 110억 달러(약 13조 5,300억 원)로 매출이 증가했다. 같은 기간 순이익은 3억 6,400만 달러(4,475억 4,000만 원)에서 15억 8,000만 달러(약 1조 9,600억 1,000만 원)로 증가했다. 그런데 1968년, 미 법무부가 IBM을 상대로 독점 금지 소송을 냈다. 회사가 크게 성장하자 미 법무부는 IBM이 컴퓨터 산업에서 실질적 독점권을 갖고 있다고 주장했다.

시스템의 360의 성공은 IBM의 연구 개발에 황금기를 안겨주었다. IBM은 연구원들이 지적 과제를 추구하기를 장려했는데, 훌륭한 연구를 이끌어내는 가장 좋은 방법이라고 믿었기 때문이다. IBM의 연구 부서는 다섯 번의 노벨상과 여섯 번의 국가 과학 훈장을 포함해 놀랄 만한 과학적 성과를 거뒀다. 또 연구 결과 특허권을 따냈으며, 이것은 기업을 위한 가치의 또 다른 원천이었다. 연구 부서는 IBM 특허권의 대략 3분의 1에 직접 공헌했으며, IBM 특허권의 대략 절반 정도에 영향을 미쳤다. 제3장에서 말했듯이 IBM은 전 세계 회사 중 가장 많은 특허권 회사로 부상했다.

이 무렵 IBM은 특허권을 다른 회사들이 사용하지 못하게 관리했다. IBM은 특허 기술을 거의 허용하지 않았다. 때에 따라 다른 회사와 기술에 대한 상호 특허 사용 계약을 맺었지만, 이는 회사 개발자들이 그 이상의 기술 진보를 추구하기 위해 더 많은 설계를 자유롭게 하려는 목적이었다. IBM은 충분한 재력이 있었기에, 다른 회사들이 기술을 훔쳤다고 주장할 경우 이에 대응할 준비가 되어 있었다.

IBM 비즈니스 모델의 바탕에는 구조와 모든 핵심 요소, 그리고 고객에게 높은 전환 비용을 독점적으로 통제하는 내부 기술 혁신이 있었다. 또 이 모델은 고객의 요구에 대한 완전한 해결책을 약속했다. IBM의 내부 통합은 고객에게 가장 귀중한 비즈니스 정보를 믿고 맡길 수 있고, 자료 손실 없이 그 정보를 처리할 수 있다는 점을 보장해주었다. IBM은 고객들을 위해, 회사 제품의 모든 요소를 통제하던 전통을 과감히 버렸다. 고객들의 신뢰는 IBM에 더 큰 이익을 안겨주었다. 이 회사에 대한 고객의 신뢰도는 'IBM을 구매하면 절대 해고당하지 않을 것이다'는 말에 잘 나타나 있다.

IBM 기술 혁신의 변화하는 시각: 1980~1992년

IBM이 거듭 성장하는 과정에서 이후 중요한 쇠퇴 요인으로 판명된 여러 징조가 서서히 드러나기 시작했다. 그중 하나는 적법한 학문적 분야로서 컴퓨터 과학의 수용 증가였다. 이것은 IBM의 성공과 그 분야에 대한 IBM의 영향을 일부 반영한 것이다. IBM은 컬럼비아 대학이 처음으로 컴퓨터 과학 프로그램을 만들도록 도와주었으며, 일종의 학문적 독립체 같은 회사 내 연구팀을 구성했다. IBM 연구원들은 전 세계학술회의에 활발히 참여했고, 많은 대학에서 학과 과정을 가르침으로써 컴퓨터과학이라는 학문의 발전을 주도했다.

컴퓨터과학 학과가 급격히 늘면서 혁신이 발생할 만한 컴퓨터 산업의 전망이 바뀌었다. IBM은 컴퓨터 산업에서 독보적 위치를 차지했지만, 산업을 진보시킬 수 있는 아이디어를 거의 독점할 수 있는 권한이 서서히 줄어들었다. 달리 말하면, 중요한 아이디어를 이용하고 새로운 기술을 상품화하는 회사가 늘기 시작했다. 제2장에서 논의했던 침식 요인이 막강했던 IBM에도 영향을 미치기 시작했다.

학문적 컴퓨터과학 학과들은 IBM이 제공한 시스템 360 아키텍처에서 벗어나기 시작했다. 시스템 360의 한쪽 끝에서 다른 한쪽 끝까지 잇는 통제는 전산 능력을 활용한 다양한 방법을 연구하는 많은 부서에 필요하지 않았다. 이 부서들은 스스로 근본적인 시스템을 형성할 수 있었고, 그 시스템을 활용하기 위해 자체 소프트웨어와 개발 도구를 만들어낼 수 있었다. 또 그들은 초기에 미숙한 기술을 가지고 있던 디지털이큅먼트 등의 스타트업이 선택한 고급 인력이었다. DEC는 학문적이고 상업적인 고객에게 제품 시험 장비를 제공했지만, 곧 소형 컴퓨터를 출시했다. 학문적인 컴퓨터과학 부서와 기술 부서들은 이 새로운 유형의 컴퓨터를 갈망하는 구매자였다. 소형 컴퓨터는 그들을 대학의 중앙 컴퓨터 기관의 횡포 그리고 메인 프레임 컴퓨터의 업무 완료 시간을 기다리는 다른 프로젝트의 대기 행렬에서 자유롭게 해주었기 때문이다.

세분화된 시장은 두 번째 침식 요인인 벤처 캐피털 산업으로 나아가는 발판을 마련했다. 디지털이큅먼트는 당연히 가치 있는 회사가 되었다. DEC는 1966년 8월에 주식을 상장했고, 1980년에는 세계에서 두 번째로 큰 컴퓨터 회사로 성장했다. DEC는 조지 도리오가 이끄는 미국 연구 개발 회사ARD, American Research and Development Corporation라는 첫 번째 벤처 캐피털 기관이 후원했다. 1957년 ARD는 DEC에 7만 달러(약 8,600만 원)를 투자해 1971년에는 3억 5,000만 달러(약 4,300억 원)의 이익을 올렸다. 이는 성장하는 컴퓨터 산업에 대한 다른 벤처 캐피털의 관심을 집중시켰다.

소형 컴퓨터 시장의 새로운 진입자 또한 데이터 제너럴Data General, 프라임Prime, 왕 연구소Wang Laboratories, 데이터 포인트Datapoint, 포 페이스Four Phase, 피라미드Pyramid, 제너럴 오토메이션General Automation, 컴퓨터 오토메이션Computer Automation과 같이 가치 있는 회사들이 되었다. 이 회사들은 투자자에게 크게 보답했다. 물론, 이후 투자자의 수익은 DEC가 ARD에 안겨준 것만큼 높지는 않았지만, 벤처 캐피털 산업은 컴퓨터 산업에 대한 투자로 크게 성장했다.

향상된 외부 지식과 기술, 손쉽게 활용할 수 있는 벤처 자본의 조합은 세 번째 침식 요인의 출현을 앞당겼다. IBM에서 훈련을 받았지만 벤처 캐피털이 후원하는 스타트업에 유혹당한 기술자와 관리자의 이동이 세 번째 침식 요인이다. 제2장에서는 디스크 드라이브 산업에서 이 유혹의 영향을 보여주었다. IBM의 집단 이직은 하드웨어 시스템, 테이프 드라이브(테이프에 저장된 데이터를 읽고 쓰는 데이터 저장 장치—편집자), 반도체, 프린터, 운영체제, 데이터베이스, 프로그래밍 언어와 도구, 응용 소프트웨어 같은 소프트웨어 영역까지, 컴퓨터 산업의 다른 많은 영역의 스타트업에서 명백히 나타났다.

성장하는 외부 지식 베이스, 컴퓨터 산업의 다양한 층에서 스타트업의 급증, IBM에서 이직한 많은 직원은 IBM의 기술 혁신 과정에 더 많은 압력을 가하게 되었다. IBM은 회사의 연구에서—자사 사업과의—더 많은 연관성을 찾기 시작했고, 연구 결과물을 빨리 시장에 내놓기를 원했다.

공동 프로그램: 더 많은 연관성을 위한 자금 조달 방식

IBM은 더 많은 사업 연관성에 대한 압력과 연구 노력을 빠른 시간 안에 선보이기 위해 회사의 연구 활동에 자금을 조달하는 방법을 변경했다. IBM 연구 부서는 그때까지 중앙에서 할당한 자금을 조달했다. 이것이 IBM의 사업팀에는 새로운 기술 혁신을 위한 사업에 매기는 무거운 세금처럼 느껴졌다. 압력이 증가하자 IBM은 중앙 할당과 함께 연구를 위한 두 번째 자금 조달 메커니즘을 도입하기로 했다. IBM은 각각의 IBM 사업 부서에 의해 직접 후원받는 연구 개발 프로젝트로서, 자금을 지원받는 공동 프로그램Joint Program을 만들었다. 공동 프로그램은 자금 조달과 기술 개발에서 연구팀과 하나의 개발 부서의 공동 참여를 나타내며, IBM 내부의 연구 부서와 개발 부서 사이의 내부 계약이었다.

그 아이디어는 연구 프로젝트의 자금 조달을 IBM 내부의 특정한 사업 부서에 직접 연결하는 것이었다. 즉 사업 부서가 실제로 연구 활동에 돈을 지급하는 방식이다. 이 공동 프로그램에서, 연구팀 연구원과 제품 개발팀 기술자들은 생산되기까지 4~5년 동안 프로젝트를 연구하기 위해 모였다. 연구원들이 기술자와 함께 배치되는 동안 연구원의 봉급은 사업팀에서 직접 지급했다.

사업 부서의 직접적인 자금 조달 프로그램은 IBM 내부 직원들이 기술을 이전하는 문제에 어떻게 접근하는지에 대한 몇 가지 중요한 변화를 만들었다. 다음은 전직 IBM의 연구 책임자였던 제임스 맥그로디가 했던 말이다.

"한편 공동 프로그램은 연구원이 사업 문제를 더 중요하게 고려하는 원인이 되었는데, 이는 연구 자금의 새로운 원천이었기 때문이다. 다른 한편으로 공동 프로그램은 사업부가 연구를 '공짜'로 대하지 않고 그들이 연구에 비용을 주었기에 프로젝트의 시작부터 연구팀과 함께 일하도록 강요했다."

공동 프로그램 같은 선도적인 프로그램에도 더 신속하게 연구팀의 연구 결과를 IBM 제품에 도입하는 문제는 여전히 중요한 과제로 남아 있었다. 이 문제는 부분적으로 회사의 기술 혁신 과정에서 IBM이 고용한 사람들과 관련이 있었다. 회사는 가장 뛰어나고 똑똑한 박사들을 데려오기 위해 대학과 다른 선두 산업 연구팀과 경쟁했고 큰 비용이 들었다. IBM의 연구원은 고도의 훈련을 받고 숙련된 사람들이지만, 종종 유연성이 부족했다. 만일 IBM이 회사가 필요로 하는 미래의 혁신을 정확하게 예측할 수 없다면, 회사 연구원은 시기적절하게 더 유망한 영역으로 전환하지 못할 것이다.

IBM 연구에 대한 더 많은 관련성 문제는 제2장에서 논의한 현상인 개발로부터 연구를 분리한 IBM의 긴 역사에 영향을 미쳤다. 예를 들어 폴 혼Paul Horn이 실리콘 반도체 기술의 책임자로 있었던 기술 분야에서는 연구 결과를 생산으로 이전하는 데 반복적으로 발생하는 문제들이 있었다. 혼은 다음과 같이 회고한다.

> 연구팀에서 일하는 우리는 어려운 문제를 해결하고 그 결과를 개발 집단과 공유하는 것으로 생각했다. 그들에게도 인재가 있었고, 반도체 칩에 대해 우리가 몰랐던 부분을 알고 있었다. 우리는 약간 거들먹거렸다. '나는 소방수 노릇을 하기 위해—IBM 반도체 연구실이 있는—피시킬에서 이곳 왓슨 연구실로 오지 않았다'는 말이 있다. 그 결과, 우리는 경쟁적으로 노력하며 같은 일을 했다. 예를 들어, 바이폴라 기술에서 개발 부서가 반대한, 연구팀이 만든 얼마간의 혁신적 연구 결과를 활용해 견본 부품을 연구하는 팀

이 있었다. 별도의 개발팀은 그전의 제품으로부터 그들의 공정 기술을 활용해 동일한 부품을 만들고자 노력했다.

소프트웨어 영역에서도 놓친 기회를 자각했다. 당시 병렬 프로세스 컴퓨터 소프트웨어 책임자였던 앰부즈 고얄Ambuj Goyal은 다음과 같이 말했다.

"우리는 훌륭한 기술을 개발했지만 IBM은 새로운 사업으로 전환하지 않았다. 예를 들어, IBM은 관계형 데이터베이스를 발명했지만 오라클 같은 회사는 시장에서 우리를 앞질렀고, 1992년 높은 시장점유율을 차지할 때까지 계속 성장했다."

파산 직전까지 갔던 IBM의 경험

1992년까지 IBM의 사업은 많은 영역에서 큰 압력을 받았다. 회사의 고성능 메인 프레임 컴퓨터는 이미 시장을 만족시켰고, IBM의 높은 시장점유율은 이 부분에서 회사 이익이 점점 하락할 것을 의미했다. IBM의 컴퓨터는 수익률을 높이기 위해 고군분투했고, IBM의 지분은 컴팩 같은 전문화된 다른 컴퓨터 제조사에 뒤처졌다. 컴퓨터 사업에서 얻은 대부분의 이익은 컴퓨터 제조업체가 아닌 인텔과 마이크로소프트가 가져갔다. IBM의 워크스테이션 사업은 수익을 올렸지만 썬, 휴렛팩커드, DEC 및 다른 회사와 경쟁을 해야 했다. IBM의 기억장치 제품은 성능 면에서 계속 성공했지만, 특정 디스크 드라이브와 테이프 기억장치의 OEM 공급자에게 시장점유율을 빼앗겼다. IBM이 반도체 연구 개발 투자에서 산업계를 이끌었음에도 반도체 사업은 경쟁에서 뒤처졌다.

결국 IBM은 더 작고 집중화된 회사로 분산시키는 방법을 고려했다. 각각의 사업이 직면한 시장 압력이 다르지만, 반면 IBM이 참여한 기술적 시너지 효과는 약해졌다. 이 원인을 많은 비즈니스 부문에서 시기적절하게 대응하기에는 너무 느린 데다 절차가 복잡하다고 추측했다. 그래서 각 비즈니스 부문의 환경을 자유롭게 해야만 더 집중된 경쟁업체의 대항해 경쟁할 수 있으리라 보았다. 이 생각은 어떤 부분에서는 매우 앞서갔다. 기억장치 부분에서 IBM은 시스템 인더스트리Systems Industries 설립자이자 전직 하원의원, 벤처 투자자인 에드 주아를 기억장치 사업의 본부장으로 스카우트했다. IBM은 사업을 Ad*Star라는 이름으로 바꾼 다음, 분사할 기회를 탐색하기 위해 투자 은행가를 고용했다.

이 압력은 IBM에 회사가 도산 위기에 몰렸을 때 절정에 달했다. 1992년, IBM은 당시 미국 기업 역사상 유일하게 가장 큰 분기 손실과 연간 손실을 기록했다. 기업 구조조정 비용 72억 달러(약 8조 8,500억 원)의 결과로, 세금 공제 후 49억 6,000만 달러(약 6조 1,000억 원)의 손해를 입었다. 이때 2만 5천여 명의 직원을 해고했는데, 이는 평생 고용이라는 IBM의 전통을 깨뜨리는 사건이었다. 1993년 4월, IBM은 루 거스너Lou Gerstner를 스카우트했다.

거스너는 IBM을 분사하지 않기로 결정했다. 그는 IBM의 여러 사업 부서와 중앙연구소 지원을 줄이고 회사를 한데 모아두기로 했다.

IBM을 통합 조직으로 유지하기 위해 회사를 위한 비전이 필요했다. 그리고 회사의 서로 다른 많은 부분을 연결하되 사내에 만연한 완전한 통제에서 벗어나는 새로운 원리가 필요했다. 그는 나중에 IBM이 "폐쇄형 기관, 내부를 바라보는 기관이 되었다"고 말했다. 거스너는 앞으로 IBM의 지배적 원리는 '어떤 것이든 하기 위해 우리는 모든 것을 해야 한다'라는 접근 방식에서 '우리가 해야 한다고 고객이 느끼는 것은 무엇이든 하고, 고객이 이미 가지고 있는 것을 갖고 일한다'라는 접근 방식으로 바꿔 IBM의 고객에게 초점을 맞춰야 한다고 결정했다. 거스너도 오래전부터 IBM의 고객이었기 때문에 가능한 전략이었다. 그는 또한 고객이 산업에서 사용할 수 있는 많은 기술을 통합하고, 이질적인 부분을 해결하기 위한 효과적인 해결책을 찾는 데 도움이 필요하다고 생각했다. 만일 IBM이 고객의 문제를 해결해준다면, 강력한 가치 명제가 될 것이기 때문이다.

이 새로운 원리는 IBM 고객과의 상호작용으로 더욱 강화되었다. 맥그로디는 IBM의 가장 큰 고객 중 하나인 시티코프 Citicorp 선임 기술직 임원과의 회의를 기억했다. 그 임원은 시티코프의 기술과 은행 업무에서 가치 사슬의 막대그래프를 그렸다([그림 5-1] 참조). 그래프는 바닥의 원자로 시작하는데 다음 단계에 칩과 장치를 올려놓고, 그 위에 컴퓨터를 올려놓으며, 그다음은 운영체제 소프트웨어, 그다음은 생산성 소프트웨어, 그리고 맨 위에는 ATM 같은 은행 응용 소프트웨어가 있다. 그는 맥그로디에게 "당신이 나를 도와 완성할 가치 사슬은 얼마입니까? 내 사업을 계속 유지하려는 회사는 내가 그 가치 사슬의 부분에서 경쟁할 수 있게 하는 회사입니다"라고 말했다.

이는 맥그로디에게 뭔가를 암시하는 말이었다. 시티코프의 가치 사슬을 보면서 그는 시티코프의 가치 사슬 대부분이 막대그래프의 중간과 그 위에 있지만, 반면에 대부분의 IBM 연구 지출은 아래에 있다는 것을 곧바로 깨달았다. IBM의 연구 노력, 전문화된 자원, 그리고 인적 자원이 잘못된 위치에 놓여 있었다. 비록 IBM이 시티코프 아래에서 미래를 위한 얼마

그림 5-1 시티코프의 정보기술 가치 사슬

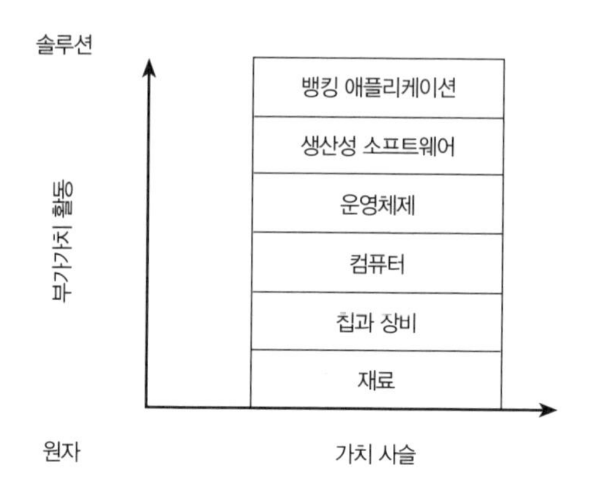

간의 괄목할 만한 기반을 제공할 수는 있겠지만, 위에 있는 은행에 제공하는 건 거의 없었다.

이 암시는 IBM의 혁신 시스템을 위해 앞으로 나아갈 방향을 제시했다. IBM이 가치 사슬에서 기초 요소(예컨대, 반도체)를 계속 다루는 동안, 가치 사슬의 중간과 위에서 새로운 제품과 서비스를 만들 수 있는 경우에 한해 IBM은 점점 승리할 것이다. 그렇게 되려면 맥그로디와 그의 후임자인 폴 혼이 IBM의 연구 부서 안에서 방향을 전환하는 것이 필요했다. 이제 장치 물리학자와 물리화학자들이 꼭 필요하지는 않을 것이다. 대신 IBM의 고객, 제품 그리고 서비스를 위한 시스템 통합 기능을 제공할 수 있도록 컴퓨터 인프라로 더 많은 작업을 수행할 수 있는 기술이 더 필요할 것이다.

IBM에 인터넷은 혼돈인가, 기회인가

1990년대 중반, 원자와 분자 연구에서 물러나고 소프트웨어와 해결책을 찾으면서 IBM은 인터넷과 마주해야 했다. IBM이 알아챈 첫 번째는 컴퓨터 산업에 급격한 변화를 일으키는 핵심 인터넷 기술의 그 어떤 것도 기업의 연구 개발팀에서 창출되지 않는다는 것이었다. 예를 들어, 넷스케이프Netscape는 하이퍼텍스트 생성 언어HTML와 브라우저를 위한 하이퍼텍스트 전송 프로토콜http을 상품화하는 데 큰 역할을 했지만, 이 영역에 대해 자체적으로는 거의 연구하지 않았다. 넷스케이프는 원래 일리노이 대학의 미국 국립 슈퍼컴퓨팅 어플리케이션 센터NCSA, National Center for Super Computing Applications안에서 수행한 연구를 적용했다. 미국 정부는 주로 미 국방 고등 연구 기획청을 통해 NCSA에 교대로 자금을 지원했다. 팀 버너스 리Tim Berners-Lee는 스위스의 소립자 물리학 연구실인 CERN에서 일하면서 실제 HTML과 http 프로토콜을 개발했다.

마이크로소프트도 인터넷 분야에서 크게 활약했다. 마이크로소프트는 넷스케이프와 경쟁하는 회사 자체의 브라우저 제품을 위한 인터넷 기술을 다루기 위해 적극적으로 대학에서 사람들을 고용할 뿐만 아니라, 직원들을 재조정했다. 하지만 마이크로소프트는 자체 연구를 하는 대신, 외부 연구 결과를 받아들여 상품화했다.

미국 전역에 걸친 수많은 연구 중심 대학에서 진행 중인 흥미로운 연구 프로젝트가 있었다. 혼과 IBM은 자금 공급부터 IBM 연구원과 대학교수 간 협조, 졸업생을 인턴과 신입사원으로 고용하기까지 다양한 방법으로 이 프로젝트에 참여했다. 그러나 대학에는 인터넷을 위한 프로그램이 없었다. 대신 교수진과 학생들은 공학, 수학, 컴퓨터 과학, 운영 연구, 그 밖의 여러 면에서 전통적 프로그램을 전공했다. 따라서 대학의 연구 결과는 좋았지만, 여러 부분으로 나뉠 수밖에 없었다.

몇몇 컨설팅 회사는 스스로 정보기술IT 컨설턴트 혹은 업무 프로세스 재설계 컨설턴트라고 주장했다. 이 회사들은 고객이 IT에 필요한 것을 외부에서 지원받을 수 있도록 고객을 위한 IT 관리 기능을 제공했다. 이런 컨설팅 회사들은 다양한 회사의 장비를 관리했지만, 자체적으로 연구를 하지는 않았다. 대신 그들은 시행착오를 통해 알게 되었고, 고객의 IT 욕구를 관리하는 과정에서 각 회사가 개발한 몇 가지 도구의 도움을 받았다.

이 상황은 관리하기 어렵다는 점에서 약간은 혼란스러울 수 있다. 그러나 IBM 내부의 중요한 기초 요소와 IBM의 미래 기술 혁신 전략의 핵심 부분이 될 수 있다는 인식이 있었다. 고얄은 다음과 같이 말했다.

"인터넷을 자세히 살펴볼수록, 문제를 제대로 해결하고 있지 않다고 느꼈다. 우리의 재설계 노력은 머릿수를 줄이고 IT 활동을 자동화하거나, 외부에서 조달하려고 노력하는 것이었다. 우리는 인터넷이 도와줄 거라고 생각했다."

그 당시 연구 기관이 IBM의 소수 고객과 착수한 몇몇 새로운 프로젝트는 고얄의 생각에 영향을 끼쳤다. IBM이 고객의 가치 사슬 중간과 위에 훨씬 더 많은 중점을 두기 시작했기 때문이다. 이전에 시티코프였던 시티 그룹은 하나의 프로젝트, 금융 기관과 함께한 맥그로디의 종전 회의에 따른 프로젝트에 착수했다. 시티그룹은 사업에 쓰일 많은 재무 도구의 복잡성에 골머리를 앓았다. 시티그룹은 이 도구가 다른 금리 시나리오, 통화, 그리고 경제 성장률에 대한 위기관리 영역에서 가치 있는 제품을 만들 가능성을 제공한다는 것을 알고 있었다. 하지만 필요한 데이터의 원천은 그 수가 많고 다양했다. 고객마다 금리, 통화, 주가의 흐름에 대한 노출이 특유의 형태로 달랐다. 따라서 각각의 소비자를 위해 적절한 데이터를 찾아내고 위험을 관리하려면 엄청난 정보의 입수, 데이터 마이닝Data mining(데이터 속에 숨어있는 유용한 정보를 발견하는 과정—편집자), 프로세싱이 필요했다. 그리고 이 데이터는 많은 판매자의 컴퓨터 시스템에 존재했다. IBM 연구원은 본질적으로 다른 요소를 효과적인 해결책으로 통합하기 위해 시티그룹에서 그들과 함께 연구했다.

혼은 페덱스FedEx가 인터넷과 회사의 고객들을 다루던 것을 떠올리며 업무 프로세스를 위한 인터넷의 잠재적 가치의 좋은 예라고 생각했다.

"우리가 염두에 둔 한 가지 사례는 페덱스의 소포 추적 웹사이트였다. 이것은—당신의 고객이 스스로 데이터 입력 활동을 수행했기에—정보기술을 재치 있게 사용해 돈을 절약한 대표 사례다. 적은 비용을 들였음에도 고객 만족도는 매우 높았다. 이제 고객은 페덱스 시스템을 통해 스스로 소포를 추적할 수 있었다. 그들의 상사가 소포가 어디에 있는지 궁금해할 때 고객은 상사에게 상세히 대답할 수 있게 된 것이다."

또 다른 프로젝트는 공급 사슬의 최적화를 원하는 제지 회사와 함께 진행했다. 그 프로젝트는 제지 회사 외부의 정보를 자체적으로 통합하고 회사의 공급자와 고객에게 그 정보를 상호 관리하는 욕구를 실현했다. 비록 이 욕구는 전자문서교환시스템EDI 같은 이전의 기술과 관계가 있지만, 웹은 회사 외부와 연결하는 더 쉽고 획일적인 방식을 제공했다. 혼은 "그들은 인터넷 표준을 충분히 이해할 수 있을 것이다.

당신은 백엔드 어플리케이션Backend Applications(프로그램 인터페이스와 서비스의 최초 사용자 사이에서 사용자가 직접 접하는 프론트엔드를 간접적으로 지원하는 어플리케이션—편집자)를 고쳐 쓸 필요 없이 서버에서 해결책을 찾을 수 있다"고 말했다.

이는 IBM 내부의 사고방식에 강력한 변화가 일어났다는 것을 말해준다. 사실 회사는 컴퓨터 사업을 해왔고, 50년간 성장의 발판이 된 내부의 자체 연구실에서 하드웨어와 소프트웨어의 핵심 기술을 개발했다. 그러나 IBM의 미래는 이를 능가해야 했다. 가치 사슬의 꼭대기에서 가치를 고객에게 전달하기 위해 어떤 연구실에서도 개발하지 않은, 인터넷에 구축해놓은 기술을 포함한 외부 기술에 눈을 돌릴 필요가 있었다. 실제로 IBM은 자사가 소유하고 있지 않던 통제할 수 없는 기술 , 즉 IBM과 경쟁사에 모두 개방된 기술을 잘 활용할 수 있게 되었다.

제4장을 살펴보면, IBM은 기술 혁신으로부터 가치를 창조하고 얻기 위해 근본적으로 다른 비즈니스 모델이 필요했다. IBM이 중점을 둔 고객층은 그들이 오랫동안 만족시켜온 대기업과 정부 기관이었다—하지만 IBM은 이후에 논의한 중요한 부가적 층을 추가했다. 이 고객층에 대한 가치 명제, 즉 'IBM을 구매한 당신은 해고당하지 않을 것이다'라는 완전한 해결책을 전달하는 것 중 하나였다. 하지만 IBM의 대단

한 명성에 걸맞은, 고객에게 완전한 해결책을 주기 위해 사용해야 했던 가치 사슬을 만들려면 회사 자체의 연구 개발을 뛰어넘어야 한다는 것을 깨달았다. 고객에게 가장 좋은 해결책을 전하기 위해 더는 모든 일을 자체적으로 할 수는 없었다. IBM은 외부에서 가장 좋은 기술을 식별하고, 이 기술을 효과적인 해결책으로 연결할 수 있는 능력을 개발해야 했다. 이는 IBM 내부에서 일어난 급진적 사고였다. 그리고 공통적으로 강력한 내부 연구 개발 기관을 유지하는 회사를 괴롭히던 '여기에서 발명하지 않은'이라는 사고방식을 뛰어넘었다(제2장 참조).

IBM은 리눅스 운영체제Linux(다중 사용자, 다중 작업, 다중 스레드를 지원하는 네트워크 운영 체제—편집자), 자바 프로그래밍 언어Java(썬 마이크로시스템즈가 출시한 고급 프로그래밍 언어이자 컴퓨팅 플랫폼으로 응용프로그램 및 웹사이트, 게임 콘솔, 휴대폰 등에 활용된다—편집자), 그리고 HTML과 http 프로토콜을 포함해 다양한 영역에서 개방형 표준의 수용을 통해 고객들을 위한 가치를 창출했다. 다만 IBM의 비즈니스 모델 맥락에서 이해하기 어려운 것이 있다. 모든 회사가 사용할 수 있고 IBM에 의해 통제되지 않는 외부 기술에 영향을 미칠 때 어떤 방식으로 가치를 획득하느냐이다. 이것은 IBM 내부와 개방형 기술 혁신 개념에 영향을 미치는 모든 다른 회사에도 중요한 문제다.

IBM은 그들의 사업 목표를 달성하기 위해 고객이 컴퓨터 기술을 통합할 수 있도록 도와주면서 큰 수익을 얻었다. IBM은 이 통합 프로젝트에서 깊게 수직적으로 통합된 모델의 80% 이상의 매상 총이익을 획득하지 않는다. 반면 IBM은 그 판매를 지원하기 위한 동일한 수준의 고정된 투자와 직원이 필요하지 않다. 이 프로젝트의 매출은 IBM의 사업에서 가장 빠르게 성장하는 부분이며, IBM은 투자에 대한 보상이 폐쇄형 기술 혁신 기간에 실현한 수준으로 되돌아가도록 회사의 비용을 변화시켰다.

또 회사의 비즈니스 모델을 바꾸는 방법으로 새로운 수익 패턴을 창출하거나 확대했다. 회사는 고객의 장비를 회사가 관리하는 것에 따른 비용을 청구하는 방법을 배웠다. 이는 한 고객의 세팅에서 다른 고객의 세팅으로 효과적 경험을 전달했기 때문에 회사에 점점 이득이 되었다. 고객의 설비를 직접 관리하기 위해 IBM 내부의 사용과는 구별되는 회사의 지식 관리 경험을 판매하기 위한 사업을 창출하기도 했다.

기술 혁신의 판매: 가치 사슬 풀기

IBM은 비즈니스 모델의 두 번째 변화를 시작했다. 폐쇄형 기술 혁신 기간에 IBM은 자체 시스템과 서비스 내부에 모든 회사의 기술을 독점 배치했다. 따라서 IBM 구성요소 내부에서만 칩을 구매할 수 있었다. 그리고 IBM 구성요소는 IBM 서브 시스템의 한 부분으로 독점 판매했다. 이는 IBM 시스템의 일부로만 사용이 가능했다. 비즈니스 모델은 IBM 자체의 분배를 통해 판매했고, IBM에 의해 독점적으로 서비스, 지원, 자금을 지원받던 IBM 자체의 시스템을 통해 모든 IBM의 기술 혁신을 전개했다.

거스너의 사장 취임은 IBM이 내부 통합에 대한 고집을 다시 한번 생각하는 계기가 되었다. 1993년, IBM의 기억장치 부서는 외부 고객인 애플 컴퓨터와 처음으로 OEM 계약을 체결했다. 애플이 파워북 랩톱 컴퓨터PowerBook laptop computer(트랙볼을 키보드 하단에 위치시킨 최초의 랩톱 컴퓨터로 출발해 2006년까지 계속 업그레이드 버전을 출시했다—편집자) 안에 장착하기 위해 당시 산업을 주도하던 2.5인치 드라이브 일부를 요청했고 IBM은 애플에 판매하는 데 동의한 것이다. IBM은 2.5인치 드라이브를 사용한 싱크패드라는 자체 랩톱 컴퓨터를 가지고 있었지만, 여분의 2.5인치 드라이브를 판매하는 데서 더 큰 이익을 얻으리라 판단했다. 결과적으로 1997년까지 IBM의 싱크패드 랩톱ThinkPad laptop(트랙포인트가 장착된 비즈니스용 랩톱 컴퓨터—편집자)이 시장에서 10% 미만의 점유율을 차지했지만, 반면 IBM의 2.5인치 드라이브 제품의 절반 이상은 다른 회사가 생산한 랩톱 컴퓨터에 장착되었다.

또 IBM은 디스크 드라이브 내부의 부품을 끊임없이 개발해 자기저항MR 헤드를 만들어냈다. 이 헤드는 당시 산업계에서 주종을 이루던 얇은 필름 헤드보다 훨씬 민감하게 반응했다. 이 헤드는 드라이브의 동일한 표면 영역에 열 배나 많은 자료를 저장할 수 있게 했다. 이는 드라이브 가격의 인상만으로 용량을 엄청나게 증가시켰다.

IBM은 처음에 이 헤드를 회사 자체의 2.5인치 드라이브 안에 사용했고, 시장점유율도 증가했다. 이후 IBM은 다른 회사가 IBM의 드라이브와 경쟁하는 드라이브를 만드는 데 사용하더라도, 자기저항 헤드를 다른 디스크 드라이브 회사에 독립적인 부품으로 제공하기로 했다. 자기저항 헤드를 일반 시장에 내놓으면서 IBM은 업계에서 회사의 드라이브에 비해 시장점유율을 훨씬 더 높였으며, 드라이브 사업 또한 IBM 랩톱 시스템의 시장점유율보다 높아졌다.

폐쇄형 기술 혁신 사고방식을 갖고 있던 사람들에게는 IBM이 무모해 보였을지 모른다. IBM은 우수한 기술에 투자하고 그 기술로 획기적인 결과를 얻었으나, 개방형 시장에서 경쟁자에게 기술을 판매해서 경쟁우위를 놓쳤다. 이 경쟁자들은 IBM을 이기기 위해 더 좋은 2.5인치 드라이브 혹은 그

그림 5-2 IBM 정보기술 가치 사슬의 개별 가격 매기기

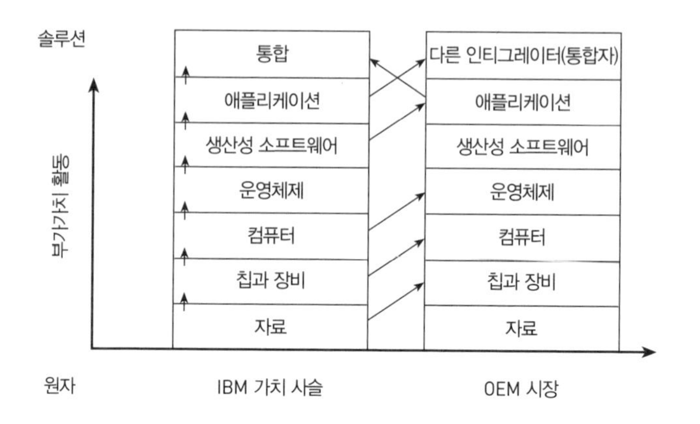

2.5인치 드라이브를 사용하는 더 나은 랩톱 컴퓨터를 조립하는 데 IBM의 기술을 사용한 것이다.

앞서 말한 원리는 언급되지 않은 가정, 바로 IBM이 상당 기간 기술적 우위를 통제하고 유지할 수 있다는 가정이 진실이라면 성립된다. 이런 독점적이고 광범위한 통제는 어느 정도 빈약한 지식 풍토에서는 가능하겠지만, 풍부한 지식 풍토에서는 예외가 될 것이다.

풍부한 지식 풍도에서 IBM은 기술 혁신 주도권에 대한 통찰력과 선견지명을 보여주었다고 할 수 있다. 예를 들어, 반도체 시장에서 새로운 제조 시설은 수십억 달러의 비용이 든다. IBM은 계속 새로운 시설에 투자하고, 이 시설에서 회사 자체의 칩을 설계하고 조립한다. 그러나 이제 IBM은 다른 시스템 제조업체에 칩을 제공한다. 심지어 IBM 시설에서 다른 회사의 디자인 제품을 조립할 수 있도록 도와주기까지 한다.

IBM이 칩 기술을 자체 사용으로 제한하는 것은 IBM의 반도체 부서가 훨씬 큰 반도체 시장을 만끽할 기회를 거부하는 것이다. 회사의 칩을 다른 제조업체에 제공함으로써 IBM의 칩을 사용하는 자체 시스템의 차별화된 위치를 포기해야 하지만, 엄청난 이익을 남길 수 있다. 이 정책은 회사가 더 많은 제조 장비와 공급품을 구입하는 데 긍정적 영향을 미친다. 모든 것을 고려할 때 이 접근 방식은 IBM 칩의 비용 효율을 높인다. IBM 자체 시스템의 비용 효율도 더 높여줄 뿐만 아니라 차세대 반도체를 개발하는 데 더 많이 투자할 수 있게 하는 것이다. 이러한 IBM 가치 사슬에 개별적인 가격 매기기는 〔그림 5-2〕에 나타나 있다.

IBM의 칩 판매는 회사 내부 시스템 사업에 대한 어떤 시장 정책을 외부적으로 강요한다. 그 부서는 우수한 칩 하나만으로 이길 것이라 예상할 수 없다. 그보다 자체적인 부가가치로 이겨야 한다. 만일 판매 부문 사업팀이 이 테스트를 충족할 수 없다면, IBM은 우월한 부품에 독점적으로 접근해 이를 '보조하지' 않는 편이 낫다. 실제로 해당 부품을 더 효과적으로 사용하고 사업을 성장시킬 수 있는 다른 시스템 제조업체에 판매하는 것이 더 좋은 방법이다.

지식 재산권 공여: IBM에 이익을 남긴 또 다른 중요한 것

IBM이 기술 혁신으로 이익을 얻는 또 다른 방법은 회사 제품에서 외부 기술에 영향을 미치는 것뿐만 아니라 다른 회사에 기술과 지식 재산을 판매하는 것이다. 2001년, IBM은 지식 재산의 특허권 사용료로 19억 달러(약 2조 3,350억 원)를 벌었다. IBM처럼 대규모 회사로서도 이는 상당히 큰 액수다. 같은 해, IBM이 기초 연구에 사용한 돈은 대략 6억 달러(약 7,380억 원)다.

지식 재산 관리에 대해서는 제8장에서 상세히 다룰 것이다. 여기서는 간단히 이 접근 방식과 폐쇄형 기술 혁신 기간에 IBM이 사용한 접근 방식으로 지식 재산을 관리하는 차이점을 설명할 것이다. IBM은 특허권 침해 소송에 휘말리지 않도록 개발자를 위한 설계 자유를 보장하는 데 신경을 썼다. 이는 방어적 접근 방식이다. 오늘날 IBM은 지식 재산을 다른 회사—특히 그들이 잠재적으로 중요한 지식 재산을 가지고 있을 때—에 허용하고 있지만, 특허권을 침해한 회사를 찾아내 보상금을 받기도 한다. 그 결과, 더는 디자인의 자유를 극대화할 수 없지만, 그 자유는 직접 배상을 통해 보상받는다.

지식 재산을 관리하는 데 대한 폐쇄형 기술 혁신과 개방형 기술 혁신 접근 방식의 차이점은 IBM을 위한 두 기간의 지식 환경과 들어맞는다. 만일 IBM이 경쟁자보다 오래 지속되는 이득을 누리는 것을 기대할 수 있다면, 개발자에게 가능한 한 많은 자유를 주는 편이 낫다. 오랜 시간 제품 판매를 통해 지식 재산을 현금화하는 것을 기대할 수 있기 때문이다. 하지만 만일 회사 제품의 시장점유율에 차질이 생길 거라고 판단되면 특허권을 침해한 경쟁자로부터 배상금을 받아내고, 대신 회사의 지식 재산을 광범위하고 빠르게 현금화하는 편이 낫다.

고객에게 배우기: 'First of a Kind' 프로그램

IBM은 고객에게 배우는 것을 돕는 정교한 프로세스를 만들었다. 그중 하나는 IBM이 '최초의 것FOAK, First of a Kind'이라 부르는 프로그램이다. 이 프로그램은 상업적으로 중요하고 개념적으로 흥미로운 문제를 해결하기 위한 IBM 연구 기관과 IBM의 첨단 기술 고객사 간의 계약으로 탄생했다. IBM은 이 프로그램을 연구 직원이 전담하게 했고, 그 직원은 일정 기간을 고객사에서 일했다. IBM은 고객사가 이것을 실험적인 노력으로 이해할 것이라 확신했고, 문제 해결에 고객사의 기술자 몇 명을 참여하게 했다.

FOAK 계약은 IBM에 해결책을 만들기 위한 통제된 환경을 제공했다. 그 해결책으로 IBM은 초기 문제를 수정할 수 있었다. 고객 또한 문제 해결책을 얻었다. IBM은 그 해결책을 다른 데서도 사용할 권리를 얻었고, 그 문제를 해결하는 과정에서 회사의 연구원이 창출한 모든 지식 재산권을 소유했다. 그리고 IBM은 또 다른 이익을 얻었다. 즉 사내 연구원들이 고객사에서 최첨단 기술의 문제점들을 확인할 수 있었던 것이다.

FOAK 프로그램을 실시한 결과, IBM은 회사가 직원에게 제안하는 연구 계약을 변경했다. IBM은 학문적으로 우수한 박사들을 계속 고용해 학술회의, 논문 등에 대해 보상했지만, 이제는 고객의 문제 해결책을 창출하는 능력에 대해서도 보상하고 있다. 또 연구 직원을 지식 창출자뿐만 아니라 지식 중개인으로 변화시켰다. 모든 연구 관리자는 IBM 연구부서에서 연구팀의 활동을 관리하고 감독하며, IBM 사업 부서 중 하나의 관리자로 임명된다. 결과적으로 모든 연구 관리자는 IBM 사업 관리자와 중앙연구소의 관계에 책임을 진다. 따라서 전자상거래 사업 부서에 임명된 연구 관리자들은 사업상 해결 과제와 유용한 IBM 연구 결과물을 연결하는 데 큰 역할을 할 것으로 기대된다. 그 결과물이 관리자의 연구실 영역에서 산출되든 연구 부서의 다른 부분에서 산출되든 상관없이 말이다. 이것은 과거에 학문적으로 엄격했던 과학에 대한 연구원의 시각을 넘어 IBM 연구원의 사고방식을 전환하는 계기가 되었다. IBM 사업 부서와 연구 부서의 연결을 조정하는 것은 연구 관리자가 두 가지에 대해 더 많이 배우도록 강요했다. 이는 IBM 연구 기관 내부에서 진행하는 다양한 활동에 대한 관리자의 지식을 폭넓게 해준다. 또 IBM 내부에 임명된 사업 부서의 요구에 대한 관리자의 지식을 늘려준다. 시간이 흐를수록 연구원은 결과물과 사업 부서의 요구를 연결하는 더 많은 방법을 계획하게 된다.

개방형 기술 혁신 세계에서 승리하기

IBM의 변화는 크게 성공한 기업도 새로운 책략을 배울 수 있다는 것을 알려준다. 제2장과 제3장에서 논의한 변화인, 아이디어를 배치하는 초점과 그들을 어떤 방식으로 시장에 내놓을 것인지에 대한 변화를 보여준다. 풍부한 지식 풍토에서 호기심을 불러일으키는 새로운 아이디어는 어떤 장소에서든 창출될 수 있다. 새로운 아이디어를 찾는 사람들은 그것을 아이디어를 향한 열린 사고방식과 조직의 요구에 대한 폭넓은 관점으로 지켜볼 필요가 있다. IBM 연구원이 앉아서 다음 연구 계획의 우선순위를 정할 때, 학문적으로 중요한 과학에 대한 IBM의 전통적인 초점과 비교해 폭넓은 지식은 물론 고객과 공감대를 형성할 것이다. 그에 따른 연구 결과물은 IBM의 비즈니스 모델과 밀접한 관계—혹은 IBM의 용어로 더 많은 연관성을—를 갖게 될 것이다.

개방형 기술 혁신 세계에서 승리하기 위해 IBM은 반드시 고객의 요구를 이해하고, 많은 것을 고객에게 배워야 한다. 인터넷과 회사 연구원의 역할을 넓힌 IBM의 성공은 회사가 시장의 주류보다 수년은 앞선, 미래의 시장 요구를 배우게 한다. 이는 IBM에 미래의 뛰어난 통찰력과 그 시각을 활용하기 위한 연구를 계획하는 능력을 제공했고 그 결과 IBM의 예측 한계가 확장되었다. 또 IBM의 연구 개발팀에 그들이 그 시각으로 통합해야 하는 외부 기술을 재검토하게 했다.

개방형 기술 혁신 접근 방식은 IBM처럼 전통적인 연구 방식을 고수하기보다는 고객의 가치 사슬에 중점을 두어야 한다. IBM은 회사 자체의 기술과 함께 외부 기술을 통합하고, 다른 회사—심지어 경쟁사까지—의 제품에 쓸 수 있도록 기술을 판매함으로써 자사의 가치 사슬 내부에 시장 정책을 주입해야 한다. 그것은 IBM의 지식 재산을 관리, 감독, 탐지,

강화하고, 다른 회사에 판매하는 것을 의미한다. IBM은 이제 '여기에서 발명하지 않은'의 두 번째 의미를 터득했다. 바퀴를 또다시 발명하는 대신, IBM은 고객을 위한 새로운 자동차를 조립하는 데 그 바퀴를 사용해 수익을 창출하는 것이다.

제6장

인텔의 개방형 기술 혁신

기술 혁신에 대한 인텔의 접근 방식은 IBM의 접근 방식과 다르다. 이 장에서는 인텔이 풍부한 지식 환경에서 어떤 방식으로 기술 혁신 기회를 추구하는지 알아본다. 또 회사가 활용할 수 있는 기술을 많이 보유하지 않을 때조차 기술 혁신으로 계속 이익을 올리는 인텔의 부가적이고 독창적인 방법을 알아본다. 인텔은 제록스의 PARC처럼 PARC 밖으로 기술을 확산한다. 그래서 모든 침식 요인을 가지고 있는 실리콘밸리 한 가운데에서 사업을 꾸려나간다. 하지만 인텔은 제록스와 달리 많은 지식과 벤처 캐피털에 둘러싸인 현실을 이용한다. 인텔은 외부 기술을 내부로 들여오기 위한 프로그램을 만들고, 스타트업에 기업의 벤처 캐피털을 투자해 시장점유율을 높이는 공격적인 프로그램을 진행한다.

인텔의 배경

2001년, 인텔은 세계적인 반도체 제조사로서 265억 달러(약 32조 3,330억 원)의 매출을 올렸고, 전 세계 80여 개국에서 8만 3천여 명의 직원이 근무했다. 인텔의 역사는 상당히 짧다. 고든 무어Gordon Moore와 로버트 노이스Robert Noyce는 1968년에 인텔을 설립했고, 얼마 후 앤드루Andrew Grove가 합류했다. 세 사람은 반도체 사업의 전문가였고, 페어차일드 반도체Fairchild Semiconductor의 페어차일드 카메라 앤 인스트루먼트Fairchild Camera and Instrument 부서에서 함께 일한 적이 있다. 세 사람 모두 부분적으로 페어차일드가 회사의 반도체 사업을 운영하던 방법에 불만을 느껴 페어차일드를 떠났다.

이들이 창업한 회사는 빠른 시간 안에 성공을 거뒀다. 인텔이 만든 첫 제품은 일정 시간이 경과하면 기억된 정보가 사라지는 동적 임의 접근 기억장치DRAM 칩이다. 1970년대 초에는 세계 최초로 마이크로프로세서인 4004를 개발했다. 그 후 인텔은 다양한 반도체 제품을 만들었지만, 마이크로프로세서 제품 라인은 회사 사업의 주요 품목이 되었다. 1980년에 IBM이 인텔의 8088프로세서를 첫 컴퓨터의 마이크로프로세서로 선택했고 인텔은 큰 이익을 얻었다. IBM PC가 승승장구하면서 사업의 표준이 된 인텔의 X86 아키텍처X86 architecture—인텔의 8088과 8086 칩에서 비롯한 제품군에 붙인 이름—역시 크게 성공했다. 1980년대 중반, 인텔이 DRAM 사업에서 수익을 올리지 못하자 철수하기로 결정했다.

인텔은 마이크로프로세서 제품을 능가하는 또 다른 제품을 개발하기 위해 많은 시도를 했지만 성공하지 못했다. 인텔은 1990년대 회사의 펜티엄Pentium 마이크로프로세서를 알리기 위해 마케팅 캠페인을 펼쳤다. 마이크로프로세서 세분 시장에서 우위를 차지했음에도 인텔은 호환 가능한 마이크로프로세서를 만든 어드밴스드 마이크로 디바이스AMD, Advanced Micro Devices와 씨릭스Cyrix에 직접적인 도전을 받았다. 인텔은 썬 마이크로시스템즈의 SPARC, IBM·애플·모토로라 공동체의 파워 컴퓨터PowerPC, 디지털이큅먼트사의 알파Alpha처럼 기존 방식과 다른 마이크로프로세서 구조들과 경쟁했다.

기술 혁신 능력과 그 기술 혁신에 의해 수행하는 능력 덕분에 인텔은 경쟁에서 우위를 점할 수 있었다. 2001년에 마이크로프로세서는 회사 매출의 약 81%를 차지했다. 회사의 성공은 물론 반도체를 개발하고 향상시키는 데 요구된 과제에 능력을 발휘한 결과, 회사의 시장 자본금은 2001년 말 2,100억 달러(약 256조 7,000억 원)에 달했다.

이때 주목할만한 점은 인텔이 자체적인 기초 연구를 수행하지 않고도 첨단 기술 산업에서 성공했다는 것이다. 마이크로 칩에 저장할 수 있는 데이터량이 18개월마다 두 배씩 증가할 것이라고 예측한 무어의 법칙에도 굴하지 않고 인텔은 빠르게 움직이는 산업에서 외부의 연구에 전적으로 의존했다. 인텔의 경험은 개방형 기술 혁신 원칙을 활용하여 상업적으로 성공할 수 있다는 것을 보여준다.

인텔에서 연구와 개발의 간격 관리하기

반도체 산업은 벨 연구소가 개발한 게르마늄 트랜지스터Germanium transistor에서 출발했다. 이 혁신적인 발명은 빠르게 채택되었지만, 상업화된 첫 번째 실리콘 트랜지스터는 벨 연구소나 그 모회사인 AT&T가 아니었다. 유정油井 서비스 회사인 텍사스 인스트루먼트Texas Instruments가 출시했다. 그 후 집적회로를 가능케 한 첫 번째 평면 기술의 개발은 항공 측량 회사인 페어차일드 카메라 앤 인스트루먼트Fairchild Camera and Instrument에서 이루어졌다. 이는 반도체 산업에서 반복적으로 일어났다. 새로운 기술을 개발한 사람들이 처음 이익을 얻는 것은 아니었다. 그 원인 중 하나는 새로운 연구 결과를 제품으로 이전하는 어려움 때문이었다. 무어와 노이스가 페어차일드에서 일할 때, 그들은 페어차일드의 연구 결과가 제조 단계에 도달하기까지 얼마나 많은 시간이 걸리는지 직접 확인했다. 페어차일드는 600명 규모의 독립형 연구 개발 기관을 설립하면서 연구 개발에 상당한 돈을 투자했다. 연구소는 페어차일드의 제조 시설—산업 분야에서는 fab 혹은 fabrication facility라 부른다—과 완전히 분리되었다. 인텔 초창기 직원인 파올로 가르기니Paolo Gargini는 "연구소와 제조 시설은 단지 8*km* 떨어져 있지만, 체감상으로 8,000*km*는 떨어져 있는 것 같았다"라고 말했다. 페어 차일드의 금속 산화막 반도체 기술의 경우, 페어차일드 연구원은 1961년부터 이를 연구해왔다. 하지만 1968년, 페어차일드의 분사를 포함한 다른 회사가 MOS 기술 제품을 성공적으로 출시했음에도, 페어차일드는 여전히 회사의 제조 시설에서 MOS 기술을 제품으로 만들지 않았다.

노이스와 무어는 페어차일드에서 진보적인 연구 개발 부서가 생산 부서로부터 완전히 분리되어 있다는 것을 알았다. 그리고 이번에는 생산 부서가 반도체를 조립하는 가장 효과적인 방법에 대한 아이디어가 있었다. 각각의 부서는 개별 장비, 자체 과정, 자체적으로 분리된 제품 라인이 있었다. 하지만 공통적인 설계 규칙 혹은 제조 경험은 없었다. 설계 부서가 새로운 칩의 설계를 완성했다고 생각했을 때 그 칩은 '벽 위로' 내던져진 것이나 마찬가지였다.

이 분리는 제조 시설 기술자를 향한 연구원의 지적 우월함 때문에 더욱 악화되었다. 앞서 폴 혼이 회고한 것처럼 IBM에서 반도체 연구원은 "소방수 노릇을 하려고 피시킬에서 이곳까지 오지 않았다"고 느낀 것이다.

인텔을 설립한 세 사람은 그 경험 때문에 내부 연구 개발에 대해 급진적 태도를 취했다. 무어는 노이스와 함께 중요한 결정을 내렸다. "비록 반도체 산업이 계속되는 진보를 위해 연구의 약진에 의존하지만, 인텔은 어떤 공식적인 연구 기관 없이 운영할 것이다." 대신 그들은 제품 개선에 요구되는 연구를 위해 제조를 중심으로 조직을 만들었다. 그리고 제조 시설, 장비, 프로세스를 집중적으로 활용했다. 가르기니는 다음과 같이 말했다. "핵심은 뛰어난 칩을 만드는 것이지, 훌륭한 논문을 출판하는 것이 아니다."

이러한 태도는 제품 개발을 위해 그들이 채용한 사람에게도 영향을 미쳤다. 연구원들은 컴퓨터 과학과 전기 공학 프로그램 분야에서 뛰어난 박사 과정 졸업생을 채용하길 원했다. 이런 상황에서 다른 회사라면 학문적으로 훈련된 이들에게 연구를 수행하고 그들이 수행한 것을 발표할 기회를 주기로 약속했을 것이다. 그러나 인텔은 달랐다. 다음은 가르기니의 증언이다.

"인텔의 모든 연구원은 처음에 생산 부서에서 6개월을 일해야 했다. 그런 다음, 만일 개발 부서에 임명되면 칩을 개발하기 위해 장비를 새로 살 수 있지만, 스스로 그 장비를 작동시켜야 했다. 그리고 제조 시설 내부에 그 장비를 설치했다."

이러한 제조 철학과 함께 인텔은 '최소한의 정보'라는 노이스의 원칙에 따라 연구 활동을 수행했다. 무어는 다음과 같이 말했다.

"이 원칙은 문제에 대한 답이 무엇인지 추측하려 시도하고, 그다음에 그 추측이 맞는지 틀리는지 알아보는 데 필요한 만큼만 과학으로 돌아간다. 만일 그것이 문제를 해결하지 못한다면 또 다른 추측을 하고, 그다음에 다시 돌아간다. 최소한의 정보라는 원칙의 장점 중 하나는 인텔이 소수의 분사를 산출한다는 점이다. 인텔은 사용할 수 있는 것보다 훨씬 많은 아이디어—아이디어를 창출하는 데 사용되는 아이디어의—를 창출하지 않기 때문에 인텔은 페어차일드보다 훨씬 많은 것을 얻었다."

인텔은 이 과정에서 많은 혁신을 이루었다. 이 혁신은 학문적 연구로 출발해 동기화된 엄격한 과학 연구보다는 기술에서 제조로의 이전을 면밀히 관찰한 결과였다. 예를 들어 인텔은 DRAM 칩의 '결함' 원인을 분석한 결과, 필요할 때 기억된 내용을 지우고 다른 내용을 기록할 수 있는 읽기 전용 기억장치E-PROM를 개발했다. 결함은 전원이 꺼진 후, 비정상적인 칩이 전하를 흐트러뜨리지 않고 붙잡는 것이었다. 전하를 붙들고 있는 것은 컴퓨터의 전원이 꺼져 있을 때조차 장치가 정보를 저장하게 했기에 E-PROM 칩이 필요했다.

마이크로프로세서는 제조 비용을 절감하는 데 중점을 둔 것에서 진화했다. 인텔은 일본의 삼류 계산기 제조업체인 비지컴Busicom에 제어 논리 칩을 주문받으려 노력했다. 인텔은 칩을 값싸게 구입하려는 그들의 요구를 만족시키려면 하나의 장치에 몇 개의 칩을 결합해야 한다고 생각했다. 상업적으로 저렴한 비용이 중요하다는 것을 깨달은 인텔은 마이크로프로세서를 개발했다.

인텔은 내부에 연구소를 두지 않고도 오랫동안 기술 혁신을 할 수 있었다. 사실 인텔은 수년간 개발 시설이 따로 없었고, 모든 개발은 제조 시설 내부에서 이루어졌다. 게다가 개발을 위한 장비 구입에 비용의 제한이 있었고, 이 장비는 진행 중인 제조 활동과 공간을 두고 경쟁했다. 결국 인텔 개발자들은 장비의 양을 최소화했다. 이는 장비 투자에 대한 수익을 확대하고 인텔이 새로운 제품을 위해 제조라인을 더 쉽게 이용할 수 있도록 하기 위해서였다.

모든 것을 똑같이 하기

인텔 기술 혁신의 중점, 즉 주로 개발에 집중하는 방식은 인텔이 DRAM 사업을 철수하기로 결정했을 때 변화가 일어났다. DRAM 제조 시설은 이제 활발하게 운영되지 않았기에, 인텔의 첫 번째 개발 시설이 되었다. 인텔은 이제 새로운 위험, 즉 독립된 개발 부서가 회사에서 생산 부서에서 이탈하고 연구와 개발 사이에 차이가 발생하는 위험에 부딪혔다. 페어차일드를 지켜본 가르기니는 인텔 임원들을 애태웠던 문제를 떠올렸다.

> 어떻게 하면 제조 중점을 잃지 않으면서 전용 개발 제조 시설에서 이익을 얻을 수 있을까? 그 해답은 연구실과 제조 시설의 장비와 과정을 표준화하는 데 투자하는 것이었다. 1세대에서 우리는 팀 간의 장비 동일성을 60~70% 유지할 수 있었다. 이것은 '똑같이 하기Copy Exactly'로 알려진 방법론의 시작이었으며, 시간이 흐르면서 단계적으로 진화했다.

- 처음에는 가능한 한 동일한 장비 판매상을 이용하고, 프로세스를 표준화하는 것으로 경제적 구매를 하려고 노력했다.
- 그 후 동일한 판매상의 동일한 장비를 사용하도록 주장했다.
- 얼마 뒤에는 동일한 판매상의 동일한 장비에 대한 동일한 구성 선택권을 요구할 수 있었다.
- 1989년, 제조 시설 9가 오리건 주에 있는 개발 제조 시설에 i486(인텔에서 개발한 개인 컴퓨터용 마이크로프로세서—편집자)을 받아 앨버커키에 세워졌다.

제조 시설 9는 오리건에서 제품을 개발하는 데 적절한 장비와 동일한 모든 장비를 구입해야 했다. 그리고 동일한 장비뿐만 아니라 동일한 선택권, 동일한 시설의 물리적 차원, 모든 통풍 밸브, 모든 송수관을 위한 연결부의 길이까지 구체화했다. 우리는 제조 시설 9를 가능한 한 오리건 주의 제조 시설 및 제조 과정의 정확한 사본과 최대한 가깝게 하려고 모든 노력을 기울였다.

'똑같이 하기'는 우리에게 무척 중요했으며, 상업적으로 이익을 낼 수 있었다. 개발 제조 시설에서 개발한 모든 과정은 두 개의 생산 제조 시설로 옮겼다. 시설에서 우리의 제품을 인가한 고객은 더는 생산 제조 시설에서 해당 제품을 검증하지 않아도 된다. 우리의 방법론 덕분에 첫 번째 제조 시설의 수익은 새로운 제조 시설의 수익과 같다. 또 그것은 우리의 모든 제조 시설을 공급자가 개선할 수 있도록 도와준다.

연구 개발에 대한 인텔의 접근 방식에도 한계가 있었다. 가르기니는 다음과 같이 말했다.

"'똑같이 하기'는 우리에게 훌륭한 방법론이었다. 그것은 선보이는 새로운 기술이 상대적으로 조금씩 변하는 동안에는 잘 작동한다. 하지만 기술 기반에서 크고 비연속적인 변화가 있을 때 제대로 작동하지 못한다."

IBM과 AT&T: 연구 개발에 대한 전통적 접근 방식

다른 반도체 회사는 인텔의 연구 개발 접근 방식을 따르지 않았다. 두 개의 선두 반도체 제조업체인 IBM과 AT&T—그리고 이후에는 루슨트—는 중요한 기초 연구 능력을 유지했다. IBM은 뉴욕의 요크타운하이츠에 있는 연구실에서 반도체에 대한 기초 연구의 대부분을 수행했다. 반면 AT&T는 주로 뉴저지에 있는 벨 연구소에서 연구했다. 두 연구실에 있는 연구원은 과학과 관련된 많은 상을 수여했고, 가장 뛰어난 대학 연구원과 동등하게 여겨졌다. 몇 명은 연구 결과로 노벨상을 받기도 했다.

연구에서 이 주도권을 유지하려면 각 회사가 산업을 새로운 기술 기반으로 이끌기 위해 무척 노력해야 했다. 예를 들어 IBM은 좋은 칩의 산출량을 늘리고 비용을 낮추기 위해 산업이 회로판의 크기를 150mm에서 200mm로 늘리고자 할 때, 여기에 필요한 장비 설계서를 개발하려고 모든 반도체 장비업체와 함께 끊임없이 연구했다. 또한 많은 장비업체의 연구 활동에 자금을 지원했는데, 이는 그들이 200mm의 회로판 크기—그리고 IBM이 그 크기를 위해 제안한 설계서—를 선택하도록 자극하기 위한 것이었다.

IBM과 장비 제조업체의 공동 연구 결과, IBM은 인텔처럼 새로운 필수품과 설계서를 개발하는 데 투자하지 않은 회사보다 먼저 새로운 장비의 초기 작업 장치를 확보했다. 이는 반도체 제조업체가 새로운 프로세스를 설치하고 가동하는 데 꼭 필요했다. 또한 업그레이드된 제품과의 시장 경쟁에서 더 많은 이익을 얻을 수 있는 방법이었다. 이번에는—그에 대한 IBM의 재정적 기여 외에도—장비업체가 이 장비를 개발하기 위해 수억 달러의 자금을 투자했다. 다만 그중 일부의 장비 시스템만이 새로운 세대의 장비에 사용되었고, 하나에 수천만 달러에 팔린 이 장치의 생산율을 늘리는 데 상당히 오랜 시간이 걸렸다. 이 높은 비용 때문에 장비 제조업체가 손해보지 않으려면 IBM이나 AT&T가 그들의 내부 생산에 사용한 것보다 더 많은 설비를 판매할 필요가 있었다. 장비업체는 IBM이나 AT&T에 최초 장치를 제공하고 6~9개월 후 인텔과 같은 회사에 새로운 장비를 판매했을 것이다.

인텔로서는 좋은 상황이었다. 인텔은 기술을 제조에 효과적으로 전환하는 데 중점을 두었고, IBM과 AT&T가 산업에 새로운 기술이 어떤 것이 될지를 결정하는 기초 연구에 자금을 지원하게 했다. 인텔이 다른 회사보다 먼저 많은 양을 공급하는 동안 인텔은 필요한 핵심 기술을 개발할 필요가 없었다. '민첩한 추적자'가 되었기 때문이다.

인텔의 유일한 문제는 접근 방식을 계속 유지하기에는 너무 성공적이었다는 점이다. IBM과 AT&T는 연구 개발 투자에서 너무 적은 이익을 얻어 결국 투자를 축소했다. AT&T의 반도체 사업은 1980년대에 계속 문제가 발생했고, 회사는 다음 세대의 반도체 장비 기술에 대한 장비업체와의 공동 연구를 대폭 축소했다. 1993년, 최고 경영자로 IBM에 합류한 루 거스너는 IBM의 반도체 부서에 흑자를 내라고 지시했다. IBM은 거스너의 지시에 따라 연구와 첨단 장비 산업에 후원하던 자금을 줄였다. 이로써 반도체 사업에서 기초 연구 자금의 투자가 눈에 띄게 감소되었다.

장비 제조업체를 위한 기술 후원 자금에 생긴 구멍이 그것을 증명한다. IBM이 장비 자금을 축소하자, 장비업체에서는 인텔에 장비 개발 비용을 얻기 위해 어떤 일을 해야 하는지 물었다. 과거에 후원사들이 장비를 받을 때 인텔은 지원 받지 않았음에도 IBM과 AT&T보다 앞서 그 과정을 설치하고 가동해왔다. 장비업체는 인텔이 그 구멍을 메워줄 거라고 기대했다.

인텔, 연구 개발에 대한 새로운 접근 방식을 혁신하다.

연구 개발에 대한 인텔의 접근 방식은 어느 정도 자유로웠지만, 그런데도 연구 개발에 상당히 많은 자금을 투자했다. 2001년, 인텔은 연구 개발비로 38억 달러(약 4조 6,500억 원)를 지원했는데, 그중 3분의 1은 프로세스 개선 프로젝트에, 3분의 2는 신제품 개발에 쓰였다. 인텔은 1985년부터 부품 기술 연구를 해왔다. 1996년까지 인텔의 성장과 반도체 연구에 대한 AT&T와 IBM의 투자 절감 결과는 기술 혁신에 대한 인텔의 접근 방식을 변화시켰다.

그림 6-1　가치 사슬상 위치로 본 인텔의 연구소

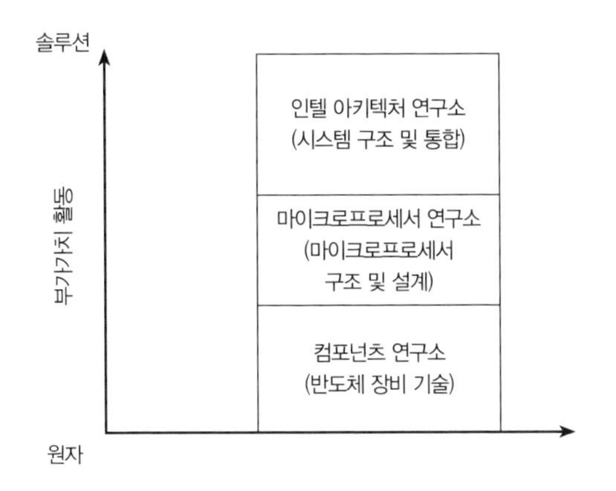

하지만 이 경험과 원칙은 인텔이 전통적 중앙연구소를 회피하는 원인이 되었다. 대신 각각 전문화된 고유의 특성을 가진 세 개의 연구소를 설립해 분권화된, 분산형 모델을 형성하기로 결정했다. 이 합의는 각각의 연구소가 각자의 영역에 더 집중하고 깊이 있게 연구기 위해 의도한 것이었다.

이 세 연구소는 인텔 아키텍처 연구소IAL, 마이크로프로세서 연구소MRL, 컴포넌츠 연구소CRL였다. IAL 시설은 캘리포니아의 산타클라라에 있었다. MRL과 CRL 시설은 산타클라라와 오리건의 힐스버러 두 장소에 있었다. 인텔의 개발 부서에서도 소규모 연구 활동이 있었지만, 세 연구소는 이 연구에 더 중점을 두고 체계화했다.

이 연구소는 개략적으로 인텔의 마이크로프로세서 비즈니스 모델의 가치 사슬과 조화를 이루며 조직되었다([그림 6-1] 참조). 사슬의 바닥에는 CRL이 있었다. 이 연구소는 인텔이 공급자와 뛰어난 마이크로프로세서 및 다른 칩을 조립하기 위해 인텔의 운용에 필요한 기술에 중점을 두었다. CRL은 인텔이 대학, 공급자, 그리고 세마테크 연구 협력단Sematech research consortium을 통해 앞선 지식에 접근할 수 있게 했다. 또 CRL은 인텔의 내부 연구와 함께 외부 지식을 평가하고, 인텔이 사용할 수 있는 핵심 기술을 위한 공급 사슬을 형성하고 발전하도록 도왔다.

MRL은 인텔이 소유한 전통적인 중앙연구소와 가장 비슷한 연구소로, 미래의 마이크로프로세서 구조와 기술에서 몇 가지 기초 연구를 한다. 그러나 여기에서도 연구소가 창출한 내부 지식과 함께 외부 지식에 접근하고 의존한다. 예를 들어, 새로운 이태니움 64비트 마이크로프로세서Itanium 64-bit microprocessor는 휴렛패커드 자체의 기술자가 기여한 구조 지식을 토대로 만든 CPU 장치다. 그리고 이태니움의 제조 공정은 인텔이 디지털이큅먼트사의 알파칩(DEC가 개발한 대형 컴퓨터용 중앙 처리 장치—편집자)과 제조 설비를 인수하면서 알려지게 됐다.

최종 실험실인 IAL은 컴퓨터 아키텍처의 미래에 대해 연구하는데, 이때 인텔의 제품은 미래 컴퓨터 사용 해결책의 구성요소로 사용된다. 이 연구소는 시티코프가 IBM의 맥그로디와 공유한 가치 사슬의 맨 위에 위치한다(제5장 참조). IAL은 인텔이 여러 출처의 외부 지식에 접근하고, 미래의 기술을 일관된 해결책으로 통합하는 구조를 개발할 수 있게 한다. 인텔이 미래의 산업 생태계 발전에 영향을 미치는 데 필요한 시스템 수준의 지식을 계속 유지하게 하는 중요한 원천이다. 또 IAL은 제3의 개발자가 활동을 통합할 수 있게 한다. CRL처럼 IAL이 중점을 둔 것은 외부 지식에 접근하고, 이 부분을 효과적으로 통합하는 구조적 설계에 내부적으로 집중하는 것이다. 하지만 CRL과 달리 IAL은 반드시 회사의 능력과 원천이 컴퓨터의 방향에 큰 영향을 주는 다른 회사—마이크로소프트 같은—와 협력해 시스템 수준의 미래 구조를 계획해야 한다.

외부 기술 혁신에 접근하기 위한 인텔의 추가적인 방식

내부 연구 활동과 함께 인텔은 연구실과 외부 연구 공동체의 결합을 촉진하기 위해 다양한 활동을 수행한다. 회사는 각 연구실의 연구원을 한데 모아 매년 내부 기술 회의를 개최한다. 또 다수의 연구 포럼과 세미나를 여는데, 이를 통해 내외부 연구원이 모여 연구 결과를 공유한다. 인텔은 연구 공동체와 외부 공동체의 이익을 위한 연구 결과를 알 수 있는《인텔 기술 저널Intel Technical Journal》을 출간했다.

연구실에서 이루어지는 연구는 인텔 연구위원회Intel's Research Council가 통합하는데, 인텔 경영진, 연구위원, 그리고 각 회사의 연구 부문 대표자를 포함한다. 위원회는 프로젝트, 학교, 교수진을 지원하는 등 외부 연구를 고려한 정책을 수립해 인텔의 외부 연구 프로그램을 관리한다. 2000년, 인텔은 300여 개의 외부 연구 프로젝트에 1억 달러 이상의 연구 자금을 지원했다. 이러한 인텔의 노력은 전세계로 점차 확산되고 있다. 미국은 물론 이스라엘, 러시아, 중국에서 활약하는 연구원이 있으며, 11개국에서 대학교수진과 함께 연구 프로젝트를 진행 중이다.

대부분의 회사는 대학원생의 연구를 지원할 때 지원금을 대주고 1년에 한 번 정도 진척 상황을 체크하지만, 인텔은 다르다. 인텔은 자금을 지원하는 대학원생뿐 아니라 그들의 지도교수들과 상호작용하기 위해 내부 직원을 임명한다. 1999년에는 인텔에서 31명의 전일제 파견 근무자와 함께 87명의 자발적인 '멘토'가 학생들을 맡았다. 이런 방법으로 학생들은 연구와 관련한 영역에서 인텔의 선임 관리자와 계속 연락할 수 있다. 그러면 인텔의 관리자들은 관심 분야의 최첨단 기술 연구에 대한 부가적인 정보를 얻게 된다. 대학원생들은 인텔을 알게 되는 기회를, 인텔은 대학원 연구생을 알게 되는 기회를 갖는 것이다. 인텔은 종종 이러한 관계를 통해 신입 직원을 채용한다.

이 학술 프로그램과 함께 인텔은 다른 외부 연구 경로와 협력하며, 그 경로를 통해 외부 연구원과 학생들에게 자금을 지원한다. 가장 잘 알려진 경로는 반도체연구협회Semiconductor Research Corporation와 세마테크다. 또 인텔은 파견 근무자를 세마테크에 배치하고, 덜 알려진 프로그램도 직접 후원한다—이 프로젝트는 앞서 언급한 인텔이 지원하는 외부 프로젝트에 포함된다. 그중 하나가 미국 전역에서 선두 컴퓨터과학, 공학, 경영학 프로그램의 졸업생을 후원하는 로버트 노이스 장학 프로그램Robert Noyce Memorial Fellowship Program이다.

집중화된 내부 연구실과 내·외부 연구의 결합은 연구 개발에 대한 인텔의 철학을 보여준다. 인텔 CRL의 책임자 선린 초우는 그의 연구실이 이 철학에서 어떠한 방식으로 기능하는지 언급한 적이 있다.

"연구실의 가장 중요한 역할은 인텔과 외부 연구 공동체를 연결하는 것이다. 우리는 외부 연구원과 이야기를 나눌 만큼 풍부한 지식을 갖추기 위해, 그리고 어떤 접근 방식이 가능성 있는지 알기 위해 내부 연구를 충분히 할 필요가 있다. 또 우리는 유망한 연구 결과를 다시 인텔 내부로 빠르게 이전할 수 있도록 내부에서도 연구를 해야 한다."

2001년, 인텔은 선택한 대학 연구 센터와 가까워지기 위해 이 모델을 확장했다. 인텔은 소규모 연구 시설인 새로운 '랩렛lablets'을 열었다. 그런데 이들은 인텔의 제조 시설이 아닌 카네기멜론 대학, UC버클리 대학, 워싱턴 대학, 이 세 개의 선두 대학 연구 센터에 인접해있었다. 인텔 연구 개발 시스템의 다른 부분과 마찬가지로, 인텔은 이 새로운 연구소를 명백하게 비전통적인 방식으로 운영할 것이다. 각각의 랩렛은 대학교수진이 이끈다. 인텔은 이 새로운 연구소가 인텔을 선두 학술 연구과 더 밀접하게 연결해주리라 기대한다. 그러나 연구 결과물을 '소유'하고 싶어 하는 건 아니다. 대신 전도유망하고 새로운 기술에 가장 빨리 접근함으로써 이길 것이라 기대한다.

인텔은 단편적인 대학 연구 프로그램을 더 큰 연구 프로그램으로 연결하기 위해 대학 연구원과 협력하고, 다른 학술 연구에 선택적인 자금 지원해 좋은 성과를 기대한다. 큰 프로그램은 인텔의 미래 구조를 알려주고, 더 큰 규모에서 외부 연구를 효과적으로 통합할 수 있게 해줄 것이다. 인텔은 내부의 연구 기반 조직을 다시 활용하기보다 그들과 협력하는 선두 대학에서 연구 조직과 시설을 사용할 것이라 기대한다. 그러므로 이 접근 방식은 비용 면에서 효율성이 상당히 높다.

이 접근 방식이 나타내는 것처럼, 오늘날 인텔의 연구 조직을 데이비드 테넨하우스가 이끄는 것은 우연이 아니다. 테넨하우스Tennenhouse는 미 국방 고등 연구 기획청DARPA에서 연구 프로그램을 관리하고 있다. DARPA는 수많은 다른 연구 기관의 활동을 지휘하고 그 활동을 미군을 위한 강력한 연구 프로그램과 결합했다. DARPA는 이 역할을 효과적으로 수행했으며 자체 중앙연구소를 두지 않고 통합 작업을 했다. 인텔은 산업적인 목적에서 대학 연구에 접근하고 영향을 주고 있다. 그리고 이를 통합하기 위해 DARPA 모델을 적용하고자 한다.

기술 혁신에 대한 인텔의 접근 방식 평가

기술 혁신을 관리하는 인텔의 접근 방식은 장점이 많다. 인텔의 접근 방식은 실속 없는 연구를 배제하므로 능률적이다. 또 이 접근 방식은 쓸데없는 일을 줄이고, 다른 사람들—특히 대학 연구원-의 연구 발견을 토대로 하며, 그 결과를 회사의 개발 과정에 옮기므로 훨씬 효과적이다. 뿐만 아니라 기술 혁신에 대한 인텔의 접근 방식은 비용이 절감된다. 다른 연구 기관의 시설과 직원을 활용하기 때문이다. 가끔 외부 연구 프로젝트에 자금을 지원하지만 연구 지원금이 연구원, 시설 그리고 다른 간접 비용의 총비용에는 미치지 않는다.

그러나 효율성만이 회사의 기술 혁신 시스템의 바람직한 특징은 아니다. 인텔은 IBM, 벨 연구소 혹은 제록스의 PARC가 고용해온 연구원과는 다른 연구원을 고용해야 한다. 인텔의 접근 방식은 인기 있는 졸업생을 스카우트하기 어렵다. 만일 당신이 전기 공학 혹은 컴퓨터 과학을 전공하고, 명문 대학을 졸업하고, 잘나가는 박사라면 인텔에서 일하고 싶을까? 학문적 자유, 지적 연구, 과학적 발견의 기쁨 대신 제조 라인에서 6개월간 일하고, 노이스의 정보 원칙을 따르고, 제조 부서와 긴밀한 관계를 유지해야 한다. 인텔은 외부의 연구 결과를 바로 옆 제조 라인으로 넘겨줄 수 있거나 그 두 가지를 모두 해낼 수 있는 연구원을 필요로 한다. 그리고 다른 분산된 연구 활동을 효과적인 미래 시스템으로 연결하는, 새로운 구조를 만드는 것이 가능한 시스템 설계자를 원한다. 반론의 여지는 있지만, 제5장에 설명한 IBM의 지식 중개는 인텔이 지식 산출을 비교적 덜 강조함에도 인텔의 접근 방식에서 훨씬 많이 수행되어야 한다.

사실 인텔의 접근 방식은 다른 기업이 계속 진보하기 위해 필요한 투자를 계속할 것이라고 가정한다. IBM, AT&T와 비교해보면 인텔이 반도체 산업에서 소규모 회사일 때는 비교적 안전한 도박이었다. 수익에서 다른 모든 반도체 회사를 능가한 지금, 인텔의 성공은 이 가정에 의문을 품게 한다. 상대적으로 부족한 기초 연구에도 성공했다는 점은 다른 선두 반도체 회사의 관심을 끌었고, 그들 역시 기초 연구 자금을 축소했다.

이러한 추세를 보면 무어의 법칙이 예견한 것처럼 모든 관련 회사가 계속 발전하는 데 필요한 기초 연구에 저투자하는 위기를 불러올 가능성이 있다. 무어의 말이 불변의 법칙은 아니다. 그보다는 법칙이 예측한 일정한 발전을 실현하기 위해 새로운 기초 기술이 자주 만들어져야 하는, 기술 발전의 경험적 결과다. 만일 산업이 기본 연구에 투자를 줄이고 공적인 연구 자금을 반도체와 재료 과학에서 다른 곳으로 이동한다면, 산업의 장기 성장을 지원하기 데해 활용할 수 있는 연구 인력이 감소할 것이다. 그것은 그다음으로 무어의 법칙을 따르는 산업의—그리고 인텔의—능력을 떨어트릴 것이다.

인텔 캐피털: 외부 기술 혁신의 또 다른 창

인텔의 연구 개발 모델은 그 자체로도 흥미롭지만, 회사의 기술 혁신 시스템이 내·외부 연구 개발에 대한 접근 방식 이상으로 확장된다. 인텔은 실리콘밸리의 심장부에서 운영되며, 인텔의 관리자들은 이를 둘러싼 활발한 혁신 공동체에 주목하지 않을 수 없다. 제1장에서 설명했듯이 실리콘밸리의 심장부에 있는 것은 좋기도 나쁘기도 하다. 많은 제록스의 기술이 스타트업으로 분산되는 원인이 된 침식 요인이 인텔을 위험에 빠트릴 수 있기 때문이다.

인텔은 벤처 캐피털로부터 이익을 얻는 방법을 찾아냈다. 기업 벤처 캐피털로 선견지명이 있는 프로그램을 만들었는데, 이 프로그램은 인텔과 그를 둘러싼 창업 공동체 사이에 밀접한 관계를 형성한다. 지금은 인텔 캐피털Intel Capital이라 불리며 스타트업의 활동을 활용해서 인텔의 사업 전략을 확장시킬 수 있다. 또한 이 프로그램을 통해 인텔이 스타트업이 수행하는 실험에 자금을 제공하고 이를 관찰하는 것을 통해 마이크로프로세서를 넘어 새로운 사업 영역을 탐색하도록 도와준다.

인텔의 연구 개발 부서 내부에서 일어나는 탐색은 인텔이 인텔 캐피털 프로그램에서 자금을 제공하는 실험과도 연결된다. 인텔의 연구에 대한 독특한 접근 방식을 시작하고 수년간 인텔 연구위원회를 이끌어온 레슬리 배다스가 인텔 캐피털을 설립했다. 배다스의 두 가지 역할은 폐쇄형 기술 혁신 체제에서는 생각할 수 없는 것들이다. 왜 내부 연구 활동을 지휘하는 사람이 새로운 스타트업에 대한 기업 자금의 투자 부분에 참여하는가? 오직 개방형 기술 혁신 접근 방식으로만 그러한 관계를 이해할 수 있을 것이다.

인텔 캐피털의 전략적 역할

2002년 6월에 인텔 캐피털은 475개 이상의 포트폴리오 회사에 투자했는데, 이는 14억 달러(약 1조 7,010억 원)의 가치가 있었다. 인텔이 외부 주식에 투자하는 것은 전혀 새로운 일이 아니었다. 1980년대 초부터 인텔은 가까운 공급자에게 투자하기 시작했다. 이는 주로 인텔의 설계와 제조 공정에 안정적인 품질의 공급원을 확보하기 위해서였다. 소프트웨어, 마이크로코드Microcode(CPU 안에 기계어를 상대적으로 쉽게 추가할 수 있도록 이용하는 방식—편집자), 구성요소 설계, 장비업체 등이 그 대상이었다. 인텔은 이 투자—그들의 공급자에게 보조금을 지급하고자 한 것이 아니다—에서 금전적 수익을 내고자 한 동시에 인텔의 사업 목표를 달성하기 위해 필요한 기술의 공급 기반을 제공받으려 했다.

1990년대 중반에 이 전략은 인텔의 공급 사슬을 넘어 확장되었다. 인텔의 마이크로프로세서 제품을 지원하는 소프트웨어와 하드웨어 개발자의 '시장 생태계'까지 포함했다. 인텔은 펜티엄 구조의 상부에서 움직이는 더 많은, 그리고 더 나은 소프트웨어와 하드웨어 제품이 시장에서 펜티엄의 가치를 높인다는 것을 깨달았다. 배다스는 이 생태계에 대한 통찰력을 두고 "명백하지만 우리에게는 하나의 발견이었다"라고 회상했다. 인텔이 이미 알고 있던 것, 즉 회사를 보완하는 유기적으로 통합된 존재가 인텔 생태계에 있는 모든 사람에게 도움을 주었다는 점을 분명히 한 것이다.

인텔을 흥분시킨 것은 새롭고 빠른 펜티엄 마이크로프로세서의 채택을 앞당기기 위해 생태계에 투자한다는 아이디어였다. 만일 더 많은 회사가 펜티엄 프로세서와 호환 가능한 제품, 그리고 효과적으로 작동하기 위해 더 빠른 속도의 프로세서가 필요한 제품을 만든다면 펜티엄 칩의 판매가 늘어날 것이다. 그 때문에 인텔은 공동 판매 노력, 기술 협력, 자금 지원을 통해 외부 투자를 확대하기 시작했다. 1990년대에 이르러 인텔은 말 그대로 제품—비디오, 오디오, 그래픽 하드웨어와 소프트웨어 같은—이 컴퓨터 내부의 더욱 강력한 마이크로프로세서를 필요로 하는 수백 개 회사에 투자했고, 인텔 펜티엄 칩 판매는 크게 늘어났다.

그러나 마이크로프로세서 시장을 확장하는 것은 인텔의 벤처 캐피털 투자의 유일한 목적이 아니었다. 인텔은 투자가 현 사업의 성장에 도움이 될 뿐만 아니라, 마이크로프로세서를 넘어 새로운 사업을 탐색하는 데 도움이 될 거라고 판단했다. 배다스는 다음과 같이 말했다.

"나는 시장의 성공에 투자하길 원하고, 머지않아 더 많은 보완자, 더 넓은 시장을 갖길 원한다. 그것은 아마도 우리가 거쳐온 길에서 가장 중요한 단계일 것이다. 다른 단계는 사업팀의 현재 관심사는 아니지만 미래에 중요하게 될, 새로운 기술을 이해하는 데 투자가 좋은 방법이 될 수 있다는 점을 깨닫는 것이다."

배다스는 아직 사업팀에 넘기지는 않았지만 인텔의 미래에 중요하다고 생각되는 내부 기술 연구에 자금을 지원하기 위해 계획된, 내부의 초기 투입 자본 연구 프로그램을 두루 살펴보았다. 이 초기 프로젝트는 새로운 기술의 실험을 허용했고 6개월에서 24개월 안에 끝이 났다. 배다스는 이 단계 이상으로 성장한 프로젝트 개발을 위해 회사의 다른 영역으로 이전하는 데 열성적이었다.

"당신은 계속 변화가 휘몰아치게 할 필요가 있다. (내부) 프로젝트가 1년에 1,000만 달러(약 122억 원)가 될 때, 심지어 1년에 500만 달러(약 60억 6,500만 원)일 때조차 내 그룹이 프로젝트에 더 이상 자금을 지원하길 원하지 않는다. 그 시점에서 프로젝트는 스스로 살아남을 필요가 있다. 이 말은 사업팀이 프로젝트 자금 지원을 선택해야 한다는 것을 의미한다. 우리의 자금 지원은 초기 단계, 기술 연구에 중점을 둔다. 당신은 10년짜리 프로젝트를 원하지 않을 것이다. 그것은 국공립 연구소 혹은 대학에서는 좋을지 모르나, 산업 환경에서는 그렇지 않다."

때때로 인텔은 기업의 자본 투자 기회를 평가하기 위한 기업 실사 과정의 일환으로, 내부의 초기 연구 프로그램에 착수한다. 내부적으로 집중된 인텔의 연구와 기업 벤처 캐피털의 결합에 대한 특징이 뚜렷해지는 부분이다. 내부 초기 프로젝트와 외부 투자의 결합은 인텔에 미래의 기술 기회에 대한 통찰력을 주었고 기업 투자자로서 인텔의 지식을 넓혀주었다. 배다스는 또 이렇게 말했다.

"인텔은 어떤 점에서든 전략적 흥미를 지지하는 데 도움되는 곳에만 투자한다. 부가적 이익으로 인텔은 최근의 동향에 대한 통찰력을 얻기 위해 투자를 할 수도 있다. 전통적인 벤처 캐피털 회사는 우리와 같은 수준의 기술적 기업 실사를 하기 위한 지식 자산—수천 명의 기술자와 마케팅 담당자 형태—이 없다. 나는 단순히 돈을 투자하는 것 이상을 하길 원한다."

인텔 캐피털을 통해, 인텔은 회사의 전략적 관심을 지지해 컴퓨터 플랫폼을 개선하기 위한 영역에 투자했다. 2001년, 인텔 캐피털은 절반 이상을 미국이 아닌 다른 나라에 투자했다. 이는 인텔이 사업을 전 세계로 확대하고, 나아가 해외시장을 개척하려는 전략이었다.

인텔 캐피털의 투자 과정

인텔은 여러 방법으로 외부 투자에 대한 아이디어를 얻는다. 인텔 캐피털 내부 관리자들은 모회사의 특정 사업 영역을 담당하며, 그 사업의 관리자와 긴밀하게 협력한다. 전체적으로, 두 명의 관리자가 그 사업에서 인텔의 전략에 중요할지도 모르는 새로운 동향, 기술, 그리고 이를 확인한다. 또 인텔 관리자들은 마케팅 직원 혹은 외부 연구 프로그램을 통해 개발한 사업과 기술 동향을 직접 체험하여 정보를 얻는다. 비공식적으로 인텔의 기술자와 관리자는 기술과 재정적 공동체에서 정보를 교환하며, 새로 개발한 것을 눈여겨본다.

인텔의 다음 단계는—배다스가 '정말 어려운 일'이라고 말했듯이—전략적이고 재정적인 계약을 제안한 회사와 계약 내용을 협상하는 것이었다. 이 협상에서는 대상 회사의 경영, 대상 회사의 경쟁자와 같은 주제, 개발 계약에 대해 고려하기 위해 인텔에서 투자 프로젝트 허가IPA 회의로 발전된다. 중요한 것은 각각의 IPA 회의가 계약할 때마다 제기되는 중요한 세 가지 질문이었다. 즉 우리는 무엇을 얻을 수 있는가, 우리는 무엇을 제공하는가, 이 투자에서 전략적인 성공은 무엇으로 측정하는가에 대한 대답을 구체화하는 것이다.

IPA에서 결정한 이 전략적 목표에 따라 인텔 캐피털은 대상 회사와 협상하고, 회사 대 회사의 관계를 살펴보고 관리하는 과정을 수립하며 협상을 끝낸다. 인텔은 이사회를 모니터링하는 권한을 얻으려 하겠지만, 인텔 직원들이 인텔과 포트폴리오 회사에 대한 책임 사이에서 신탁 갈등을 겪는 것을 방지하기 위해 투자받은 어떤 회사에서도 이사회 자리에 참석하려고 하지 않는다. 이를 두고 베다스는 "어떤 경우에라도 만일 당신이 회의 이전에 '제공하는 것과 얻는 것'을 명확히 해두지 않는다면, 회의를 소집해 자리에 앉아 있는 것은 의미가 없다"라고 말했다.

인텔의 관점에서 볼 때, 투자받은 회사는 제품의 성능을 개선할 수 있는 기술 원조를 얻을 수 있고, 기술 설계서 개발에 합작할 수 있을 것이다. 게다가 이 회사들은 인텔 제품의 미래 계획에 대한 통찰력을 얻을 수 있고, 인텔의 마케팅 프로그램에 참여할 수 있으며, 인텔의 판매 경로를 이용할 수 있을 것이다. IPA 회의에서 결정된 '제공하는 것과 얻는 것'은 인텔이 제품 성능을 특정 수준까지 끌어올리기를 원한다면, 회사의 부가적 역할에 대한 보증을 서류 형태로 명시할 수 있을 것이다.

만일 인텔 캐피털이 투자하기로 결정한다면, 보통 인텔 캐피털을 통해서가 아닌 기술과 가장 관련이 깊은 인텔의 사업팀을 통해 투자를 관리한다. 하지만 벤처 기업이 가장 우려하는 것이 재정 문제라면, 인텔 캐피털 관리자들이 그 문제를 해결하는 데 큰 역할을 한다. 어떤 사람이 그 역할을 하느냐에 관계없이 인텔은 투자 후 계약 이행을 평가하기 위해 분기마다 포트폴리오에 있는 모든 회사의 IPA 기준를 재검토한다. 배다스는 이렇게 말했다.

"인텔에는 오래된 속담이 하나 있는데, 루 그로브—전직 인텔 CEO이며, 현재 인텔 회장—가 한 말일 것이다. '어떤 것이든 측정하게 되면 더 좋아진다.'"

각각의 분기 보고서는 동향 및 현 활동에 대한 스냅사진 지표가 모두 포함되어 있다. 거래 계약이 인텔의 전략적 목표를 얼마나 충족하고 있는지 분석하기 위해서다. 인텔 캐피털의 부회장이자 부서장인 스티븐 낙스하임은 다음과 같이 말한다.

"당신은 관계를 맺기 위해 '강제 작용'이 필요하다. 관계를 맺는 것은 그것이 꼭 성공하도록 만든다는 것은 아니다. 그것이 더 이상 이치에 맞지 않을 때, 관계를 끊어야 할 때라고 결정한다는 것을 의미하기도 한다. 그것은 결혼이 아니다."

인텔은 투자한 자본에 대한 수익을 얻으려 하지만, 서류 형태로 협상한 전략적 목표를 성취하는 데 더 관심이 있다. 이것은 '기업의 벤처 투자는 순전히 재정적 목표보다는 전략적 목표에 따라야 한다'는 어려운 문제에 대한 불완전한 해결책이다. 그러나 전략적으로 추진된 투자는 원래 재정적으로 평가하고 측정하기가 훨씬 어렵다. 인텔의 접근 방식은 전략적 투자의 성과를 평가할 때 발생할 수 있는 잠재적 문제, 즉 실제 성과가 예상보다 유리하게 간주되도록 투자 목표를 과거로 거슬러 올라가 재정의하는 경향을 해결한다.

이 소급적 재정의는 애초에 투자를 위한 기본을 형성한 장애물을 제거해 목표를 향해 움직인다. 그러나 인텔조차 회사의 기업 벤처 투자에 관한 '인텔의 기업 벤처 투자 결과 판매와 이익이 얼마나 증가했는가?'라는 물음에는 대답을 할 수 없다.

인텔 캐피털의 투자 포트폴리오는 2000년 초에 약 80억 달러(약 9조 7,120억 원)로 평가되었지만, 2002년 6월에는 14억

6,000만 달러(약 1조 7,725억 원)로 떨어져 조롱을 받기도 했다. 비평가들은 인텔이 '마구잡이 투자'를 했다고 비난했다. 그들은 인텔이 자사 경영과 1990년대에 인텔이 한 800개 이상의 투자와 2002년 6월에 유지한 475개의 투자를 통합할 수 없다고 주장했다. 그러나 이 비난은 인텔의 투자 전략 핵심을 놓치고 있다. 인텔이 투자한 전략적 가치는 그 투자가 인텔 제품에 대한 수요를 늘린다면 정당화할 수 있다. 인텔은 모든 투자를 면밀히 관리할 필요가 없는데, 일반적으로 벤처 회사의 성장을 지휘하고 감시하는 벤처 캐피털 회사와 함께 공동으로 투자하기 때문이다. 게다가 인텔이 보유한 포트폴리오의 현 시장 가치를 드러내는 측량법은 내부적 학습, 개발 혹은 인텔의 투자 활동 결과로 자사 제품의 증가한 판매량을 고려하지 않았다.

인텔은 2000년에 시작한 투자에 대해 재정적 수익을 과대광고함으로써 투자의 이론적 근거에 혼란을 일으켰다. 재무적 수익에 대한 이 광고는 높은 수익률이 인텔의 전략적 목표에서 2차적 문제였다는 사실을 모호하게 한다. 그 당시 인텔은 높은 수익률을 올리기 위해 더 많은 투자를 했다. 인텔은 2001년에 큰 손해를 입었음에도 2002년에 기업 벤처 캐피털에 계속 투자했고 미국 내 투자를 줄인 반면, 해외 투자는 크게 늘렸다.

내부 지식과 외부 지식 연결하기

인텔의 접근 방식은 이전의 폐쇄형 기술 혁신 체제와는 전혀 다른 방식으로 개방형 기술 혁신 원칙이 어떻게 내부와 외부 지식을 사용할 수 있는지 흥미로운 사례를 제공한다. 인텔의 연구 철학은 지식을 창출할 때 외부 지향적이다. 그리고 수행할 내부 연구 활동이 어떤 것인지 결정하기 전에 먼저 바깥 동향을 살핀다. 그런 다음 내부와 외부 지식의 개별적인 부분을 어떤 방식으로 연결하고, 이 지식으로 새로운 구조와 시스템을 어떻게 개발할지 고심한다.

인텔은 기업 벤처 캐피털을 이용해 아키텍처를 지원하기 위해 보완적 투자에 의존하는 공급자의 가치 사슬을 형성하고 확장한다. 그리고 인텔의 내부 연구 능력은 일반적으로 대부분의 벤처 투자자에 의해 행해지는 것보다 투자의 기술적 측면에서 더 깊이 있는 기업 조사를 수행하게 한다. 이 투자는 인텔의 가치 네트워크가 시장으로 침투하는 것을 도움이 된다.

인텔의 접근 방식은 외부 지식을 평가하고 활용하는 데 중점을 두기에 빈약한 지식 환경에서는 의미가 없다. 인텔에서 내부 지식 창출 활동은 외부적으로 사용 가능한 지식과 경쟁하려고 하거나 이를 무시하기보다는 그것을 둘러싸고 일어난다. 또 인텔의 기업 벤처 캐피털 투자는 인텔이 전략적으로 관심있어 하는 다양한 영역에서 발생하는 수많은 신생 벤처 기업의 숨겨진 가능성을 인식한다. 어떤 기술 플랫폼을 지원할 것인가, 어떤 시장을 대상으로 할 것인가와 같이 스타트업이 결정한 선택은 인텔의 생태계 성공에 큰 영향을 미친다.

인텔은 핵심 사업을 넘어 잠재적 기술과 시장을 탐색하기 위해 기업 벤처 투자를 활용할 수도 있다. 인텔의 광범위한 투자 포트폴리오는 스타트업의 사업 계획이 뚜렷하게 보이게 하는 효과를 제공하며, 미래를 내다보는 안목을 키워준다. 인텔은 그 이상의 탐색에서 유망해 보이는 약간의 영역을 확인하면 기술적 위험과 기회에 대해 정확히 이해한 뒤 그 영역에서 외부의 뛰어난 학술 연구원을 찾기 위해 내부 연구 활동을 전개한다.

인텔의 접근 방식은 개방형 기술 혁신 시대에 수직적 통합의 위험과 보상에 대해 다른 방식으로 생각해볼 수 있다. 컴퓨터, 소프트웨어, 그 외 제품의 제조를 통합하는 대신 다른 제품을 만드는 회사에 투자해 훨씬 저렴한 비용으로 인텔의 핵심 제품을 위한 수단을 얻는다. 따라서 인텔의 모델은 가치 사슬의 맨 꼭대기에서 아래까지 생태계 구석구석에 도달하지만, 인텔의 실제 생산 제품은 마이크로프로세서와 관련한 반도체 칩에 큰 비중을 두고 있다. 인텔은 수직적 통합으로 IBM이 폐쇄형 기술 혁신 체제에서 성공한 것처럼 빈틈없이 통제하지 않는다. 그러나 학술 연구에 대한 인텔의 자금 지원과 보완적 스타트업에 대한 투자는 인텔이 자사 제품의 범위를 훨씬 넘어서까지 영향력을 행사하게 한다.

미래 전망: 수평선에 몰려드는 구름

인텔의 모델에도 접근 방식에 대한 중요한 한계점과 위험 요소가 남아 있다. 외부 지식의 광범위한 사용과 같은 인텔 접근 방식의 강점은 잠재적 한계점이다. 인텔은 수많은 사업 영역에서 지속적으로 성공하려면 근본적으로 새로운 발견이 필요하다. 개발 향후 5~10년 안에 무어의 법칙이 반도체 산업을 양자 컴퓨터의 영역으로 이끌 것이다. 컴퓨터의 이 새로운 방식에서, 개별적인 순환의 규모는 매우 작아져 물질에서 양자—즉 아원자—효과가 상당히 중요해질 것이다. 양자 컴퓨터는 인텔과 IT 전체 산업에 중요한 연구 및 기술 과제가 될 것이다.

역사적으로 반도체 산업에서 많은 개발을 지원한—특히 군사 산업, AT&T, IBM으로부터—자금은 크게 감소했다. 인텔은 연구 결과물에서 그 어떤 반도체 회사보다 많은 이익을 얻었지만, 공백을 메울 투자를 원하지는 않는다. 만일 무어의 법칙의 속도가 느려진다면 인텔은 자사 제품보다 생산이 느리게 진행된 다른 회사 제품과 경쟁하는 것은 물론, 6개월 혹은 12개월 전의 자사 제품과도 경쟁해야 할 것이다. '랩렛'에 대한 인텔의 새로운 시작은 인텔 모델의 기발한 확장이지만, 그 시작은 수평선에 숨어 있는 양자 컴퓨터의 도전을 다루기에는 규모와 범위 면에서 매우 부족하다. 그리고 대학 연구 공동체가 발견한 효과적인 양자 컴퓨터 구조로 통합하는 것은 인텔이 역사적으로 수행하지 않은 종류의 광범위한 내부 연구, 장기 연구까지 필요로 할 것이다.

인텔은 이 도전을 알고 있다. 선린 초우는 인텔의 기술 혁신 접근 방식의 장점과 문제점을 다음과 같이 묘사했다.

> 우리 모델에는 한계점이 있다. 인텔 내부에는 새로운 브랜드 영역을 조사하는 대규모의 재능 있는 집단이 없다. 이것은 우리가 혁신적 돌파구를 놓치는 원인이 될 것이다. 우리는 스스로에게 물어야 한다. 다음 트랜지스터, 다음 집적회로, 실리콘의 다음 후계자 같은 새롭고 대단한 아이디어는 어디에서 창출될 것인가? 만일 당신이 의도된 연구에서 그 아이디어가 창출될 것이라 믿는다면, 창출 가능성을 늘

리기 위해 집중된 내부 연구 활동에 투자하는 것이 현명하다. 하지만 만일 그다음의 대단한 아이디어가 다양한 영역에서 창출될 것이라 믿는다면, 다양한 연구 원천을 관찰할 수 있도록 스스로 구조화하고 연구 결과가 나왔을 때 빠르게 반응하는 것이 더 현명하다.

제7장

내부 기술로부터 신규 벤처 창조하기

루슨트의 신규 벤처 그룹

제5장과 제6장은 회사의 기술을 활용하기 위한 다른 사업 모델을 개발하기 위해 내부 연구에 헌신하는 회사(IBM), 그리고 회사의 비즈니스 모델을 발전시키기 위해 내부와 외부 연구를 기업의 벤처 캐피털과 결합하는 혁신적 시스템을 갖춘 회사(인텔)의 사례를 살펴보았다. 이 접근 방식은—IBM이 회사의 기술에 대한 허용권을 제공하던 때를 제외하고—외부 지식을 기업 내부로 가져온다. 이 장에서는 내부 지식을 외부 시장으로 가져가는, 기술 혁신을 경영하는 세 번째 접근 방식을 검토할 것이다. 이 접근 방식은 그 과정에서 기술을 상업화하는 새로운 비즈니스 모델을 형성함으로써 내부 기술로부터 외부 벤처 기관을 창조한다.

이 과정의 중요성은 제1장에서 제록스가 사업에 이용할 수 없는 PARC의 내부 기술로 분사를 설립한 것을 통해 살펴보았다. 제4장에서는 유망한 기술로 새로운 벤처 회사를 창조하는 실행 가능한 비즈니스 모델 개발의 중요성을 제시했다. 그런데도 제록스는 비즈니스 모델을 탐색하고 개발하는 체계적인 과정이 부족했다. 내부 기술로 새로운 사업을 창조하는 체계적인 모델은 벨 연구소의 모회사인 루슨트 테크놀로지에서 실행되었다. 이 새로운 모델의 설계자들은 제록스의 경험을 면밀히 연구했고, 그 접근 방식에서 많이 발전했다. 이 진전과 루슨트가 마주한 어려움 때문에 루슨트의 경험은 연구할 만한 가치가 있다.

벨 연구소

폐쇄형 기술 혁신 체제 시절, 벨 연구소는 뛰어난 산업 연구소였다. 벨 연구소에서 트랜지스터를 개발했으며, 우주배경복사cosmic background radiation(우주에서 오는 암흑 물질)를 세계 최초로 탐지했기 때문이다. 뉴저지의 머레이 힐에 있는 연구소 로비에는 벨 연구소 출신의 노벨상 수상자 11명과 다른 권위 있는 과학 표창장을 받은 수십 명의 연구원을 기념하는 액자가 걸려 있다.

벨 연구소는 1980년대부터 해체되기 시작했는데, 1984년 AT&T와 지역 벨 운영 회사들RBOCs이 가장 먼저 해체되었다. 이 해체로 벨 연구소의 일부분이 벨코어Bellcore라 불린 별개의 연구실로 배치되었고, 이후 트리코디아Tricordia로 이름을 바꾸었다. 벨 연구소의 다른 부분은 1996년에 AT&T의 3분할 개편 때 루슨트, AT&T 롱라인AT&T Longlines, NCR이라는 별개의 회사로 분리되었다. 이제 루슨트 테크놀로지에는 벨 연구소의 가장 큰 부분만 남아 있다. 또 루슨트의 마이크로전자공학 사업이 2001년에 어기어Agere로 새롭게 분리 신설되었을 때, 연구실 일부도 그와 함께 분리되었다.

루슨트의 조직 혁신: 루슨트의 신규 벤처 그룹

루슨트는 계속 유지하던 벨 연구소에 뛰어난 연구 조직이 있다는 것을 알고 있었다. 또 자사의 사업에서 루슨트가 연구소의 무한한 가능성을 실현하고 있지 않다는 것도 알았다. 루슨트는 연구소의 잠재 능력을 많이 활용할 수 있기를 원했다. 1997년, 루슨트는 벨 연구소의 모든 기술을 상업화하기 위해 회사 안에 벤처 그룹을 신설했다.

루슨트는 신규 벤처 그룹에 지원할 자금을 결정하기 위해 인텔, 3M, 레이켐Raychem, 서모 일렉트론Thermo Electron, 제록스를 포함한 다른 회사를 벤치마킹했다. 또 계획안을 세우는 직원은 개인적인 벤처 캐피털 공동체와 많은 토론을 진행했다. 이는 이 집단의 접근 방식이 새로운 기술에 자금을 제공하고 상업화하는 데 어떤 방식으로 작용하는지 이해하기 위해서였다. 그들은 신중하게 처리하지 못하면 실패할지도 모른다고 생각했다.

루슨트는 상여금, 위험 부담 감수, 기술 자원과 벨 연구소의 문화로 개인적인 벤처 캐피털의 빠른 의사결정을 통합하는 운영 모델을 형성할 필요가 있다고 판단했다. 사내 신규 벤처 그룹에 중요한 도전은 기업가 정신을 조직의 문화로 더 많이 접목하는 것이었다. 이는 회사의 기술 자원에 숨겨진 사업 기회를 더 빨리 결정하고, 개인이 위험 부담을 더 많이 감수하며, 개인과 동일시하는 것을 필요로 했다.

루슨트는 그에 따른 어려움을 잘 알고 있었다. 루슨트는 데이비드 리들David Liddle이 말한 '실리콘 패러독스Silicon paradox'에 직면했다. "연구를 가장 잘하는 회사들이 연구로부터 이익 창출은 가장 못한다." 루슨트는 내부 벤처 캐피털이 새로운 기술이 시장으로 향하는 다른 경로를 찾도록 도와줌으로써 실리콘 패러독스에 대처할 수 있을 거라고 생각했다.

사내 신규 벤처 그룹의 기술 혁신 모델

사내 신규 벤처 그룹의 과제는 '시장에 더 빠른 속도로 혁신을 가져오는 새로운 벤처를 만들기 위해, 그리고 속도, 팀워크, 위험 부담을 감수하고 보상하는 기업 환경을 더 많이 형성하기 위해 루슨트 기술을 활용하는 것'이었다. 이 과제를 수행함으로써 팀은 그들이 다른 사업 구조와 외부 협력자를 활용해 새로운 주요 사업에 착수하는 벤처를 구축하는 목표를 실현하고 싶어 했다. 또한 벤처 투자 자산에서 전체 20% 이상의 수익률을 달성한다는 목표를 세웠다. 인텔 캐피털 조직처럼 사내 신규 벤처 그룹의 투자는 자립해야 했다. 루슨트는 회사의 기술에 대한 내부 벤처 투자에 보조금을 지급하지 않을 생각이었다.

그러나 동시에 루슨트는 신규 벤처 그룹이 루슨트 내부의 기술 혁신 과정을 훼손하지 않도록 신중을 기해야 했다. 루슨트는 사내에서 프로젝트를 개발하는 연구원들이 신규벤처 그룹으로 옮기는 것을 원하지 않았다. 그들은 기술 혁신 과정이 루슨트 본사의 사업을 지지하는 데 중점을 두기를 원했다. 이는 연구 결과를 시장으로 가져가기 위한 새로운 유통 경로 개발과 루슨트 사업에서 실행 가능한 만큼의 연구에 중점을 두는 데서 미묘한 균형을 유지해야 했다.

이 균형을 위해 사내 신규 벤처 그룹은 내부적으로 '유령 세계Phantom World'라고 알려진 것을 의식적으로 형성했다. '유령 세계'는 루슨트 외부에 존재하는 것이 아니라, 내부 벤처 캐피털 조직 일부와 대규모의 기술 기반 회사 내부의 사업 개발 활동 일부가 혼합된 것이었다. 유령 세계는 외부 벤처 캐피털을 획득하기 위해 직접 밖으로 나갈 준비가 안 된 사람들과 루슨트 내부에서 아이디어를 개발하게 하는 중간 지점으로 생각될 수 있었다. 문화적 차이 극복에 민감해지면서 그리고 위험과 보상의 올바른 혼합에 대해 민감해지면서, 유령 세계는 아이디어를 벨 연구소에서 루슨트의 전통적인 사업 경로의 외부 시장으로 옮기기 위한 발사대를 형성했다.

〔그림 7-1〕은 사내 신규 벤처 그룹이 어떤 방식으로 내부 혁신 과정의 보호와 루슨트 기술을 위한 시장으로 외부 경로 개발의 균형을 맞추는지에 대한 논리 도식을 나타낸다. 과정은 사내 신규 벤처 그룹의 책임자와 루슨트 연구원 사이의 정기적인 비공식 회의로 시작했다. 그들은 아이디어와 프로젝트를 함께 검토했고, 사내 신규 벤처 그룹 책임자는 연구소 내부 아이디어가 독립적인 벤처를 통해 시장에 내놓게 될 것이라는 점을 깨달았을 것이다. 책임자는 외부 상업화를 위

한 그 아이디어를 '지명'할 수 있었다. 일단 새로운 아이디어 혹은 연구 결과를 지명하면 루슨트의 내부 사업 그룹은 그 기술에 대해 우선권을 부여받았다. 그들은 기술과 비즈니스 모델 사이에서 그들이 지각한 전략적인 적응을 평가했을 것이다. 만일 사업팀이 기술을 사용하고 기술에 대한 자금을 제공받길 원한다면 그 기술은 연구실에서 사업팀으로 이동할 것이다. 그 기술은 반드시 그 팀의 비즈니스 모델 혹은 그 비즈니스 모델의 새로운 변화에 들어가게 되고, 사업은 증가된 수익과 영업 수입을 통해 그 기술에서 가치를 얻었을 것이다. 사업팀은 길게는 9개월, 이후에는 3개월로 줄어든 일정 기간 안에 결정을 내려야 했다. 결과적으로 사업팀은 지명된 기술을 막연히 기다릴 수 없었다. 연구와 개발의 예산상 단절은 제2장에서 설명했다.

하지만 어떤 기술 기회는 현 사업과 전략적으로 맞지 않았다. 이는 그 기회들이 극단적이거나 현 사업의 영역 사이에 존재한 '틈새'를 다루었기 때문일 것이다. 만일 그 때문에 사업팀이 아이디어나 기술에 대한 책임을 받아들이고 자금을 제공하는 것을 거절한다면, 사내 신규 벤처 그룹은 이 아이디어를 스스로 시장에 가져갈 기회가 생긴다. 우선, 사내 신규 벤처 그룹은 이 기술을 위한 비즈니스 모델을 개발한다. 그런 다음 그 기술을 위한 적당한 '출구', 특히 그 기술이 어

그림 7-1 새로운 기술을 상업화하기 위한 사내 신규 벤처 그룹의 혁신 모델: 가치 획득 구조

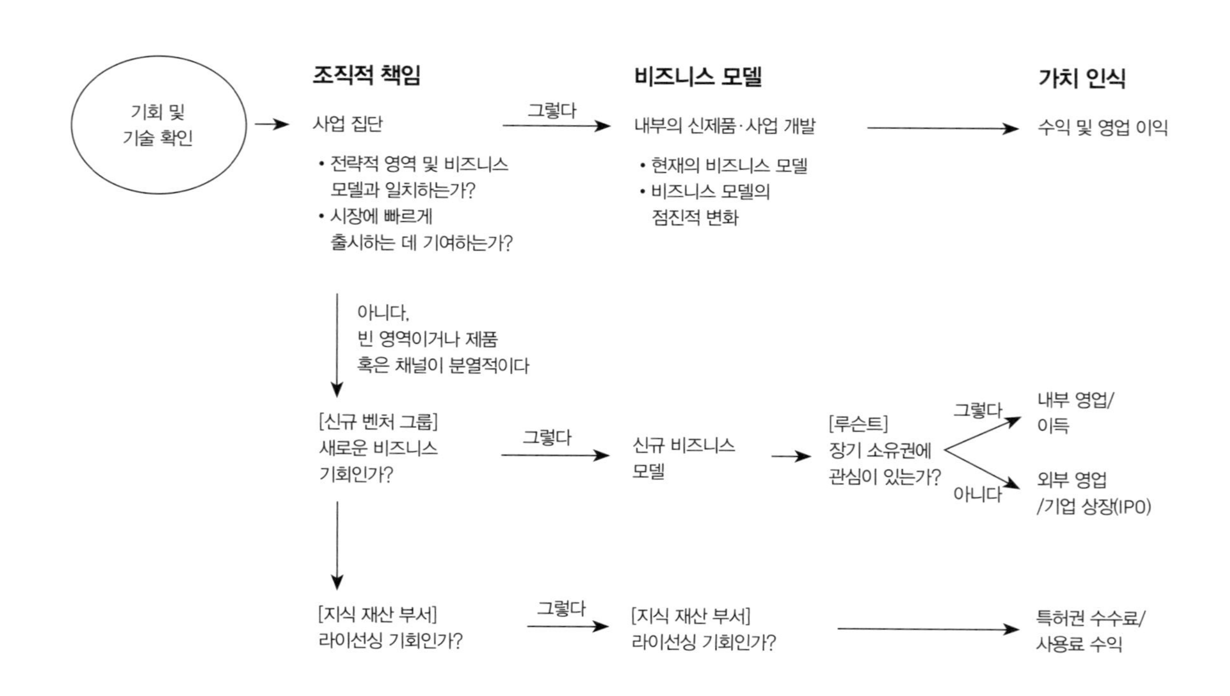

떤 시점에 루슨트로 다시 돌아올지 혹은 그 기술이 독립 회사가 될 가능성이 있는지를 고려한다. 후자의 경우, 새로운 회사는 다른 회사에 이익을 보고 팔리거나 주식시장에 상장할 것이다.

사내 신규 벤처 그룹은 기술을 상업화하지 않기로 결정할지도 모른다. 그렇다면 그 기술은 루슨트의 지식 재산 이전 조직을 통해 다른 회사가 외부 허용권을 이용할 수 있을 것이다. 이 경우, 인가받은 회사는 그 기술을 자신의 비즈니스 모델에 이용할 것이다. 루슨트가 2001년에 특허권에 대한 보상으로 4억 달러(약 4,900억 원) 이상을 받았다는 것을 고려하면, 이 선택권 역시 자주 사용되었다. 따라서 벨 연구소의 기술을 위한 시장 경로는 주로 그 기술에 가장 유망한 비즈니스 모델이 있는 곳에 의존했다.

아이디어를 제공하고 이 과정을 관리하는 것은 사내 신규 벤처 그룹과 벨 연구소 혹은 루슨트 사업 집단 내부의 많은 책임자 간에 광범위한 상호작용이 필요하다. 사내 신규 벤처 그룹은 연구소 책임자와 자체적으로 관계를 발전시키는 내부 사업 개발 집단을 형성했다. 사내 신규 벤처 그룹 직원은 기술 '스카우터'가 되었고, 전형적으로 기술 분야와 경영 컨설팅에 대한 배경 지식이 있었다. 그들은 다양한 연구소 책임자로부터 그들이 흥미로운 선도라고 생각하는 것을 발견하고, 이 아이디어를 평가하기 위해 사내 신규 벤처 그룹의 선임 직원에게 다시 가져다 줄 것이다.

제4장에서 설명했듯이, 초기 단계의 벤처를 상업화하는 데에는 엄청난 양의 기술적인 시장의 불확실성을 수반한다. 사내 신규 벤처 그룹은 이 벤처에 대한 투자를 신중하게 계획해서 이 불확실성을 처리했다. '초기 평가' 단계에 자금 지원 수준은 5만 달러와 10만 달러로 제한되며, 보통 2~3개월간 지속되었다. 만일 프로젝트가 유망해 보이면 더 철저한 '시장 자격 제한' 단계에서 승인을 받아야 했다. 이 기간, 사내 신규 벤처 그룹은 그 사업팀을 한데 모아 사업 계획 개발, 제품 개발, 소비자 평가와 시험에 집중했다. 이 단계에서 자금 지원은 보통 5만 달러에서 100만 달러였으며, 기간은 3개월에서 12개월이었다.

상업화 과정에서 가장 오래 걸리고 비용이 많이 드는 단계는 '사업 상업화'였는데, 이는 사업 계획의 승인과 벤처 재검토 후에 일어났다. 이 단계에서 벤처팀은 사업 구조를 확립하기 위해 노력했고, 제품 상업화와 시장 진출에 집중했다. 사내 신규 벤처 그룹은 처음에 독자적으로 자금을 지원하려 했지만, 시간이 흐르면서 외부 벤처 투자자와 분담하기로 결정했다. 외부 벤처 투자자의 합류는 사내 신규 벤처 그룹의 벤처에 대한 상업적 가능성에서 긍정적으로 평가되었으며,

외부 벤처 투자자의 참여는 루슨트가 내부 벤처를 위해 필요한 자금의 공급량을 감소시켰다.

일단 자금을 지원받으면 독립적인 실체로서 작업을 시작했다. 만일 일이 잘 풀리면 벤처는 마지막 단계—'가치 실현' 혹은 출구—가 시작되기 전에 출구 전략에 대한 엄격한 재검토를 통과했다. 이 단계에 대해서는 내부 획득, 주식 상장, 사적 거래, 기술 허용권, 기술 공정 거래, 파산 등의 선택권이 있었다. 출구 결정은 루슨트와 전략적인 적합성 혹은 운영 능력과 같은 여러 요소를 기반으로 이루어졌다. 예를 들어, 루슨트와 전략적으로 잘 맞지 않는 벤처는 루슨트 내부에서 이용할 수 없는 상당한 운영 능력이 필요했거나, 완전히 새로운 고객과 시장으로 루슨트를 밀어 넣으려는 벤처는 파트너나 라이선스에 의한 인수를 통해 종료될 가능성이 높았다. 이와 반대 성향의 벤처들은 루슨트가 인수했을 것이다.

이 과정은 그룹에 효과가 있었다. 루슨트는 2001년 3월까지 26개 회사의 포트폴리오를 가지고 있었는데, 그중 19개는 다음 목록에 제시되어 있다.

사내 신규 벤처 그룹 벤처 회사들	기업 연합한 신규 벤처 그룹 벤처 회사들
• EC&S	• 페이스 투 페이스Face2Face
• 풀 뷰Full View	• 루슨트 디지털 라디오Lucent Digital Radio
• 루슨트 퍼블릭 세이프티 시스템스 Lucent Public Safety Systems	• 퍼시스턴트Persystant
• 넷칼리브레이트NetCalibrate	• 사이로스Siros
• 서배저Savaje	• 탈라아리언Talarian
	• 베리디콤Veridicom
	• 비디오넷VideoNet
	• 비주얼 인사이츠VisualInsights
	• 워치마크Watchmark

파산을 경험한 벤처들
• 엘러미디어Elemedia(루슨트가 재인수)
• 루슨트 디지털 비디오Lucent Digital Video(루슨트가 재인수)
• 맵스 온 어스Maps on Us(루슨트가 재인수)
• 노테이블Noteable
• 스피치Speech

벤처 대부분은 루슨트에 전략적 관심이 있는 인터넷, 네트워킹, 소프트웨어, 무선, 디지털 방송 분야였다. 20개의 벤처는 스타트업이 되었다. 나머지 여섯 개의 활발한 벤처는 기술을 자본으로 사업을 시작했다. 후자의 거래에서 팀은 시장

영역에서 훌륭한 기술을 개발했지만, 제품이 독립적인 벤처를 허가하기에는 충분한 결과를 산출하지 못했다. 이들을 위해 그룹은 벤처의 후원을 받는 회사와 협력해 벨 연구소의 기술을 허용하는 대가로 스타트업의 지분을 받았다.

위험과 보상을 위한 사내 신규 벤처 그룹의 혼합 모델

루슨트는 사내 신규 벤처 그룹을 벤처 투자자와 같은 기능을 할 필요성과 루슨트의 전체적인 사업 목표에 결합할 필요성이 균형을 맞추도록 설계했다. 〔표 7-1〕에 나타나 있듯이, 사내 신규 벤처 그룹은 사적인 벤처 투자자의 특성을 완전히 모방하지는 않았다. 예를 들어, 신규 벤처 그룹이 자금을 지원한 벤처의 책임자에게 지급한 상여금을 생각해보자. 사내 신규 벤처 그룹은 보통 벨 연구소를 통해 이용할 수 있는 것에 비해 보상이 좀 더 많은 가상 지분 보상 체계를 제공했다. 그 체계는 사내 신규 벤처 그룹이 후원하는 벤처에 참여하길 원하는 직원에게 어느 정도 위험을 안겨주었다. 그러나 위험과 보상은 개별적으로 벤처 캐피털에 의해 자금을 지원받는 구조에서 발견되는 것보다는 훨씬 덜 극단적이었다. 재무 원칙, 모니터링, 투자 시기 한계, 투자 자본의 규모와 같은 다른 차원에 대한 이 요인의 결과적인 균형은 〔표 7-1〕에 나타나

표 7-1 내부 사업 개발 및 개인 벤처 캐피털 모델과 비교한 루슨트의 신규 벤처 그룹 운영 모델 디자인

특성	등급	등급 설명
상여금	3	가상 지분을 사용함
하향세에 대한 재무 원칙	5	단계적인 자금 지원을 사용함
모니터링	4	외부 벤처 투자자, 위원회
대안적인 비즈니스 모델 발견하기	4	외부 위원회, 최고 경영자
투자 시기 한계	1	특정한 자금 제공 기간이 없음
투자 자본의 규모	3	더 큰 규모의 계약으로 이전함
상보적 상태의 조화	3	재획득을 증가함
집단 학습의 유지	1	하락세의 경력을 제한함

* 1등급부터 5등급까지 있다. 1등급은 내부 사업 개발 모델과 비슷한 사내 신규 벤처 그룹, 5등급은 사적인 벤처 캐피털 모델과 가장 비슷한 사내 신규 벤처 그룹을 나타낸다.

있다.

사내 신규 벤처 그룹의 운영 모델 설계는 신규 벤처 그룹이 각각의 새로운 벤처를 이끌도록 한 루슨트에 함축적 의미가 크다. 처음에 루슨트 연구원들은 아이디어를 벨 연구소 밖으로 내보내 시장으로 밀어 넣는 기업가가 되기 위해 열심이었다. 그들은 아이디어가 실행되는 것을 관찰할 기회를 노렸다. 그리고 루슨트의 사업 혹은 벤처 캐피털의 자금으로 새로운 사업을 시작한 기업가만큼이나 그들의 연구를 상업화하는 것이 효과적이라 생각했다. 어쨌든 루슨트의 연구원은 대부분 박사 학위를 딴 공학자였다.

하지만 루슨트는 새로운 벤처에서 스톡옵션을 통한 부가적 보상의 가능성은 동시에 어떤 부가적인 위험을 동반해야 마땅하다고 생각했다. 루슨트는 연구원이 새로운 벤처에 참여하려면 연봉의 10~25%에 달하는 연간 보너스를 포기할 것을 요구했다. 이 희생은 연구원들이 어느 정도 위험을 감수해야 한다는 것을 의미했다. 많은 스타트업의 기준에 따르면 그리 큰 위험은 아니지만, 많은 연구원이 새로운 벤처에서 기술을 추구하는 것을 단념하기에 충분했다. 하지만 그중 몇 명은 기업가가 되는 기회를 잡으려 했고, 기꺼이 연구 결과를 시장으로 가져갈 마음이 있었다.

얼마 후 루슨트는 벤처를 이끌기 위해 외부에서 책임자를 데려왔다. [표 7-1]에 나타난 신규 벤처 그룹의 운영 모델은 외부에서 데려올 수 있는 사람에게도 영향을 미친다. 더 큰 회사에서의 운영 경험이 없는 순수한 기업가는 사내 신규 벤처 그룹 작동 모델에서 효과적으로 기능하지 못할 수도 있다. 그리고 기업의 총경비, 연간 경영 계획 혹은 회사 전체의 노동 안전, 환경, 다른 기업 정책과 인사권을 절대로 이해하지 못할 가능성이 있다. 새로운 기술을 상업화하기 위해 루슨트에서 일하는 것이 엄청난 좌절감을 줄 수도 있다는 것을 알아챘을 것이다.

〔표 7-1〕의 신규 벤처 그룹 모델은 사적인 벤처 캐피털의 통제 특징을 어느 정도 모방하고 있다. 벤처 캐피털 회사에 의한 투자 협정과 매우 유사한, 단계적인 자금 지원의 증가를 통해 개별적인 벤처에 자금이 주어진다. 아홉 개의 벤처에서, 신규 벤처 그룹은 외부 벤처 회사와 공동 투자했으며, 외부 벤처 협력자를 투자 위원회로 초대했다. 이를 통해 모니터링 및 감독을 하는 데 도움이 되었다. 그리고 신규 벤처 그룹의 벤처들이 적절한 CEO 후보자와 유망한 비즈니스 모델 접근 방식을 식별하기 쉽도록 몇 개의 외부 벤처 캐피털 네트워크 연락망에 접근하게 했다.

하지만 신규 벤처 그룹은 기업이 벤처에 투자하는 것의 잠재적이고 구조적인 이점을 활용했다. 신규 벤처 그룹 책임자는 특히 루슨트의 자산과 상호보완적 상태의 어떤 것이라도 탐색할 수 있는 프로젝트에 관심이 있었다. 제6장에서 인텔의 기업 벤처 투자 예를 들었듯이, 많은 신규 벤처 그룹의 실사 과정에서 내부 루슨트 사업 책임자와 벨 연구소 기술자가 광범위하게 토론한다. 그들의 전문 지식은 신규 벤처 그룹이 중요한 산업 추세와 루슨트의 내부 제품에서 빠진 요소를 확인하고, 새로운 제품과 서비스 제공에 대한 루슨트 고객의 욕구를 이해하게 했다. 또 이 토론은 새로운 벤처 사업 가능성을 확인하고, 벤처를 루슨트 사업의 전체적이고 전략적인 방향과 일치시키는 데 도움이 되었다. 벨 연구소에서 일하는 기술 책임자의 관점을 더 넓은 방향과 기회로 확장하는 데에도 큰 역할을 했다.

루슨트의 디지털 비디오: 작동하는 신규 벤처 그룹 프로세스의 사례

벤처가 어떤 방식으로 상업화의 전 과정을 끝까지 해냈는지에 대한 사례는 루슨트 디지털 비디오 사업LDV에서 확인할 수 있다. 1996년 가을, 벨 연구소 연구원 폴 윌포드Paul Wilford는 디지털화된 네트워크의 중심인 디지털화된 비디오 콘텐츠를 출시하는 것을 기대하며, 아날로그 신호를 디지털 신호로 전환할 수 있는 기술을 연구했다. 이는 차세대 네트워크를 개발하는 것이었다. 루슨트 부사장 빅터 로렌스Victor Lawrence는 현재 어떤 사업팀에서도 그 기술에 대한 수요가 없음에도 윌포드가 연구를 꾸준히 할 수 있도록 격려했다. 내부 루슨트 기술 박람회에서 신규 벤처 그룹은 윌포드가 어떤 연구를 하는지 알게 되었다.

그 결과, 신규 벤처 그룹의 일원인 스티브 스콜로프Steve Socolof는 그 제품을 개발할 사업팀과 함께 일하기 시작했다. 그 당시 새로운 시장을 위한 소규모 시장은 초기에 3,000만~4,000만 달러(약 366억~488억 원)로 예측되었다. 이 예측은 루슨트의 흥미를 끌 만큼 크지 않았기에 루슨트의 사업팀은 내부 개발에 자금 지원을 떠넘겼다. 덕분에 신규 벤처 그룹은 이 기술을 상업화할 수 있는 기회를 얻었다. 이 과정에서 신규 벤처 그룹은 개발에 공동으로 참여할 다른 비즈니스 집단에서 이를 도와줄 후원자를 찾으려 노력했다—하지만 이 집단은 개발에 따른 자금을 제공할 필요가 없었을 것이다. 신규 벤처 그룹의 사장 톰 울먼은 팀을 핵심적인 전화 회사 외의 모든 채널에 대해 루슨트의 북미 마케팅을 담당하던 중역과 연결해주었다. 이 공동 후원자와 회의를 한 끝에 팀은 몇 개의 사업 계획서를 만들었다.

새로운 벤처와 루슨트 마케팅 채널의 결합은 서로에게 이익이었다. 벤처는 결과적으로 고객이 되거나 기술의 판매 경로가 될지도 모르는, 안목 있는 시장 참여자에게 그 아이디어가 가치 있다는 반응을 얻었다. 벨 연구소의 프로젝트가 밖으로 나오기 전까지는 얻기 힘든 피드백이었다. 대부분의 연구소 프로젝트에 대한 시장의 반응은 루슨트의 사업팀이 새로운 기술의 평가에서 연간 손익 관계에 따라 걸러냈기 때문이다. 또 이 결합은 루슨트의 마케팅 채널에 유용했다. 그들은 보통 연구소 내부에서 보기 전에 초기 기술을 새롭게 살펴보았고, 이 새로운 기술은 중단기적으로 그들의 사업에 영향을 미칠지도 모르는 새로운 가능성을 보여주었다.

1997년 10월의 초기 투자 협정은 수백만 달러의 가치가 있었다. 신규 벤처 그룹은 외부 경영진인 안드레아 파파니콜라우Andreas Papanicalou를 최고 경영자로 스카우트했고, 울먼과 소콜로프를 포함한 이사회를 설립했다. 2년 후 1,500만(약 183억 원)달러에서 2,000만 달러(약 245억 원)로 매출이 올랐고, 다음 해에는 2,500만(약 305억 300만 원)달러에서 3,000만 달러(약 366억 300만 원)의 매출을 기대하게 했다. 이때 소콜로프는 "그것은 1999년 여름의 일인데, 우리는 지금이 루슨트의 외부로 벤처를 데리고 나갈 기회라고 결정했다. 우리는 수행된 사업의 외부 평가를 몇 번이나 했고, 그 평가에 따라 외부 사업 협력자와 비공식적으로 약간의 합병 논의가 있었다. 그 후 이번에는 기술을 어디로 데려갈지 생각했다"라고 말했다.

루슨트의 광학 네트워킹 그룹Optical Networking Group은 이제 사업에 관심을 보였다. 1997년에서 1999년 사이, 루슨트 디지털 비디오의 변환기인 디지털 엔코더Digital encoder를 제품에 끼워 넣는 능력에 힘입어 루슨트는 중국에 광섬유 전송 시스템Fiber-optic transmission systems(빛 신호를 전달하는 가느다

란 유리 또는 플라스틱 섬유를 통해 많은 양의 데이터를 멀리까지 전달할 수 있는 시스템—편집자)을 수백만 달러에 판매했다. 그 당시 광학 네트워킹 그룹은 벤처를 다시 획득하기 위해 신규 벤처 그룹과 협상하기 시작했다. 벤처에 대한 기업 실사 후 광학 네트워킹 그룹은 그들이 루슨트의 인수관리위원회에 제시한 사업 인수 사례를 가지고 돌아왔다. 또 루슨트의 합병과 인수 집단은 적정한 시장 가격을 형성하도록 벤처에 대한 외부 입찰을 요청했다. 짧은 협상을 거친 후 광학 네트워킹 그룹은 사업을 인수했다. 루슨트 디지털 비디오 벤처의 내부 인수가 없었다면 루슨트는 디지털 네트워크 비디오 시장에 훨씬 더 나중에 진입했을 것이다.

신규 벤처 그룹의 구조적 특성상 단순히 하나의 그룹에서 다른 그룹으로 디지털 비디오팀이 옮겨간 것을 뜻하는 것은 아니었다. 대신 광학 네트워킹 그룹은 신규 벤처 집단에 벤처에 대한 정당한 가격을 지급했다. 실제로 벤처 책임자와 핵심 직원은 보유 지분의 일부에 대해 막대한 프리미엄을 얻었다. 이는 루슨트 디지털 비디오가 외부 회사에 의해 인수되었다면 그들이 받았을 몫과 같은 수준이었다. 신규 벤처 그룹 책임자들은 자체 보상으로 벤처에서 창출한 엄청난 가치 상승에 대해 신용을 받을 수 있었다. 하지만 신규 벤처 그룹이 대부분 벤처 회사를 소유하고 있었기 때문에, 루슨트이 지급한 많은 인수금은 사실상 스스로 수표를 써준 것과 같았다.

루슨트 기술의 '또 다른 견해':
부정 오류 수정하기

루슨트가 불과 2년 만에 광학 비디오 녹화 장치에 대해 얼마만큼 배웠는지 주목해보자. 소규모 틈새시장을 겨냥한 것으로 간주되었던 기술 프로젝트가 실제로 시장에 진입했을 때, 판매가 꾸준히 증가하고 다른 제품을 판매하는 견인차 역할을 했다. 1997년, 사업팀의 예측—'그것은 틈새시장일 뿐이고, 우리는 거기에 관심이 없다'—은 2년 후 결과를 통해 완전히 바뀌었다. 벤처는 1,500만~2,000만 달러의 매출을 올렸고, 다음 해에는 2,500만~3,000만 달러의 매출을 기대할 수 있었다. 게다가 루슨트가 핵심 고객과 거래를 하는 데 큰 도움을 주었다.

루슨트 디지털 비디오를 위해 변경한 경로는 벨 연구소의 기술 대부분이 절대로 받지 못한, 강력한 '또 다른 의견'이 되었다. 만일 사업팀이 기술에 자금을 지원하길 원하지 않는다면, 기술에 대한 항소는 없는 셈이었다. 초기의 판단은 문제에 대한 결정적인 기능을 했다. 초기 기술 판단은 기술적으로 매우 높고, 시장이 불확실했으며, 자료가 거의 없는 상태에서 결정되었다. 그러한 환경에서는 오류가 생길 가능성이 높지만, 그 오류를 수정할 기회가 없다.

루슨트의 상업화 프로세스는 신규 벤처 그룹 없이 '긍정 오류'를 수정하는 여러 방법을 제공했다. 이는 처음에는 긍정 오류를 유망한 것으로 판단했지만, 나중에는 중단된 프로젝트에 대한 오류다. 루슨트에 '부족했던' 것은 '부정 오류'를 관리하는 과정이었다. 다시 말해 처음에는 프로젝트가 가능성이 없다고 판단했지만 나중에는 가치가 있다고 판명하는 것이었다. 루슨트의 내부에는 초기 판단을 재고할 방법이 없었다. 신규 벤처 그룹이 그런 오류를 다루는 프로세스를 제공했다. 물론 사내 신규 벤처 그룹도 가끔 판단에 오류가 있었지만, 전반적으로 루슨트는 그 과정의 일환으로 신규 벤처 그룹과 함께하는 것이 함께하지 않는 것에 비해 부정 오류를 수정할 가능성이 더 높았다.

루슨트의 사업 그룹은 개발 중 언제든 신규 벤처 그룹의 벤처에 참여할 수 있었다. 규모가 큰 사업팀은 처음부터 많은 수의 새로운 벤처에 자금을 지원하는 위험을 감수하지 않을 것이다. 하지만 이 벤처에 대한 신규 벤처 그룹의 투자와 벤처 개발 결과, 사업팀은 새로운 비즈니스의 성장을 확인할 수 있었다. 또 사업팀은 적정한 시장 가격으로 벤처 사업에 투자한 만큼, 어떠한 시점에서든 내부적으로 벤처를 획득할 수 있었다. 따라서 신규 벤처 그룹은 루슨트의 사업 그룹에서 기술의 두 번째 원천과 같은 역할을 했다.

루슨트의 기술 혁신 시스템에 담겨있는 신규 벤처 그룹의 이점이 또 있다. 바로 벨 연구소의 많은 연구원이 잠재적으로 그들의 아이디어에 관심이 있을지도 모르는 다른 그룹의 존재를 중요하게 생각했다는 점이다. 루슨트는 신규 벤처 그룹 프로그램으로 인재를 스카우트하는 데에서도 이점을 발견했다. 회사에서 박사를 새로 고용할 때 가장 큰 경쟁자는 다른 회사의 연구소가 아니라 스타트업이었다. 이에 신규 벤처 그룹은 루슨트가 박사학위를 취득한 과학자와 공학자를 영입하는 데 도움을 주었다. 그 인재들은 루슨트가 벤처 그룹을 통해 아이디어를 시장으로 내놓는 두 번째 경로를 제공해 세계적 수준의 연구 기관에 참여하게 된 것을 높이 평가하는 이들이었다.

신규 벤처 그룹으로부터 얻은 중요한 이점이 또 있다. 울먼이 '기업 연합 전략'이라고 표현한 것이다. 높은 수준의 가능성 있는 벤처를 만드는 신규 벤처 그룹의 능력에 대해 영리하고 훌륭한 다수의 벤처 캐피털 회사가 투자할 수 있게 했다. 2000년, 기업 실사를 수행하고 신규 벤처 그룹의 벤처에 1억 6000만 달러(약 1,951억 4,000만 원) 이상의 자본을 투자하는 30명의 외부 벤처 투자자가 있었다. 이 투자 수준은 루슨트와 관계된 기술의 질을 나타낸다. 덧붙여, 외부의 공동 투자자는 잠재 시장에 대한 신규 벤처 그룹의 판단에 추가 지식과 전문 기술을 포함시켰고, 그 이상으로 신규 벤처 그룹의 벤처에 자금을 지원하고 개발하는 데 재무적 원칙을 행사했다.

신규 벤처 그룹 프로세스에 숨어있는 루슨트의 가장 큰 혜택은 한 마디로 정의하기 어려운 것이기도 했다. 이는 벨 연구소의 기술을 빨리 출시하기 위해 신규 벤처 그룹이 자극을 준 것이었다. 과거 루슨트의 사업팀은 벨 연구소의 기술을 개발하는 데 자금을 계속 지원할지 결정하기 전에 그 기술을 미리 관찰할 수 있었다.

신규 벤처 그룹의 모델은 다른 사업 그룹이 새로운 잠재적 기술에 대해 결단을 내리도록 압력을 가했다. 일단 신규 벤처 그룹이 연구실에서 흥미로운 기술을 발견하면, 그룹은 재빨리 기술 개발에 착수했다. 그런 다음 신규 벤처 그룹은 사업 그룹으로 넘어가서 그들에게 "지금 말하든가, 아니면 영원히 침묵하라"고 말했다. 그러면 일반적으로 사업 그룹이 결정하는 것보다 훨씬 빠른 속도로 결정하도록 강요했을 것이다. 사업 그룹의 반응은 기술에 투자하고 기술을 가져오는 결정에서 기술에 대한 그 이상의 권리까지 거절하는 것 등 여러 가지가 있다. 어느 쪽이든 신규 벤처 그룹은 그들이 빠른 결정을 내리도록 자극했을 것이다. 이를 두고 신규 벤처 그룹의 부사장 앤드루 가먼은 다음과 같이 회상했다.

> 그룹의 가장 큰 혜택은 시스템의 운영 속도를 증가시킨 것이라고 생각한다. 벤처 세계와 기업 세계의 철학과 정신을 비교해볼 때, 그 차이점 중 하나는 벤처 세계에서는 기술이 색다르고 차별을 둘수록 좋다는 것이다. 직접 비용은 종종 주요 관심사가 아니며 상업화 속도가 경쟁의 기본이다. 이와 대조적으로 기업 세계는 수량, 신뢰도, 상표명으로 승리하는 데 익숙하다. 이 급격한 기술 변화의 시기에 오래된 모델이 기업에 반드시 효과적인 것은 아니다. 그들은 승리하기 위해 오래된 시스템이 그들에게 가르쳐준 것보다 빠르게 움직여야 한다. 우리는 루슨트의 시스템에 새로운 수준의 속도를 도입한 것이다.

이 주장은 개방형 기술 혁신 측면에서 설득력이 있다. 루슨트의 신규 벤처 그룹은 시장으로 향하는 두 번째 경로를 제공했으며 첫 번째 경로의 움직임에 영향을 미쳤다. 신규 벤처 그룹의 존재는 새로운 비즈니스 모델을 위한 탐색 공간을 증가시켰고 벤처 캐피털의 많은 특성을 벨 연구소 기술의 상업화에 접목했다. 신규 벤처 그룹은 많은 벤처에 자금을 지원하기 위해 선두 벤처 투자자와 협력해 추가 자본은 물론 인재를 얻을 수 있었다.

신규 벤처 그룹의 문제점:
전략적 이득, 보상, 주주 가치 측정하기

신규 벤처 그룹 모델도 역시 루슨트 내부에서 논쟁의 여지가 있었다. 이 논쟁의 몇몇은 부적절한 타이밍과 운이 없었던 것 때문에 일어났다. 이는 누군가 신규 벤처 그룹이 해온 일을 모방하려 한다면 반드시 이해해야 할 부분이다. 그러나 논쟁의 일부는 다루기가 어려운, 뿌리 깊은 문제에 원인이 있었다.

한 가지 문제는, 신규 벤처 그룹 프로세스의 가장 중요한 이득을 수치화하기 어렵다는 것이다. 예를 들어, 루슨트는 신규 벤처 그룹이 투입된 후 루슨트의 기술을 얼마만큼 빠르게 시장에 내놓을 수 있었는지 단언할 수 없다. 또 루슨트는 신규 벤처 그룹이 산출한 벤처의 결과는 물론 판매가 얼마나 늘었는지도 알 수 없다. 게다가 신규 벤처 그룹은 만일 그룹이 개입하지 않았다면 상업화한 기술 중 그 무엇도 시장에 내놓지 못했을 거라고 장담하지 못했다. 이러한 전략적 이득은 계산하기 어려웠고 그것은 인텔 캐피털도 마찬가지였다(제6장 참조).

계수화하기 쉬운 것은 신규 벤처 그룹의 벤처에 대한 투자 자본으로 루슨트가 올린 수익이다. 2000년에는 투자 자본의 수익이 70% 이상 증가했지만, 2001년과 2002년에 전기 통신 분야가 쇠퇴하면서 감소했다. 수량화할 수 있는 수치가 감소하면서, 신규 벤처 그룹의 지속적인 전략적 가치를 루슨트에 정당화하는 능력은 더욱 의심스러워졌다.

전략적 이득을 수치화하는 어려움은 새로운 외부 벤처에 자금을 지원하기 위해 내부 벤처 캐피털을 이용하는 데에도 영향을 미친다. 경기가 좋고 수익이 높을 때, 이 접근 방식은 충분히 이용되지 않은 기술을 위한 시장으로 가는 부가적인 경로를 제공한다. 새로운 벤처를 창출하는 것과 함께 이 경로는 기술의 상업화를 내부적으로 촉진할 수 있다. 사실 수익이 높을 때에는 이를 고안한 회사에 부가적 경로 비용을 지급하는 것이 부담되지 않는다. 하지만 경기가 좋지 않고 수익이 감소할 때—특히 적자라면—에 이 접근 방식에 비용이 증가하며, 전략적 이득을 계수화하지 못하면 그 접근 방식을 계속 사용할 수 없게 된다.

신규 벤처 그룹에는 정치적인 비용도 들어가는데, 수익이 감소할 때 이 비용 역시 더욱 증가할 것이다. 루슨트 내부의 어떤 이들은 신규 벤처 그룹을 지정해 수행하는 프로세스로 개발되는 기술을 상업화하는 경쟁은 회사에 유익하지 않고, 신규 벤처 그룹이 인간관계를 기반으로 하는 계약 체결 문화와 비공개 정치를 만들어냈다고 주장했다. 연구소 자원을 주어진 2세대 기술의 응용 프로그램에 투자한 연구소 책임자의 관점에서 보면, 동일한 기술을 4세대 응용 프로그램에 적용해 더 위험한 접근 방식으로 새로운 벤처를 지원하는 신규 벤처 그룹에 어쩌면 기분이 상했을지 모른다.

기술에 제공된 신규 벤처 그룹의 프로세스는 처음 의견이—적어도 개발이 완료된 후—오류로 드러난 책임자를 당혹스럽게 할 수 있다. 루슨트는 신규 벤처 그룹이 시작한 벤처 중 세 개를 다시 인수했는데 이 벤처에 대한 시장 가격을 지급하고 벤처 지도자와 신규 벤처 그룹의 책임자에게 상당한 지분을 주었다. 그러나 신규 벤처 그룹은 루슨트 사업이 이 기술을 내부적으로 상업화하지 않기로 선택한 후에야 비로소 그 기술을 받았다. 이 사업의 책임자들은 루슨트의 최고 경영자에게 재획득이 루슨트에 이점인 이유를 설명해야 했다. 그리고 이 기술을 새로운 벤처로 내보내기로한 그들의 초기 결정으로 다시 조정해야 했다. 물론 이 과정이 사업 책임자들에게 무척 곤란했을 것이다.

정치적 비용은 신규 벤처 그룹이 노력한 결과가 책임자를 통해 구체화되기 시작할 때 더욱 늘어났다. 2001년 상반기까지 신규 벤처 그룹의 포트폴리오는 기술에 대한 루슨트의 재획득, 두 개의 다른 외부 판매, 그리고 그들이 마지막으로 자금을 지원한 시기부터 사적인 벤처의 현재 가치를 통해 측정한 결과 2억 달러(약 2,436억 4,000만 원) 이상의 가치를 창출했다. 신규 벤처 그룹의 책임자는 기본적으로 지분 보유 참여권으로 보상을 받았는데, 이는 그들의 보상이 신규 벤처 그룹 포트폴리오의 주식 배당금에 직접 연관되어 있다는 것을 의미했다. 그래서 신규 벤처 그룹 포트폴리오의 엄청난 가치 획득은 그룹의 책임자에게 큰 보상금을 안겨주었다. 2001년, 신규 벤처 그룹 사장 울먼은 루슨트 내부에서 가장 높은 보상을 받은 사람 중 하나였다.

2001년, 구조조정을 위해 114억 달러(약 13조 9,100억 원)를 떠맡으면서 힘든 시기를 겪은 루슨트는 3만 9천 명의 직원을 해고했다. 해고당하지 않은 루슨트 내부의 고위 관리자들은 그해에 보너스를 받지 않았다. 우먼, 소콜로프를 비롯한 신규 벤처 그룹의 책임자들은 1997년부터 2000년까지 보너스를 받지 못했지만 돈에 연연할 상황이 아니었다. 루슨트는 직원들을 해고하면서도 한편으로는 신규 벤처 그룹의 책임자에게 거액의 보너스를 지급하느라 진땀을 흘렸다.

물론 신규 벤처 그룹의 책임자들은 루슨트를 위해 많은 가치를 창출했다. 그런데 신규 벤처 그룹의 포트폴리오 존재

가치가 루슨트의 주주에게도 생겼다고 보기는 어려웠다. 소콜로프가 말했듯이, "가치는 분명히 창출되었다. 문제는 그 가치를 루슨트의 주주들도 얻고 있느냐" 하는 것이다.

월가의 분석가들조차 이 가치를 루슨트의 주주에게 환원하는 가장 좋은 방법을 알지 못했다. 무선 장비와 소프트웨어 산업에 대한 체이스Chase 본사의 선임 분석가 에드워드 스나이더Edward Snyder는 "루슨트 같은 회사는 공공 시장에서 그들을 측정한 방법이 무엇인지 정의하고, 이 새로운 분사들의—신규 벤처 그룹의—가치를 그 측정법으로 변환하려 노력할 필요가 있다"고 말했다.

스나이더가 말한 의미를 구체적으로 생각해보자. 만약 루슨트가 수익 증가와 자체 운영의 소득을 통해 시장에서 높이 평가받는다면, 사내 신규 벤처 그룹의 활동으로 회사 순이익에 약간의 돈을 추가하는 것은 회사의 본질적 가치에 대한 그의 평가를 변화시키지 않을 것이라는 것이다. 신규 벤처 그룹의 포트폴리오는 반복해서 발생하지 않는 수입으로 취급되는 비영업적 활동이 될 것이다.

이는 새로운 기술에 대한 기업의 포트폴리오를 회사 주주를 위한 가치로 전환하는 것의 어려움을 나타낸다. 반복되지 못하는 수입의 울타리에서 탈출하기 위해 회사는 수치 계산법을 변화해서라도 포트폴리오가 높이 평가되도록 만들어야 할지도 모른다. 그중에서도 벤처 포트폴리오 기술의 미래 성과에 대해 월가에 길잡이 역할을 해야 한다. 그러나 이 벤처들은 불확실하고 예측하기 힘들다.

루슨트의 재정적 혼란은 회사의 고위 경영진에 변화를 초래한 2000년 후반에 더 심해졌다. 그 결과 신규 벤처 그룹은 이전에 벨 연구소와 루슨트 기업의 본사 내부에서 누려온 고위 경영진의 지원을 더 이상 받을 수 없었다. 신규 벤처 그룹의 책임자들은 그 접근 방식의 가치를 루슨트에 되팔았다. 그리고 새로운 벤처 투자 순환의 차이점을 설명하고 새로 바뀐 고위 관리자에게 전혀 다른 보상 메커니즘이 정당하다는 것을 입증해야 했다. 신규 벤처 그룹의 포트폴리오 가치가 높아진 것 그리고 루슨트 주주가 얻는 가치가 증가한 것 사이에 직접적인 연결고리가 부족해 이 아이디어를 파는 노력을 훨씬 더 어렵게 했다.

가능성 있는 기술 혁신 모델을 위한 진혼곡

신규 벤처 그룹 프로세스와 루슨트의 사업 간 긴장은 루슨트의 재정난과 함께 분리 단계에서 정점에 이르렀다. 2002년 1월, 루슨트는 남아있던 27개의 신규 벤처 그룹 주식의 80%를 콜러 캐피털Coller Capital이 이끌던 외부 투자자 그룹에 약

1억 달러를 받고 팔았다. 신규 벤처 그룹의 책임자들은 루슨트를 떠날 테고, 신규 벤처 파트너NVP라 불리던 콜러를 위한 벤처의 포트폴리오를 관리할 것이다. 신규 벤처 파트너의 책임자들이 벨 연구소의 기술로 어떠한 추가적이고 새로운 벤처를 형성하기 위해 벨 연구소와 협력할 것인지는 지켜봐야 한다. 또 신규 벤처 파트너는 떠오르는 첨단 기술에 대한 그들의 접근 방식을 확장하기 위해 선별한 추가 회사의 연구 개발 기관과 협력하고자 시도할 것이다.

제록스와 루슨트에서 벤처 캐피털을 경험한 가먼은 내부 기술을 시장에 내놓기 위한 추가 경로를 관리하는 것의 고충을 토로했다.

> 새로운 벤처 그룹이 더 큰 규모의 조직의 일부분으로 있는, 이와 같은 운영은 종종 그들의 성공 때문에 피해자가 된다. 새로운 벤처를 성공적으로 할수록 더 많은 다른 사업 그룹이 독자적으로 그 벤처를 하려고 할 것이며, 더 많은 기업이 "왜 당신은 그것의 25%가 아닌 100%를 소유하지 않았는가?"라고 말하는 주주들의 비난을 받아야 할 것이다.
> 시간이 흐르면서 이 종류의 모델을 유지하는 것이 어렵다는 것을 보여주며, 나는 미국 기업의 동향이 연구 개발 투자를 감소시키고 있다고 생각한다. 월가는 벤처에 투자하

고 인수하는 것을 통해 연구 개발을 효과적으로 외부에서 수행하는 시스코 모델을 높이 평가하므로 시간이 흐르면서 연구 개발 지출이 감소할 것이고, 연구원도 고용하기 어려워지는 것이 자연스러운 추세라고 생각한다. 그런 까닭에 하나의 비즈니스 모델은 우리가 많은 기업에서 형성한 벤처 경험의 기반을 분할, 상환하는 것이다. 따라서 루슨트는 물론, 이와 같은 집단에서—내부—투자를 정당화하기 위해 적정 연구를 하지 않는 다른 비경쟁 회사도 활용할 수 있게 만들 것이다.

어쩌면 가먼의 주장이 정답일 것이다. 충분히 활용되지 않은 내부 기술로 새로운 벤처를 창출하기 위해 다른 회사와 협력하는 신규 벤처 파트너에게 매력적인 비즈니스 모델이 있을 것이다. 그리고 내부 갈등은 신규 벤처 파트너가 다양한 비경쟁 회사를 위해 일한다면 어느 정도 약화될 것이다.

그러나 벨 연구소는 소중한 것을 잃어버렸다. 비록 약간의 돈을 받고 벤처 포트폴리오를 매각했지만, 루슨트는 이제 내부 기술에서 새로운 벤처를 창출하는 프로세스를 가지고 있지 않았다. 루슨트의 재정적 현실과 신규 벤처 그룹의 과정, 루슨트의 내부 사업 간 불일치로 봤을 때 이는 예정된 결과였다. 벨 연구소는 중요한 연구 개발과 돌파구를 계속 만들 것이다. 그러나 연구소와 루슨트의 사업팀 간 단절도 계속되고, 유망한 기술의 시장 진출 경로도 방해 받을 것이다. 루슨트는 기술을 연구소 밖으로 유출해 시장으로 내놓는 움직임을 자극할 촉매제가 필요하다. 루슨트는 새로운 기술에 대해 다른 의견을 수렴하는 방법과 기술을 위한 비즈니스 모델을 찾아야 한다. 그리고 이 기술은 루슨트의 현 시장뿐만 아니라 미래의 떠오르는 시장에도 가져가야 한다. 전기통신 시장이 불경기일 때, 회사가 추가적으로 성장하기 위한 사업을 탐색하기에 이보다 좋은 기회는 없다.

내부 기술 혁신으로부터 주주를 위한 가치 창출하기

내부 벤처 캐피털의 포트폴리오 이득에 회사의 주주들이 참여하는지의 문제는 여전히 어려운 숙제로 남아 있다. 회사는 새로운 벤처 활동이 어떻게든 그 회사의 외부 자본 시장과 결합하는 동안에는 벤처의 포트폴리오를 주주의 가치로 바꿀 수 없다. 연구 개발 초기의 불확실성은 매출, 이익, 자금 흐름 예측을 어렵게 한다. 모호한 예측은 외부 자본 시장에 전달하기 힘들 것이다. 그런 벤처를 개발할 가능성을 지닌, 산업 연구 개발을 하는 회사들은 이 차이를 연관 짓기 위해 새로운 사업과 재무적 혁신이 필요하다.

내부 기술 혁신을 위해 주주의 가치를 창출하는 문제를 다루는 것에 대한 한 가지 가능성은 '기술 혁신 동맹'을 창조하는 것일지 모른다. 이 동맹은 기업이 외부 자본 공급자와 함께 실행하는 도구—개인 주식회사는 분기 소득 보고에 관심을 두지 않으며, 새로운 벤처의 재정적인 수행의 변화를 잘 견뎌낼 수 있다—일 것이다. 기술 혁신 동맹은 기업의 기술을 상업화하기 위해 창조한 벤처 회사의 포트폴리오 활동에서 얻은 수익을 주주에게 나누어줄 것이다. 또 동맹 주주는 벤처의 포트폴리오를 관리하게 된다. 이번에는 기업이 동맹 주주로부터 벤처의 예상 기간에, 말하자면 7년에서 10년에 걸쳐 끊임없이 보상을 받게 되고, 향후 몇 년간 벤처에 대한 추가 동맹이 발생할 것이다.

그렇다면 회사 자체의 사업으로 가지 않는 이 회사의 혁신에 대한 예측 가능한 보상의 흐름은 분석가가 평가할 것이다. 따라서 새로운 벤처와 주주의 직접적인 연결고리를 형성하는 루슨트의 주식에 대한 가치가 증가할 수 있다. 개인 주식 파트너는 포트폴리오가 만들어낸 주식 위험을 감수한다. 이는 사적으로 형성된 구조는 분기와 연간 수익, 급변하는 소득 흐름에 대해 걱정할 필요가 없다는 것을 의미하기 때문이다.

어떤 점에서는 루슨트가 회사의 신규 벤처 그룹 포트폴리오를 콜러에게 판매한 것을 통해 달성한 성과라 할 수 있다. 하지만 루슨트는 1억 달러의 보상을 한 번만—반복되지 않는 보상을—받았다. 루슨트는 비록 현금을 받았지만, 루슨트 자체의 주가로 자본화되었을지 모르는 시장의 보상은 잃어버렸다. 만일 신규 벤처 파트너가 외부에서 새로운 벤처를 창조할 수 있다면, 그 과정에서 이익을 얻게 될 것이다. 하지만 그 회사들은 벤처에서 받은 어떠한 금전적 이득이 주주에게 전달될 것인지의 문제와 부딪칠 것이다.

루슨트는 신규 벤처 그룹 모델을 창조하고 실행하는 비전을 가진 것에 대해 명성을 얻을 자격이 있다. 벨 연구소의 모회사가 자원 부족으로 시장 여건에 의해 그 모델을 유지하지 못한 것은 안타까운 일이다.

제8장

비즈니스 모델과 지식 재산 관리하기

제7장에서 루슨트가 내부적으로 자금을 공급받은 벤처 분사를 통해 벨 연구소의 기술을 시장으로 가져가기 위한 경로를 어떻게 개발했는지 알아보았다. 제8장에서는 기술을 시장에 내놓기 위한 또 다른 경로인 기술 라이선스에 대해 설명할 것이다.

기술을 라이선스하는 것은 지식 재산 관리의 중요한 부분이다. 회사가 지식 재산을 관리하는 방식은 폐쇄형 기술 혁신 체제에서 운영할 것인지, 아니면 개방형 기술 혁신 체제에서 운영할 것인지에 따라 매우 달라진다. 폐쇄형 기술 혁신 체제는 아이디어를 '개발'하고 그 아이디어를 자사 제품을 통해 상품화해야 한다는 것을 가정한다(제2장 참조). 회사는 아이디어를 개발하고 지속적으로 관리하기 위해, 그리고 다른 사람들이 그 아이디어를 사용하지 못하게 하기 위해 지식 재산을 관리한다. 개방형 기술 혁신 체제는 외부에서 풍부하고 유용한 아이디어를 얻으며, 회사는 지식 재산의 활발한 구매자이자 판매자여야 한다는 것을 가정한다(제3장 참조). 회사는 사업에 이용하기 위해서뿐만 아니라, 회사의 아이디어를 다른 사람들이 사용하는 데에서 이익을 얻기 위해 지식 재산을 관리한다.

비즈니스 모델 또한 지식 재산의 관리에 영향을 미친다. 제4장에서는 회사의 비즈니스 모델을 통해 회사의 기술로부터 가치를 창출하고 획득하는 능력 혹은 무능력에 대해 설명했다. 제8장에서는 외부의 지식 재산을 활용해 어떻게 가치를 창출하는지, 그리고 지식 재산으로부터 가치를 획득하게 해 주는 다른 회사의 비즈니스 모델 한계에 대해 알아본다.

지식 재산 관리를 지지하는 많은 사람이 지식 재산과 회사의 비즈니스 모델 간 연계를 간과한다. 다음 주장을 생각해 보자.

"미국의 기업들은 자그마치 1조 달러(약 1,222조 500억 원)의 특허권 자산을 활용하지 못해 낭비하고 있다. 요즘 주주들의 수익을 극대화하기 위한 기업들의 압박을 감안할 때, 이 기술 자산을 충분히 활용하지 않는 것은 지식 재산에 대해 근시안 또는 회사의 최고 재무 책임자에게 주어지는 가장 큰 기회 중 하나이다."

이는 지식 재산을 옹호하는 사람들이 만들어낸 전형적인

주장이다. 그들은 회사가 지식 재산을 관리하는 데 좀 더 신경 쓴다면 엄청난 잠재적 가치를 얻게 될 거라고 말하는데, 이는 절반만 맞는 말이다. 실제로 회사의 지식 재산에는 보이지 않는 경제적 가치가 있으며 그 차이의 일부는 실현되지 않았다. 그러나 다음에서 논의할 내용처럼 특허권 대부분은 가치가 별로 없으며 어떤 특허권이 가치 있을지 미리 알 수 있는 방법이 없다. 게다가 이 주장은 매우 불완전하다. 기술 자산을 활용한 어떤 비즈니스 모델이든 기술 자산에 고유의 가치가 있다고 가정하기 때문이다. 제4장에서는 기술 자체에 가치가 없으며, 비즈니스 모델을 통해 상업화되었을 때에만 가치가 발생한다고 설명했다. 제로그래피와 PARC 분사의 기술처럼, 두 가지 다른 비즈니스 모델을 통해 상업화된 기술은 두 개의 다른 경제적 결과를 산출한다. 사업에 의존하는 기술 가치를 깨닫는 것은 이 장에서 중요한 통찰력이다. 지식 재산을 관리하는 작업은 대부분 기술이 어떤 방식으로 상업화되었느냐와 별개로 '기술에 어떤 객관적 가치가 있다'고 가정하기 때문이다. 그 결과는 앞서 언급한 것처럼 지식 재산 관리에 대한 열정은 지식 재산을 관리하는 데 어떤 중요한 문제—그리고 기회—를 놓치게 한다.

이 장에서는 아이디어를 위한 시장을 탐색하는 것으로 시작해, 회사의 비즈니스 모델이 어떻게 구매자뿐만 아니라 판매자가 되도록 동기를 부여할 수 있는지 논의할 것이다. 아이디어를 위한 전체 시장을 이해한 후에는 회사가 이 환경에서 어떤 방식으로 지식 재산을 관리할 수 있는지 모색할 것이다. 이 주제에 대한 일반적 통념은 폐쇄형 기술 혁신 체제를 특징지은 통제와 배제의 원리와 일치한다. 개방형 기술 혁신 원리를 이용해서 지식 재산을 관리하는 전혀 다른 접근 방식의 큰 틀을 설명할 것이다. 기술에서 가치를 창출하기 위해 회사는 반드시 그 기술을 위한 비즈니스 모델을 개발하거나, 기술 혁신의 가능성이 있는 다른 누군가의 비즈니스 모델의 가치를 활용해야 한다. 회사의 비즈니스 모델이 회사의 지식을 외부에 알려 회사에 이득이 될 수 있고, 또 다른 경우 지식을 보호함으로써 성공할 수도 있다.

지식 재산 시장

여기서 용어를 정의하고, 어떤 것이 지식 재산인지 명확하게 이해할 필요가 있다. 모든 아이디어가 지식 재산으로서 보호되는 것은 아니며, 보호해야 할 많은 아이디어가 보호되고 있지 않다([그림 8-1] 참조). 지식 재산은 (a) 기발하고, (b) 유용하며, (c) 축약되어 명확한 형태로 실행되고, (d) 법에 따라 관

그림 8-1 아이디어와 지식 재산

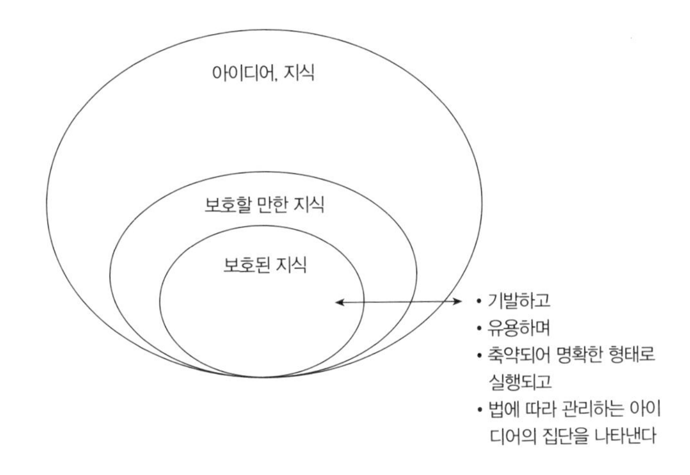

리하는 아이디어의 집단을 나타낸다. 특허권, 저작권, 영업 비밀, 등록 상표 등이 지식 재산에 포함되지만, 이 장에서는 특허권에 초점을 맞춰 설명한다. 특허권은 지식 재산의 중요한 원천이며, 특허권 관리에 대한 많은 문제는 다른 지식 재산 관리에도 적용될 것이다.

특허권과 기술 라이선싱을 위한 시장은 매우 거대하다. 전 세계 특허권과 기술 라이선스 시장을 주도하는 회사는 미국, 일본, 유럽 연합으로 미국 상무부의 경제 분석국에 따르면 이들은 2000년에 1,420억 달러(약 173조 5,000억 원)의 전 세계 로열티 수령액의 90% 이상을 차지했다. 미국은 1998년

외국 회사로부터 로열티와 사용료로 360억 달러(약 44조 원)를 받았는데, 이는 미국이 해외 기술에 소비한 113억 달러(약 13조 8,030억 원)의 세 배에 달한다. 미국은 주로 아시아와 무역을 해서 흑자를 냈는데, 일본이 모든 로열티와 기술 라이선스의 45%를, 한국이 18%를 차지한다.

무역을 위한 전체 시장은 거대한 반면, 대다수는 공개 시장보다는 다른 국가에서 운영되는 동일한 회사의 계열사들 사이에서 발생한다. 1998년 미국에서 발생한 국제적 기술 라이선스의 73%는 계열사 간의 거래 때문이었다.

특허권과 라이선싱에서 대등한 회사끼리 거래하는 양도 증가하는 추세다. 1996년 660억 달러(약 80조 6,200억 원)로 추정된 국내외 계열사 외 독립체로부터 미국 기업의 로열티 수령액은 매년 약 12%씩 증가하고 있다. 개별적인 기업은 이 수령액에서 큰 이익을 얻었다. IBM은 2001년에 로열티로 19억 달러(약 2조 3,220억 원) 이상을 벌었으며, 같은 해 루슨트는 4억 달러(약 4,900억 원)를, 텍사스 인스트루먼트는 1980년대 후반에 회사 순이익의 절반 이상을 로열티로 벌여들었다. 이처럼 지식 재산 라이선싱은 회사에 큰 수익을 가져다준다.

지식 재산 관리는 개선될 필요가 있다. 1998년 조사 결과에 따르면, 전 세계 상위 특허권 소유 회사가 소유한 특허권의 60% 정도만 주력 사업에 활용했다. 많은 회사가 사업에 특허권을 사용하지 않으며, 다른 사업에 라이선싱하지 않은 수백 개의 특허권을 가지고 있었다. 회사는 특허권 포트폴리오를 조사하면서 지식 재산을 이용해 많은 것을 할 수 있다는 것을 깨달았다. 하지만 대부분의 특허권은 별로 가치가 없다. 결과적으로, 지식 재산 관리 지지자들이 생각하듯 무수익 특허권의 40% 가운데 쓸만한 것이 그리 많지는 않을 것이다.

회사들은 외부로부터 지식 재산을 구매하기보다 그들의 지식 재산을 판매하는 데 주의를 기울이는데, 이는 크게 실수하는 부분이다. 내부에서 다시 개발을 시도하는 대신, 외부 기술을 이용해 더 큰 가치를 실현할 수 있기 때문이다.

특허권 관리를 위한 전략

본래 특허권은 경쟁사가 기술을 사용하지 못하게 하는 법적 능력을 통해 사업 전략을 보호하는 역할을 했다. 폐쇄형 기술 혁신 시기인 20세기에 혁신 자산을 구성하는 지배적 방법이던 수직적 통합과 같은 전략 또한 긴밀한 집단 안에서 전문 지식을 안전하고 효율적으로 이전함으로써 회사의 사업을 보호했다. 이 시기에 특허권은 정당한 권리를 통해 매출과 이익을 주는 원천이 아닌 진출을 가로막는 방해물로 평가받았다.

1990년대에 이르러 최고 경영자와 자금 관리 중역은 특허권 및 다른 지식 재산을 직접 회사의 시장 가치를 증가시킬 수 있는 수익 창출 자산으로 생각하기 시작했다. 이 기간에 회사의 지식 재산을 라이선싱하는 것은 특허권과 다른 지식 재산을 기업 전략 영역으로 끌어올렸다. 충분히 활용하지 못한 특허권을 가진 회사들 역시 지식 재산을 선반에 올려놓고 수익 창출에 이용하기 시작했다. 다우 케미컬Dow Chemical 등의 기업은 특허권 포트폴리오를 정리한 후, 유지 비용—주로 신고 수수료, 번역, 관리 비용을 부담하기 위해 해마다 갱신하는 비용—을 줄이기 위해 포트폴리오 내용의 상당 부분을 기부해서 세금 혜택을 받았다.

하지만 이 유지 비용은 지식 재산을 관리하는 전체 비용에서 빙산의 일각에 불과했다. 어떤 회사의 지식 재산으로부터 부가가치를 창출하는 것의 폐해는 시행 비용이다. 그 당시 미국에서 전체 특허권의 6%가 비용이 많이 드는 법적 소송을 초래했다. 1990년대, 몇 번은 1억 달러를 돌파했지만 1,000만 달러가 들 때도 있었다. 소송비는 미국 산업의 총 연구 개발비의 약 25%로 추산되었다.

대부분의 회사는 지식 재산에 대한 로열티를 지급하고 싶어 하지 않으며, 수십 개 혹은 수백 개의 특허권에 대한 얽히고설킨 주장은 정확하게 누가 무엇을 소유하고 있느냐에 대한 혼란을 불러온다. 게다가 특허권 주장의 합법성은 특허권 침해 소송으로 법정에서 판결한 후에도 합법적으로 알려지지 않는다. 따라서 다른 회사의 특허권을 침해했을지도 모르는 회사들은 당연히 자진해서 돈을 지급하지 않는다. 실제로, 소유자가 지식 재산을 이용한 사업 활동에 참여하지 않는다면, 그 소유자는 다른 회사가 특허권을 침해해도 알지 못할 것이다.

소송은 감시, 탐지, 시행, 가치 실현 과정의 마지막 단계다. 지식 재산 소유자를 위한 바람직한 결과는 특허권 교환 및 제휴, 특허권을 침해한 파트너사에 지급하는 소급 로열티를 통해 타협하는 것이다. AT&T의 지식 재산 관리 기관의 부사장 제프 조지Jeff George는 다음과 같이 말했다.

"어떤 사람이 특허권 중 하나를 침해하면, 우리는 그에 대한 조치를 취한다. 하지만 그것이 반드시 소송을 의미하지는 않는다. 우리는 그들과 로열티 협상, 특허권 교환, 전략적 동맹을 맺을 수 있다."

특허권의 출처는 어디일까?

지식 재산 관리에 대한 분석 대부분은 특허권 발행 과정, 즉 회사가 이미 법적 특허권을 받은 단계부터 시작한다. 학자들은 대부분의 연구 개발 조직이 특허권을 획득하기 전에 겪는 과정에 주의를 기울이지 않는다. 그러나 지식 재산 관리에 대한 어떤 유용한 접근 방식이라도 반드시 여기에서부터 출발해야 한다.

특허권을 간단히 얻을 수 있는 첫 번째 단계는 개발을 한 후 조직에서 한 명 이상의 직원이 발견하거나 발명한 것에 대한 보고서다. 어떤 조직에서는 이 보고서를 '발명 공개Invention Disclosure'라고 한다. 개발 혹은 발명이 보고되면, 발명이 탄생한 기관—개발의 법적 소유자—은 아이디어에 대해 특허 출원을 할 것인지 결정해야 한다. 경우에 따라 그 아이디어는 기업의 비밀로 지켜지거나 보호되지 않을 것이다. 또 발표하는 것이 개발을 위한 가장 좋은 경로일 수도 있다.

만약 특허 출원을 하기로 결정했다면 발명가는 반드시 특허 전문 변호사와 논의한 후 특허청에 특허권 청구를 제기해야 한다. 특허청은 특허권 청구를 검토하고, 간혹 관련된 이전의 다른 기술과 같은 부가적 정보 혹은 그 특허 출원 청구가 이전의 특허권과 어떻게 다른지 물어보기도 한다. 이때 기발하고 유용하다고 판단하면 특허권을 발행할 것이다. 미국 특허청에 특허권을 청구하면 발행되기까지 평균 25개월이 걸리며, 특허권 하나에 1만 5,000달러(약 1,830만 원)에서 5만 달러(약 6,100만 원)의 비용이 든다.

일단 특허권이 발행되면 특허권 관리 과정을 알아두는 것이 좋다. 하지만 특허권 대부분은 재정적으로 가치가 별로 없는데, 예를 들어 미국 여섯 개 대학의 특허권 연구에서 특허권의 상위 10%가 그 대학이 수령한 로열티 금액의 92%를 차지한다. 다시 말해, 이 대학의 특허권 90%는 로열티 금액의 8%만 차지하게 된다. 이 결과는 대학과 일반적으로 사회에서 행해진 특허권 사용료의 분포에 따른 다른 연구와 일치한다. 또 이 연구는 대부분 특허권에 가치가 별로 없다고 결론을 내린다.

사실 특허권의 가치를 미리 알 수 있는 방법은 없다. 특허를 신청하는 데 비용이 많이 들기 때문에 회사들은 가치 없는 발명에 특허를 내기 위해 돈을 낭비하고 싶어 하지 않는다. 제4장은 이것을 해석하는 맥락을 제공한다. 기술은 그들이 효과적인 비즈니스 모델로 시장에 내놓을 때 경제적 가치를 갖게 된다. 연구 개발이 과학적 연구에 의해 유도되고 어떠한 사업 목적과도 연결되지 않을 때, 결과적으로 개발의 상업적 가치는 뜻밖의 행운이며 예측 불가능할 것이다. 이 개발의 소수—일단 그들이 어떤 실행 가능한 비즈니스 모델을 통해 시장과 연결되기만 하면—는 많은 가치가 있겠지만, 대부분은 가치가 아주 적을 것이다.

이는 회사가 비즈니스 모델을 강화하고 확장하기 위해 지식 재산을 관리해야 하며, 그들의 현재 모델과 맞지 않는 결과를 위한 새로운 비즈니스 모델을 찾아내야 한다는 의미다. 회사 내부의 연구 개발은 과학적이고 기술적인 가치뿐만 아니라, 회사의 사업에서 가치를 창출하고 획득하는 능력을 강화하는 능력으로 평가되어야 한다. 이는 곧 연구원이 연구 과정 초기에 잠재적 관련성을 이해할 수 있도록, 회사가 연구 개발 직원을 회사의 비즈니스 모델에 대해 교육해야 한다는 것을 뜻한다.

많은 첨단 기술 회사를 비공식적으로 조사한 결과, 일반적으로 혁신의 사업적 측면에 대해 연구원을 교육하지 않는다는 것이 밝혀졌다. 회사는 연구원과 비즈니스 모델을 거의 공유하지 않으며, 보통 연구 개발 직원을 사업 전략을 계획하고 실행하는 사람들과 멀리 떨어진 곳에 배치한다.

구체적 사례는 회사 내부에서 특허를 출원할 만한 아이디어를 발견한 직원에게 보상하는 방법이다. 예전에 내가 일했던 기업 퀀텀Quantum은 특허권을 청구하기로 결정한 아이디어를 제안한 모든 직원에게 500달러(약 61만 원)를 지급했다. 만일 그 후 특허청에서 특허권이 나오면 그 사람은 따로 1,000달러와 특허권의 표지를 청동으로 모사한 액자를 받았다. 그 특허권이 퀀텀의 성공을 도왔는지, 어떻게 도왔는지에 대한 평가는 전혀 없었으며 모든 특허권은 같은 방식으로 보상받았다.

이것은 독특한 사례가 아니다. 제록스에서 조사할 당시, 특허를 받을 만한 아이디어를 제안한 직원 역시 500달러를 받았다. 그리고 만일 제록스의 직원이 그러한 아이디어를 열 개 제안하면, 그 사람은 500달러를 열 번 받을 뿐만 아니라 열 개 이상의 특허권을 가진 다른 제록스 발명가와의 저녁식사 자리에 초대를 받을 수도 있었다. 제록스 역시 사업에 직접 적용한 특허권과 비교해 사업에 적용할 가능성이 없는 특허권을 구별하지 않았다. 다른 기업도 명예의 전당 상패 같은, 특허권을 받은 사람을 위한 상징적 관례가 있다. 또 이 회사들은 비즈니스 모델에 직접 연결된 특허권과 그렇지 않은 특허권을 구별하지 않는다. 반면, IBM과 루슨트의 경우에는 특허권의 전략적 효과에 주목했으며, 특허권을 받고 오랜 시간이 지난 후에야 몇 개의 사례에서 이를 알게 되었다. 〔표 8-1〕은 첨단 기술 회사에서 발명자에게 제공한 보상을 나타낸다.

표 8-1 첨단 기술 회사의 특허 출원에 대한 보상

회사	특허권 청구에 대한 보상	특허권 발행에 대한 보상	다른 보상	또 다른 보상에 대한 설명
HP	$1,000	없음	NA	
IBM	$1,500	$500	$25,000	예외적인 특허권 (지나고 난 다음에)
루슨트/벨 연구소	$500	없음	$10,000	전략적으로 중요한 특허권 (지나고 난 다음에)
마이크로소프트	$500	$500	NA	
퀀텀	$500	$1,000	$5,000 $10,000	다섯 번째, 열 번째, 열다섯 번째, 스무 번째 특허권에 장식 액자 상패
시게이트	$500	$1,000	$5,000	열 번째 특허권에 명예의 전당 등재
선	$500	$2,000	NA	
스탠퍼드 대학교	없음	없음	33퍼센트의 순로열티	3분의 1은 발명가에게 3분의 1은 부서에 3분의 1은 학교에

비교를 위해 스탠퍼드 대학의 발명자를 위한 보상 정책을 포함시켰다. 보상금이 각각 다르다는 것을 알 수 있다. 스탠퍼드 대학은 특허권을 청구할 때는 물론, 특허권을 받은 후에도 발명자에게 어떠한 보상을 하지 않는다. 하지만 스탠퍼드는 발명자에게 특허권으로 창출한 로열티 수입의 상당한 비율의 보상을 제공한다. 이 학교는 발명자가 속한 대학의 학과와 비슷하게 상당한 비율의 내용을 공유하며, 마지막 3분의 1을 보유한다—스탠퍼드가 지급한 총액은 스탠퍼드의 특허권 취득 비용과 대학의 기술 특허 부서 운영비의 순비용이다.

표에 나타난 회사의 보상은 스탠퍼드 대학교를 제외하면 적다고 할 수 있다. 20세기에 회사를 위한 가장 중요한 가치의 원천이 지식 재산이라고 가정할 때, 더 많은 지식 재산을 창출하도록 발명자에게 동기를 부여하기 위해 보상이 커야 한다고 말하는 사람도 있을 것이다. 반면 특허권의 가치가 우선적으로 비즈니스 모델을 통해 상업화하는 데서 비롯된다면, 보상을 적게 하는 것이 이치에 맞는다. 가치는 특허를 받을 만한 기술의 발명 '그 자체'가 아니라, 특허권으로부터 가치를 창출하고 획득하는 비즈니스 모델을 가진 집단에서 나오기 때문이다.

이는 회사가 특허를 얻으려는 기술을 활용해 효과적인 비즈니스 모델을 개발할 수 있는 방법을 찾고, 보상해야 한다는 것을 의미한다. 효과적 비즈니스 모델이 없을 때는 기술이 가치가 없을 것이다. 그러나 검증된 비즈니스 모델이 있을 때, 지식 재산 소유자는 잠재 구매자를 어디서 찾을지에 대한 아이디어와 그 구매자에게 아이디어에 어떤 가치가 있는지 설명할 수 있다. 지식 재산 관리에서 비즈니스 모델의 중요성은 다음에 나올 밀레니엄 제약회사의 사례에서 더 자세히 설명할 것이다.

이 보상 정책에서 어떤 것이 빠져 있다는 것을 주목하자. 회사의 보상 정책 어디에도 유용한 '외부' 지식 재산을 확인하고 입수한 직원을 위한 보상은 없다. 오늘날 경제 가치를 창출하는 데 지식 재산의 소유가 핵심이라면 이해될 수 있을 것이다. 그렇다면 외부 기술은 회사의 가치에 별로 중요하지 않으며, 따라서 외부 기술을 발견하는 데 어떤 보상도 하지 않을 것이다.

만약 외부 지식을 입수하는 것도 가치를 창출하고 획득하는 데 중요하다면 외부의 지식 재산에 대한 보상을 생략하는 것은 실수다. 외부 기술을 이용해 회사의 비즈니스 모델을 지원하고 확장할 수 있다면, 회사는 연구 개발 직원이 가능성 있는 외부 기술을 확인하기 위해 기술 풍토를 조사하도록 격려해야 한다. 회사는 유망한 외부 기술을 확인하고 회사로 들여왔을 때 직원에게 '상여금'을 줄 수도 있다. 그리고 다음 내부 연구 개발 프로젝트를 시작하기 '전에' 조사를 해야 한다.

실행에 옮긴 지식 재산 전략: 밀레니엄 제약 회사

여기서 말하는 몇몇 회사는 지식 재산 관리를 위해 개방형 기술 혁신의 원칙을 수행한 좋은 예다. 각각의 회사는 통제와 배제의 원리가 아닌, 지식 재산을 비즈니스 모델에 결합하고 그 비즈니스 모델을 통해 내부와 외부의 지식 재산을 활용하는 논리를 가지고 있다.

밀레니엄은 역사가 짧은데도 제약 산업에서 놀랄 만큼 크게 성공한 회사다. 1993년에 설립했으며, 2000년 말까지 110억 달러 이상의 시장 가치를 달성했고, 그해에 회사 주식을 두 번 분할했다. 게다가 밀레니엄은 단 한 개의 제품 혹은 의약품을 판매하지도 않고 이 평가를 달성했다. 2000년까지 회사의 모든 활동은 가능성 있는 생물학적 합성물의 정보와 분석을 전달하고, 이 분석을 통해 기술을 특허를 신청했다.

밀레니엄은 개방형 기술 혁신 사고방식으로 경영할 때 지식 재산의 새로운 가능성을 어떤 방식으로 드러나게 하는지 알 수 있는 좋은 본보기다. 많은 회사가 제약 제조업체에 생물학적 합성물의 정보와 분석을 공급하는 계약 연구 기관으로 작용한다. 밀레니엄 이전에 이 임상실험 대행 기관의 대부분은 연구 계약으로 근근이 운영되었고, 고객에게 직원들의 시간과 비용을 청구했다. 독립적인 지식 재산에 대한 통제권이 없는 소규모 기관으로, 계약 연구 기관은 이윤이 적은 사업에서 벗어날 방법이 없었다.

계약 연구 기관의 결정적 한계점은 그들의 작업에서 나온 지식이 계약상 그 연구에 대금을 지급한 회사가 소유한다는 것이다. 이것은 폐쇄형 기술 혁신 체제의 특징으로 지식 재산에 대한 전형적인 통제다. 계약상의 규정 때문에 계약 연구 기관은 연구 지식을 사용할 수 없다.

밀레니엄 역시 계약 연구를 시행했다. 창출한 지식을 통제하지 않고도 어떻게 계약 연구 기관에서 벗어난 것일까? 신속하게 생물학적 목표와 화학 합성물을 발견하고 입증하도록 강력한 기술 기반을 형성하고 제약회사 고객과 눈치 빠른 계약을 체결했다.

밀레니엄은 회사의 고객이 계약 연구 결과를 비즈니스 모델의 범위 안에서 사용한다는 것을 알아챘다. 밀레니엄은 그들의 고객이 이 비즈니스 모델과 맞지 않는 지식에는 거의 가치를 두지 않는다는 점을 활용했다. 1994년에는 호프만-라로슈Hoffman-LaRoche(지금의 로슈Roche) 와 첫 번째 큰 계약을 맺었다. 밀레니엄은 로슈에 비만과 제2형 당뇨병을 위한 다수의 목표—두 회사가 사전에 동의한 다양한 실험을 통해 질병에 연계된 유전자 혹은 단백질—를 제공하기로 합의했다. 로슈는 두 영역에 흥미를 보였고, 질병을 치료하기 위해 다양한 해결책을 개발 중이었다.

하지만 로슈는 다른 질병 치료법에는 전혀 관심이 없었다. 밀레니엄은 회사의 기술 플랫폼을 통해 구축한 능력 때문에 경쟁하는 임상실험 대행 기관 보다 훨씬 효과적이고 빠르게, 가능성 있는 목표를 확인하고 걸러낼 수 있다며 로슈를 설득했다. 그런 다음 밀레니엄은 비만과 제2형 당뇨병의 영역 안에서 그 목표에 대한 권리는 로슈에 넘겼지만, 다른 나머지 권리는 유지했다.

로슈로서는 마음에 드는 협정이었다. 회사는 비즈니스 모델에 공급할 부가적 목표가 필요했고, 비만과 제2형 당뇨병에 중점을 두기로 결정했다. 로슈는 대부분의 유망한 목표를 약품으로 전환할 과학적 지식은 물론, 식약청의 실험과 이 약품의 승인 과정을 관리할 임상과 규제에 전문 지식이 있었다. 또 약품에 대한 사용을 허가받았을 때를 대비해 의사들의 관심을 끄는 데 필요한 판매, 마케팅 능력이 있었다. 로슈는 비즈니스 모델의 범위 밖에 있는 기술—여기서는 특정 목표—에는 거의 가치를 두지 않았다. 그리고 관심이 적은 영역에서 이 목표에 대한 나머지 권리를 밀레니엄에 넘기기 전, 로슈는 밀레니엄과 더 나은 계약을 맺을 수도 있었다. 밀레니엄의 최고 경영자 스티븐 홀츠만Steven Holtzman은 계약 후 "우리는 좀 더 젊기에 로슈에 조금 더 많이 주었다"라고 말하기도 했다.

이 계약 덕분에 밀레니엄은 계약 연구 기관에서 탈피했고, 밀레니엄의 비즈니스 모델이 된 두 가지 중요한 요인을 얻었다. 첫 번째는 밀레니엄의 기술 기반은 대규모 제약 회사에조차 가치 있는 재산이었다. 두 번째는 회사는 특정한 사업 요구에 이 기술 기반을 유용하게 쓸 수 있었지만, 결과에 대한 지식 재산의 완전한 소유권은 획득하지 않았다.

밀레니엄은 로슈와 맺은 것과 같은 다양한 연구 제휴를 맺었다. 밀레니엄은 협력 회사로부터 약간의 선금을 받아 기술 기반을 확립하고 협력 회사의 관심 영역에서 벗어난 목표, 성과 그리고 합성물에 대한 나머지 지식 재산 권리를 소유했다. 얼마 후 밀레니엄은 일라이릴리Eli Lilly, 아스트라ABAstra AB, 와이어스-에이어스트Wyeth-Ayerst, 몬산토Monsanto, 바이엘Bayer과도 계약을 체결했다.

이 계약을 어떻게 구성하고 값을 매길지 결정하는 과정에서 밀레니엄은 협력 회사의 비즈니스 모델을 고려했다. 이를 두고 홀츠만은 다음과 같이 말했다.

"우리는 테이블 반대쪽에 앉은 불쌍한 남자 또는 여자가 상사에게 이 계약을 어떤 방식으로 판매해야 할지 생각하는 데 많은 시간을 보낸다. 우리는 그들의 구미에 맞는지 알아보기 위해 그들이 그것을 어떻게 설계하는지 이해하는 데 많은 시간을 보낸다."

고객의 비즈니스 모델에 대해 인지하고 공감하는 것은 밀레니엄이 협력 회사를 위해 어디에서 가치를 실현할지 확인할 수 있게 한다. 이는 밀레니엄이 협력 회사의 비즈니스 모델 외부에 있는 계약을 통해 나머지 가치를 획득하게 해준다.

1998년에는 바이엘과 계약을 체결했다. 그 계약에서 밀레니엄은 바이엘을 위해 5년간 225개의 목표물을 전달하기로 합의했다. 이는 결과적으로 바이엘의 약품 개발 경로의 거의 절반을 책임지는 것이었다. 대신 바이엘은 밀레니엄에 3,300만 달러(약 402억 6,000만 원)를 선금으로 지급했고, 특허 라이선스 비용과 연구 자금으로 2억 1,900만 달러(약 3,538억 원)를 약속했다. 수행 성과급으로는 1억 1,600만 달러(약 1,952억 원)를 주기로 약속했다. 바이엘은 비즈니스 모델에 맞는 목표를 선택한 후 225개 목표물의 90%가량을 밀레니엄에 돌려주기로 약속했다. 밀레니엄은 그들의 고객이 특별히 높이 평가하지 않거나 뚜렷한 사용 방법을 모르던 '잔여물'에서 형성된 지식 재산의 기반을 닦았다.

또 밀레니엄은 개방형 기술 혁신 접근 방식을 이용했다. 가능성 있는 목표를 신속하게 평가할 수 있는 과정, 장비, 소프트웨어를 개발하는 회사의 능력은 밀레니엄의 연구 제휴에서 강력한 판매 도구였다. 폐쇄형 기술 혁신 사고방식에서, 밀레니엄은 회사의 능력으로 새로운 연구 제휴를 획득했기에 이 기반을 보유하는 것을 택했을지 모른다. 그러나 밀레니엄은 선견지명 있는 접근 방식을 취했다.

밀레니엄이 개발한 고도의 처리 용량 방식의 염기 서열 분석 기술과 제휴하는 데 관심이 있던 일라이 릴리는 1995년, 밀레니엄에 연락했다. 일라이 릴리는 어떤 유전자가 신체의 서로 다른 조직과 기관에서 표현되는지 나타내는, 차등 발현 differential expression의 빠른 분석을 위해 밀레니엄의 기술을 사용하고 싶어 했다. 밀레니엄은 이 기술 영역이 빠른 속도로 진화한다는 것과 첨단 기술을 따라잡으려면 대규모 투자를 해야 한다는 것을 알고 있었다. 또 밀레니엄은 더 큰 규모의 많은 회사에 그런 자원이 없다는 것을 알고 있었다. 밀레니엄은 자사 기술과 프로세스에 대한 독점적 통제를 일라이 릴리에 양보했지만, 그 거래에서 얻은 수익으로 미래 기술과 프로세스를 형성하는 데 투자를 계속할 수 있었다. 밀레니엄은 두 가지 핵심 기술을 일라이 릴리에 허가하면서 계약을 체결했다. 이 거래에 참여한 홀츠만의 말에 따르면 밀레니엄은 계약할 때 회사의 경쟁우위를 고려했다고 한다.

"내부 회의에서 '우리의 경쟁우위는 어디에 있을까?' 우리의 성공은 기술 그 자체가 아니라 그 기술을 응용하는 데 있다고 결론을 내렸다. 기술적으로 시대를 앞서가기 위해 우리는 믿을 만한 자금을 지원 받을 필요가 있다. 그래서 (…) 우리는 기술을 라이선스할 의사가 있다고 말했다."

이와 관련한 철학은 농업 제품에서 밀레니엄이 몬산토와 체결했던 협정을 좌우했다. 밀레니엄은 비즈니스 모델이 예측 가능한 미래의 농업 영역에서 그 기술력을 활용하고 있지 않다는 것을 깨달았다. 밀레니엄의 기술은 그 영역에서 잠재적 가치가 있었지만, 밀레니엄은 그 기회를 활용할 방법을 알지 못했다. 1997년, 몬산토가 밀레니엄의 기술 기반을 라이선스하려고 접촉했을 때, 밀레니엄은 그 기술 기반을 진보시키기 위한 추가 자금을 위한 또 다른 기회로 보았다. 회사는 밀레니엄에 선금으로 3,800만 달러(약 464억 원)를 지급하고, 향후 5년간 추가로 1억 8,000만 달러(약 2,200억 원)를 주기로 약속했다. 이것은 밀레니엄에 기술 기반을 확대하고, 급속하게 진보하는 기술을 따라잡기 위한 추가 자원을 제공했다.

이 계약이 밀레니엄뿐만 아니라 협력 회사에도 효과가 있었을까? 바이엘의 경우, 그 목표는 예상 수량의 전달로 측정할 수 있다. 2002년까지 밀레니엄은 180개 이상의 목표물을 전달했다. 이 목표물에서 바이엘은 여섯 개의 유망한 성과를 발견했고, 그중 하나는 임상 개발에 착수했다. 몬산토와 체결한 계약은 '실적에 따른 지급'으로 설정되었다. 밀레니엄이 미리 정해놓은 지표에 도달하면 매년 2,000만 달러를 지급하는 것이었다. 오늘날 몬산토는 밀레니엄에 모든 실적 지표에 맞춰 지급하고 있다. 이 결과로 보면 적어도 협력 회사들이 그 관계에 상당히 만족한다는 것을 의미한다.

2000년, 밀레니엄은 비즈니스 모델을 전환하는 데 충분한 권리를 확보했다고 판단했다. 이제 밀레니엄은 단순히 신약 후보 선별 과정의 첨단 기술을 보유한 약아빠진 계약 연구 기관으로 남아 있지 않을 것이다. 밀레니엄의 최고 경영자 마크 레빈Mark Levin의 말에 따르면, 밀레니엄은 '유전자에서 환자까지' 표방하는 신약 개발 회사가 되었다. 이 새로운 비즈니스 모델은 회사의 자본 요구와 상당한 위험을 수반한다. 그러나 밀레니엄이 회사의 지식 재산 관리에서 비즈니스 모델의 활용과 한계를 깊이 이해하지 못했다면 절대로 여기까지 올 수 없었다.

실행 중인 지식 재산 전략: IBM

IBM은 1995년부터 2001년까지 미국 특허권 수여자의 선두 자리에 있던 만큼 지식 재산을 활용하는 능력이 뛰어났다. IBM은 2001년에 기술 라이선스로 그해 세전 이익의 대략 17%인 19억 달러(약 2조 3,200억 원)로 추정되는 금액을 받았다. 이는 IBM이 동일한 양의 세전 이익을 산출하기 위해—IBM의 2001년 영업 이익률에서—추가로 150억 달러(약 18조 3,000억 원)의 매출을 올려야 한다는 것을 의미한다.

IBM은 전 세계 회사 중 가장 많은 미국 특허권을 받았지만, 경쟁사를 배제하기 위해서가 아니라 사업을 성장시키기 위해 지식 재산을 이용한다. 중요한 것은, IBM 전략의 상당 부분이 개방형 기술 혁신 체제와 들어맞도록 계획되었다는 점이다.

미국 특허청은 발행한 모든 특허권을 전자 출판했다. 특허권을 검색하려면 홈페이지(http://www.uspto.gov)를 방문하면 된다. 매년 정부가 자료를 유지하고 출판하기에, 이 영역에서 이윤 추구 사업으로 창출되는 가치가 없다고 결론을 내릴지도 모른다. 온라인으로 특허권을 찾는 사람은 누구든 연구 과정이 불완전하다는 것을 알게 될 것이다. IBM은 일찍이 온라인 검색을 위해 IBM의 특허권 자료를 제공해 왔다. 핵심 자료는 미국 특허청 자료에 있는 미국 특허권과 같지만, IBM은 더 쉽게 특허권을 찾을 수 있게 했다.

IBM은 왜 특허권에 대한 내용을 공개할까? IBM이 많은 특허권을 받는다는 것과 그 특허권에 대해 상당한 라이선싱, 특허 사용료를 받는다는 것을 고려해볼 때, 검색 과정은 IBM에 더 많은 이익을 줄 것이다. 정교하고 편리한 검색 과정은 특허 심사관과 특허 전문 변호사들이 IBM의 이전 특허권을 포함해 관련 기술을 확인하는 데 도움이 될 것이다. 그러한 지식은 IBM의 특허권 포트폴리오가 새로운 특허권의 발생에 더 큰 영향을 미칠 것이다. 이는 인텔이 펜티엄 환경 체제를 발전시키기 위해 자본을 이용하는 것과 마찬가지다. 여기서, IBM은 지식 재산 관리를 위한 체제를 발전시키는 데 내부 자원을 활용한다.

최근에 IBM은 특허권 자료에 대해 향상된 검색 특징을 제공하는 웹서비스가 그 자체로 독립 사업이 될 수 있다는 것을 깨달았다. IBM은 인터넷 캐피털 그룹과 협력하기로 했는데, 이 회사는 IBM의 특허권 자료를 새로운 회사인 델피온Delphion으로 분사하는 데 3,500만 달러(약 427억 원)를 투자했다. 델피온은 지식 재산 네트워크가 '특허권을 검색하는 데 세계에서 가장 인기 있는 온라인 검색 사이트'라고 생각한다. IBM은 여전히 그 서비스의 고객이지만, 더 이상 IBM의 내부 자금을 지원하지는 않는다.

IBM이 지식 재산을 관리하는 두 번째 측면은 제5장에 담겨있다. IBM은 컴퓨터와 정보 산업에 기술과 기술 부품을 판매하면서 큰 성공을 거두었다. 예를 들어, IBM은 다른 회사에 명백하게 규정된 사양으로 칩을 만드는 공장이 되기 위해 반도체 제조 능력의 일부를 사용한다. 이는 더 많은 생산량에 따라 IBM 제조 시설의 가동률을 증가시킴으로써 높은 고정 자본 비용을 분산하고 IBM 제품의 경제적 이익을 높여준다.

또한, 자사 제조 시설을 사용하는 다른 회사에 적지 않은 사용료를 청구하며, 그 이익의 일부는 IBM의 지식 재산 포트폴리오를 통해 얻은 것이다. 예를 들어 텐실리카 Tensilica 같은 스타트업이 저출력 마이크로프로세서 Low-power microprocessor 시장에서 인텔 같은 막강한 회사와 경쟁할 때, 특허권 침해 소송의 위협으로 사업에 피해를 줄 수 있는 인텔의 능력을 걱정하지 않을 수 없다. 마이크로프로세서와 그 제조 과정이 복잡해지면, 스타트업의 발명자와 잠재 고객에게 스타트업의 활동이 또 다른 회사의 지식 재산 권리를 침해하지 않을 것이라고 보장하기 어렵다. 게다가 인텔은 지식 재산을 침해당했을 때 소송을 제기하는 데 공격적이라고 알려져 있다.

바로 이 부분에 IBM의 지식 재산이 끼어들었다. IBM은 반도체 사업에서 수십 년간 연구 개발을 통해 획득한 반도체 특허권이 있다. IBM은—인텔을 포함한—산업의 주요한 회사와 상호 특허 사용 협정을 맺기 위해 특허권 포트폴리오를 활용하는데, 이 협정에서 종종 다른 회사의 지식 재산을 사용하는 허가권과 함께 회사의 지식 재산을 이용하는 것에 대한 사용료를 받았다. 이 협정과 IBM의 내부 지식 재산은 산업에 진입하려는 스타트업에 큰 도움이 되었다. IBM은 텐실리카와 협정을 체결했고 상당한 수익을 올렸다. 텐실리카는 단지 공장 생산 능력만 원하거나 필요한 양의 고품질 칩을 공급받지는 않았다. IBM의 공장을 사용하는 것이 텐실리카의 입장에선 지식 재산 보험까지 든 셈이다.

IBM은 시스코 시스템과 델 컴퓨터Dell Computer 같은 대규모 회사와 장기 계약을 체결하기 위해 지식 재산 포트폴리오를 사용했다. IBM은 오랜 기간 중요한 핵심 부품을 공급하기로 합의하며, 장기 고객은 부품과 다른 회사가 잠재적으로 그 부품이 특허 침해를 했다고 할 염려가 없는 지식 재산 보증을 받는다. 시스코와 델에 공급하기 위해 IBM이 다른 회사와 경쟁하지만, 반면 IBM과 경쟁하는 회사들은 IBM이 누리는 높은 수준의 지식 재산을 가지고 있지 않았다. 광범위한 지식 재산의 소유는 IBM이 고집한 제품의 공급을 유리하게 하는데, 특허권 침해 가능성이 실제로 일어날 수 있고 미리 알아채기도 힘들기 때문이다. 다시 말해 IBM에서 지식 재산을 구입하지 않는 회사는 위험 부담을 안을 수밖에 없다.

IBM은 권리를 침해당하고 있다는 것을 곧 알아챌 것이고, IBM에 얼마간의 돈을 지급해야 할 것이다.

실행에 옮긴 지식 재산 전략: 인텔

인텔은 IBM이나 AT&T가 해온 것처럼 내부 연구에 투자하지 않았다. 그런데도 상당한 특허권 포트폴리오—그래도 IBM의 특허권만큼 광범위하지는 않다—가 있으며 지식 재산을 활용하는 독창적 방법도 있었다. 경쟁사인 AMD와 10년 이상 경쟁한 것에서 알 수 있듯이, 지식 재산에 대한 인텔의 접근 방식은 직접적인 경쟁자에 맞서 인텔의 권리를 공격적으로 방어하는 것이다. 인텔은 펜티엄 구조를 복제하려는 AMD의 시도에서 그 속도를 늦추기 위해 수단과 방법을 가리지 않았다. 심지어 이직한 직원이 인텔과 경쟁하는 스타트업에 입사하면 그 직원을 끝까지 추적해 조사했다.

지식 재산 관리에 대한 인텔의 접근 방식은 직접적 경쟁자와 이직한 직원에 강경한 태도를 취하는 폐쇄형 기술 혁신 접근 방식과는 거리가 있다. 제6장에서 설명했듯이, 인텔은 외부의 지식 재산을 사업에 효과적으로 활용했다.

외부 지식 재산을 활용하는 중요한 사례는 제6장에서 논의한 대학 연구에 대한 인텔의 접근 방식이다. 인텔은 대학 연구 자금을 지원하는 대신 연구 기술을 활용할 수 있게 하는 우선 계약을 체결하기를 고집한다. 인텔이 자금을 지원한 프로젝트를 통해 대학이 추후에 특허를 출원할 경우, 그 기술을 무료로 사용할 수 있는 조건이다.

인텔의 관점에서 이 접근 방식에 주목해보자. 인텔은 자금을 지원한 대학 연구 결과를 소유하거나 통제하지 않는다. 하지만 그 결과의 지식 재산 보호가 무엇이든 자금을 지원한 프로젝트의 연구 결과를 이용한다. 또 인텔은 대학 연구원의 연구 정책에 접근해 이익을 얻는다. 연구 계획안을 꼼꼼히 검토해보고 자금을 지원하기 전에 다양한 학문 영역에서 '최첨단 기술'을 배운다. 그리고 자금 지원을 통해 대학 연구에서 발생하는 모든 결과를 모니터링하고, 그중 유망한 것을 초기에 이용할 수 있다.

이것이 인텔에게는 공짜가 아니다. 인텔은 이 연구에 계속 자금을 지원할 뿐만 아니라, 대학의 연구를 관리할 인텔 직원을 위해 추가 비용을 들여야 한다. 그런 다음 인텔은 가능성이 높은 결과를 프로세스에 이전하면서 내부 연구에 큰 비용을 투입한다. 그러나 인텔은 대학에 연구자금을 지원함으로써 지식과 대학 연구에 식견 있는 후원자나 연구 결과물을 얻게 된다.

반도체 제조업체로서 인텔의 강점과 윈텔Wintel(마이크로소프트와 인텔만을 동시에 수용하는 업체—편집자)컴퓨터 아키텍처에 대한 통제권은 인텔이 사업에서 계속 외부 지식을 활용할 수 있게 도와준다. 인텔은 이 영역에서 매우 강력하므로 지식 재산 영역에서 승리할 수 있다. 즉 인텔이 합리적인 조건으로 선두 지식에 접근할 수 있다면, 출처가 어디든 그로부터 계속 선두 지식을 얻을 수 있다면 인텔은 이길 수 있다.

인텔의 강점은 사업을 진보시키기 위해 의존하는 지식 풍토에 영향을 미친다. 풍토를 형성하기 위해 인텔이 사용하는 메커니즘은 특허를 출원하고 내부적으로 보호하기보다 연구 결과를 출판하는 것이다. 인텔은《인텔 기술 저널Intel Technical Journal》(http://www.intel.com/technology/itj/index.htm)이라는 기술 관련 출판을 하고 있다. 주요 목적은 회사가 스스로 특허를 출원하는 것보다 공공 영역에 투입하기를 선호하는 자사의 연구 결과물을 문서화하는 것이다.

여기에서 출판 대 특허권 접근의 논리는 개방형 기술 혁신 사고의 훌륭한 사례다. 폐쇄형 기술 혁신 체제에서 새로운 발견을 한 회사는 이 지식에서 경쟁자를 배제할 수 있도록 어떻게 가장 먼저 지식을 소유하고 보호할 것인지 생각할 것이다. 그들은 경쟁자를 따돌리기 위해 미국 정부가 수여하는 합법적 권리를 얻으려고 할 것이다. 또 이 특허권은 경쟁자가 지식 재산 침해 소송으로 사업을 위협하는 것을 방지하는 상호 특허 사용 협정을 맺도록 부추길 수 있다.

개방형 기술 혁신에서 이 논리는 고려해야 할 많은 문제 중 하나다. 회사는 경우에 따라 핵심 지식의 특허를 얻기로 결정하더라도 '출판'이라는 대안을 신중히 고려할 것이다. 이 영역에서 지식이 풍부하다면 회사는 자문할 것이다. 오랫동안 경쟁자를 배제할 수 있는가? 경쟁자들도 우리가 주장할 수 있는 어떤 보호 장치를 발명할 수 있을까? 우리의 사업은 이 지식을 보호해서 더 나은 서비스를 제공하는가? 아니면 이 지식을 널리 보급하는 것이 사업에 더 좋지 않을까? '이 지식을 누구도 통제할 수 없게 하는 것', 즉 이 지식을 누구나 무료로 사용할 수 있게 하는 것이 우리의 관심사인가? 어쨌든 지식이 공공 영역에 확고히 존재한다면 경쟁자는 나중에 그 지식의 어떤 형식으로도 우리를 위협할 수 없을 것이다.

회사는 언제 지식의 특허를 얻어야 하는가?그리고 특허 대신 언제 지식을 출판해야 하는가? 이 문제는 회사의 사업 모델에 주의를 기울이게 한다. 비즈니스 모델은 회사가 가치 사슬의 구석구석에서 가치를 창출할 수 있게 하며, 그다음에는 가치의 어떤 부분을 얻게 한다.

비즈니스 모델의 두 가지 역할은 특허권과 출판 결정을 나타낸다. 그들이 생산하는 보완적 제품과 서비스를 진보시키기 위해서 생태계 속 회사의 가치 사슬을 발전시키는 지식은, 정확하게 개방형 기술 혁신 회사가 일반에 공개하길 원하는 지식의 종류다. 이와 대조적으로 회사가 사슬 내에서 가치의 일부분을 획득하도록 돕는 지식은, 회사가 권리를 요구하기를 원하는 지식의 일종이다. 인텔의 경우 우수한 제조 기술, 펜티엄 브랜드, 윈텔 PC의 모든 구조는 인텔이 생태계에서 발전해 소유하거나 통제하지 않는 진보에서도 이익을 얻게 한다.

인텔은 지식의 특허를 얻는 대신 그것을 출판하면서 위험을 초래할 수 있다. 그중 한 가지는 AMD 같은 경쟁사도 인텔의 지식이 윈텔 생태계를 확장할 때 이익을 얻는다는 점이다. 인텔이 사업에서 AMD에 대한 우위를 차지하는 데 실패하면 인텔의 지식은 AMD가 인텔을 추월하게 만들 수 있다. 그리고 인텔이 지식을 출판하기로 결정하면, 그 지식으로부터 기술 제휴와 특허권 사용료를 거두어들이는 기회를 잃게 된다.

인텔이 직면한 또 다른 측면에도 위험은 존재한다. 가장 큰 문제는 무어의 법칙의 속도가 늦춰진다면, 즉 산업이 미래에 무어의 법칙이 예상한 속도로 기술적 진보를 이루는 데 실패한다면 인텔의 비즈니스 모델에 어떤 일이 일어날 것인가다. 기술적 토대가 느리게 진보할 때 제조, 마케팅, 아키텍처에 대한 인텔의 이점은 훨씬 줄어든다. 그렇다면 인텔이 작년과 재작년에 만든 고품질 칩은 금년에 만든 칩의 판매에 점점 효과적인 경쟁자가 된다.

사용자들은 오래된 시스템을 교체할 이유가 없는데, 시대에 뒤처질 것이기 때문이다. 그리고 경쟁사가 첨단 기술로 많은 칩을 생산해서 인텔을 따라잡을 시간이 확보할 수 있기 때문에 어렵지 않게 인텔과 경쟁할 수 있다. 컴퓨터 시장의 경쟁이 과열되면서 인텔은 기술의 속도 저하가 지식을 출판하는 위험보다 크게 느껴질 것이다.

덧붙이자면, 다른 회사들도 학회지를 발행하는 비용을 지급하지 않고, 출판과 특허권에서 이익을 얻을 수 있다. 특허권을 청구하는 데 몇만 달러의 비용이 드는 것과 그것이 발행되기까지 평균 25개월이 걸린다는 것을 기억하자. 특히 소규모 회사는 제품의 순환 주기와 시장에 내놓는 데 걸리는 시간이 짧아질수록 시간과 비용이 많이 든다. 회사는 지식을 즉시 사용할 수 있고, 이후 지식의 소유권을 주장하는 어떤 다른 회사와의 다툼에서 보호받을 수 있는 메커니즘을 선호할 것이다. 이제 제3의 집단은 적은 비용으로 다양한 방법을 제공한다.

그러한 메커니즘의 하나는 IP.com(www.ip.com)이다. 회사는 155달러(약 19만 원)로 웹사이트에 문서를 게재할 수 있으며, 그 문서가 이전 기술 내 공공 영역의 일부분이 되는 것을 보증한다. IP.com은 미국, 독일을 비롯한 유럽 여러 나라, 헝가리의 특허청과 관계를 맺고 있기에 IP.com 이전 기술의 모든 문서에 대해 이 특허청에서 발생하는 특허권 청구를 검색할 수 있다. 이는 다른 회사들이 이후 지식의 특허를 얻고자 하는 가능성을 줄이며, 다른 회사가 특허를 받은 뒤 특허권 침해로 고소할 경우에 발명 회사가 적극 방어할 수 있도록 도와준다.

지식 재산의 가치 평가: 비즈니스 모델 수반

연구 개발에 상당한 금액을 투자한 후 그에 따른 특허권을 받은 회사는 어떤 특허권이 가치 있는지 알고 싶을 것이다. 그들은 대부분의 특허권에 가치가 별로 없다는 것을 잘 알고 있다. 만일 투자한 특허권—그리고 그다음에 발생하는 유지 비용—을 어떤 가치 있는 학회에 기증한다면 그들은 돈을 절약하려 할 것이다. 그러나 이 회사들은 IBM이나 텍사스 인스트루먼트, 루슨트가 특허권으로 얼마나 많은 돈을 벌어들이는지 알게 된다.

요즘은 그러한 수요에 대응해 회사의 지식 재산을 평가하는 컨설팅 회사가 부쩍 늘었다. 그들은 일정 수수료를 받고 회사가 가진 지식 재산의 전체적 포트폴리오를 평가하고, 그 가치를 회사에 알려준다. 실제로 제록스의 PARC에서 1997년 자사의 지식 재산 평가를 외부에 의뢰했고, 외부 컨설팅 회사는 10억 달러 이상의 가치가 있다고 알려주었다. 제록스는 1970년에 PARC를 설립한 후 PARC에 10억 달러 이상을 투자했기에, 이 평가는 PARC의 연구 관리에 의미가 깊다.

그러나 지식 재산을 평가하는 데 더 많은 문제가 따른다. 지식 재산의 이상적 측정법은 자진해서 구매한 사람이, 모든 집단이 어떤 것이 거래되는지 알고 있는 많은 구매자와 판매자가 있는 시장에서 자발적인 판매자에게 어떤 것에 대해 대금을 치를 것인가를 보는 것이다. 어떤 기술 비용이 발생할 것인가를 추정하는 것은 지식 재산을 평가하는 하나의 방법일 뿐 가장 좋은 방법은 아니다. 또다른 측정법은 잠재적 구매자가 기술을 발명하는 데 얼마를 들일 것인가인데, 이는 지식 재산을 구매하지 않는 데 대한 기회비용이기 때문이다. 세 번째 측정법은 가까운 과거에 '유사한 구매자'가 '유사한 기술'에 대금을 지급한 것—지식 재산과 비슷한 판매—을 평가하는 것이다. 이 측정법이 같은 평가를 산출할 것이라고 생각할 필요는 없으며, 실제로 대부분의 지식 재산 고문Consultant은 세 가지 분석 모두 활용해 삼각형 형태로 측정한다. 게다가 이 방법 중 어떤 것도 그 기술이 놓이게 될 비즈니스 모델은 전혀 고려하지 않는다.

제록스는 지식 재산 거래에 실제로 참여했을 때 자사의 특허권 포트폴리오에 대한 고문의 평가가 너무 낙관적이었다는 사실을 발견했다. 내 기록에서, 제록스는 공유한 공공 전자공학 영역을 이용해 상호 협력 부문에서 몇 개의 특허권을 갖고 있었다. 제록스는 PARC 내부에서 개념을 개발한 연구팀을 플레이스 웨어PlaceWare라는 회사로 분사해서 지식 재산으로부터 가치를 얻으려 했다. 제록스는 그 기술을 비즈니스 모델에 더는 사용하지 않기로 결정했으며, 그 프로젝트에 대한 추가 자금 지원을 중단하길 원했다. 또 제록스는 회사가 개발한 지식 재산에 대한 약간의 재정적 수익을 올리기를 기대했다.

하지만 지식 재산의 가치를 획득하는 문제는 그 기술을 상업화하는 데 이용한 비즈니스 모델이었다. 그 아이디어는 상업적으로 가능성이 있었지만, 회사는 그 기술을 어디에 어떻게 사용해야 할지 확신이 없었다. 많은 대안을 고려했지만, 어떤 것도 성공할 가능성이 없어 보였다. 플레이스 웨어 프로젝트가 외부 자본을 얻으려 할 때 이들은 '자금을 제공하기 전에' 이루어지는 평가—즉 어떤 추가적 외부 자본을 회사에 투자하기 전의 회사 가치—에서 결정적인 고려사항이 되었다.

4~5년간 대여섯 명이 일하는 팀에 자금을 지원한 시점에서, 제록스는 기술에 500만~600만 달러(약 61억~73억 2,000만 원)를 투자했다. 제록스는 처음에 800만~1,000만 달러(약 97억 6,000만~122억 원)의 수익을 기대했다. 대부분의 지식 재산 판매자의 전형적인 관점은 '우리는 수년간 연구를 해왔고, 지식 재산의 투자에 대해 약간의 수익을 올리기를 원한다'이다.

하지만 벤처 투자자인 지식 재산 구매자에게는 우스꽝스러울 수밖에 없었다. 가치를 창출하는 지식 재산에 대한 증명된 비즈니스 모델도 없고, 심지어 고려 중인 가능성 있는 비즈니스 모델도 없었기 때문이다. 지식 재산 자체는 일반적이었으며 4~5년간 사용된 특정 소프트웨어는 개정되어야 했다. 지식 재산 구매자의 일반적 생각은 '상업적 가치의 어떤 것을 얻기 위해 지식 재산에 얼마나 더 투자해야 하는가?'다.

제록스와 플레이스 웨어에 자금을 지원한 벤처 투자자의 거래에서 비롯한 실제 평가는 제록스가 기대한 것보다 훨씬 낮았다. 기업의 자금 지원 전 평가는 300만 달러(약 35억 6,000만 원)로 추정되었다. 제록스는 벤처에서 지식 재산의 배타적이지 않은 제휴에 대한 수익으로 회사 주식의 10%를 받았다.

또 제록스는 4년 만기의 약속어음 100만 달러를 받았다. 4년이 지난 후에도 여전히 회사가 남아 있다면 이 어음은 가치 있는 것이었다. 제록스는 그 어음이 얼마의 가치가 있느냐에 따라 플레이스 웨어에서 지식 재산에 대해 30만 달러(약 3억 7,000만 원) 또는 130만 달러(약 15억 9,000만 원)를 받았다.

이 평가는 어떤 지식 재산 평가 회사든 제록스의 지식 재산의 가치를 평가한 것보다 훨씬 낮은 것이다. 그러나 구매자가 문제의 지식 재산을 위해 제록스에 기꺼이 지급하려고 한 값은 가치 있는 것으로 밝혀졌다. 이는 특허권 포트폴리오에 감춰진 보물을 자본화하는 회사에는 교훈적인 이야기다. 또한, 관념적 평가에 대한 연습이 시장에서 기술의 실제 가치와 크게 벗어날 수 있다는 냉정한 조언이다. 기술을 외부에 라이선싱할 때는 반드시 그 기술의 가치를 창출하기 위해 외부 비즈니스 모델을 사용한다. 비즈니스 모델이 판매 가능한 기술을 위해 확인되기 전까지, 그 기술에 대해 놀랄 만큼 작은 금액을 받게 될 것이다. 이러한 이유로 지식 재산을 활용하려는 회사는 비즈니스 모델을 사용할 계획이 없더라도 그들의 기술을 수익성 있게 적용할 수 있는, 가능성 있는 비즈니스 모델을 구분하기 위해 노력할 필요가 있다.

제9장

변화 일으키기

개방형 기술 혁신의 전략과 전술

요즘은 여러 산업에서 연구 개발에 대한 내부 지향적 접근 방식이 쓸모없어졌다. 유용한 지식은 많은 산업에 광범위하게 퍼져있으며, 아이디어를 놓치지 않으려면 반드시 민첩하게 사용해야 한다. 이 요인은 개방형 기술 혁신의 새로운 논리를 창조하는데, 이는 내부 연구 개발과 함께 외부 아이디어와 지식을 포함한다. 이 논리는 가치를 창출하는 새로운 방법을 제공한다.

회사 외부의 인재는 단순히 문제가 되거나 피할 수 없는 현실이 아니며, 오히려 기회를 의미한다. 만일 회사 내부의 인재가 외부의 인재를 알고, 그들과 연결되어 있다면 기술혁신 과정에서 시간과 노력을 덜 낭비하게 될 것이다. 게다가 내부적으로도 다른 사람들의 아이디어와 영감을 채택할 수 있어 수고를 몇 배로 줄일 수 있다.

이는 가치를 창출하는 강력한 원동력이지만, 그 가치의 일정 부분을 획득할 수는 없다. 그러려면 자체의 내부 연구 개발 활동이 필요하다. 그 활동은 전체 구조를 개발하고, 이후 그 구조를 진보시키기 위한 초기 기술의 복잡한 상호 의존성을 해결하는 데 도움이 된다. 회사의 비즈니스 모델은 내부적으로 제공할 필요가 있는 가치 사슬의 부분이 무엇인지 정의할 것이며, 비즈니스 모델은 그 부분에서 가치를 창출하고 그것을 고객에게 전달하는 주변의 가치 네트워크와 연결해줄 것이다. 지식 재산을 구입하고 판매하는 것은 비즈니스 모델을 실현하고 가속화하는 가장 좋은 방법이다. 그리고 기업 벤처 캐피털, 기술 라이선싱, 분사, 외부 연구 프로젝트 같은 메커니즘과 지식 재산은 오늘날 기술 혁신 과정에서 중요한 수단이다.

하지만 여전히 변화의 중요한 문제가 남아 있다. 어떻게 하면 회사가 폐쇄형 기술 혁신 패러다임에서 개방형 기술 혁신 패러다임으로 전환할 수 있을까? 어떻게 하면 조직이 어느 정도 통제를 포기하고 풍부한 외부 지식에 접근해 이를 활용하도록 설득할 수 있을까? 제9장은 이 변화를 시작하는 데 도움이 되는, 개방형 기술 혁신 과정으로 나아가는 데 필요한 몇 가지 아이디어를 보여준다.

현황 조사하기: 최근의 혁신 활동 조사

새롭게 변화하고 싶다면 먼저 다른 회사의 최근 기술 혁신 활동 현황을 조사한다. 목표는 회사와 산업을 위한 최근 기술혁신 아이디어의 원천을 나타내는 전략 지도를 만드는 것이다. 지도를 만들면서 스스로 다음 질문을 해보자.

- 지난 5년간 회사와 산업에서 중요한 아이디어는 어디에서 얻었는가? 그 아이디어가 비즈니스 모델과 어떻게 일치하는가?
- 창업 조직의 역할은 무엇인가? 그 창업 조직은 시장에 진출하고 지분을 획득했는가? 그들의 아이디어는 어디에서 비롯되는가? 그들의 비즈니스 모델은 무엇인가?
- 산업에서 벤처 투자자와 다른 사모 펀드(비공개적으로 소수의 투자자로부터 돈을 모아 기업을 사고 파는 것을 중심으로 운영되는 펀드—편집자) 투자자는 어떤 역할을 하는가? 그들은 적극적인 투자자인가? 그들은 어떤 계획으로 투자하는 것인가? 이 투자는 회사가 하고 있는 것과 어떻게 다른가?
- 회사와 산업에 지식과 이해를 제공하는 데 대학의 역할은 무엇인가? 대학의 연구에서 어떤 영역이 회사에 중요한가? 그 영역에서 권위 있는 교수는 누구인가?

첫 번째 질문인 산업에서 최근 기술 혁신의 원천을 생각해 보자. 나는 임원진과의 워크숍에서 근래에 그들의 산업에 적용된 몇 가지 중요한 기술 혁신에 대한 목록을 만들도록 권한다. 그런 다음 중요한 혁신이 어디서 나왔는지 질문한다. 산업을 변화시킨 중요한 많은 기술 혁신은 실제로는 너무 의외여서 들으면 놀랄만한, 처음에 누구도 기대하지 않은 장소에서 비롯되었다. 또 많은 회사의 연구 개발 직원이 점진적 기술 혁신의 단기 목표를 달성하기에는 너무 바빠서 처음에 계획한 예산안에 비해 적은 수의 근본적인 통찰력을 제공한다는 것을 발견했다.

제4장의 구성 개념을 이용해 비즈니스 모델을 정의하는 것은 중요한 일이다. 당신의 목표 시장은 무엇인가? 그 시장에 대한 중요한 가치 명제는 무엇인가? 어떻게 보상받고 있는가? 어떻게 가치를 창조하고 포착하는가? 중요한 제3의 집단은 누구인가?

많은 회사가 이 질문에 대한 분명하고 일관적인 대답을 하지 못한다. 비즈니스 모델을 획득하고, 회사 안에서 그 비즈니스 모델을 공유하는 것은 매우 유익하다. 다른 이점 중에서도 특히 비즈니스 모델은 기술 혁신 과정에서 기술적인 활동과 사업 활동을 연결하기 위한 언어를 제공한다.

일단 비즈니스 모델을 명확히 했다면, 산업 분야에서 어떤 회사가 최근에 창업했는지 살펴보자. 스타트업 중 어떤 회사가 성공을 경험하는가? 만일 그렇다면 이유는 무엇인가? 그들의 비즈니스 모델은 무엇인가? 그들의 비즈니스 모델은 당신의 비즈니스 모델과 어떻게 다른가? 스타트업은 기존 회사가 간과할 수 있는 영역에서 비즈니스 모델, 기술, 시장에 대한 실험의 중요한 원천이 될 수 있다. 대규모 회사들은 스타트업을 면밀히 살펴보지도, 심각하게 받아들이지도 않는다. 개방형 기술 혁신에서 스타트업을 간과하는 것은 실수가 될 수도 있다. 그들의 경험에서 연구하고 배울 수 있는 부분도 있기 때문이다.

또 다른 과제는 벤처 투자자와 오찬을 함께 하는 것이다. 이것은 생각보다 어려운 일이다. 항상 바쁘게 생활하는 벤처 투자자들과 약속을 잡는 것은 매우 어렵다. 그리고 그중 많은 사람이 회사 중역과 공통점이 거의 없다는 것을 알 수 있다. 그런 만큼 그들의 회의적인 반응에 대비하는 것이 좋다. 하지만 벤처 투자자가 적극적으로 투자하는 사업 영역에서 시장과 기술 동향에 대한 정보를 얻고 싶다면 당신을 위해 시간을 내줄 것이다. 그 자리에서 그들이 폭넓은 지식과 정보를 갖고 있을 뿐만 아니라 '적절한 곳, 꼭 필요한 곳에만 투자한다'는 사실을 발견할 것이다. 요즘은 주식 시장의 거품이 무너지면서 벤처 투자자들도 기업과 긴밀한 관계를 형성하려 노력한다.

마지막으로, 회사와 산업의 흥미로운 영역에서 연구하는 교수진이 있는 모든 대학의 상황을 평가해야 한다. 좋은 관계는 개발 부서가 요청할 때 단순히 얼마간의 돈을 지원하는 것보다 훨씬 많은 것을 포함한다. 그러므로 당신과 기술 직원이 개별적인 교수진 구성원과 학생 사이에서 대인관계를 형성하는 것이 필요하다. 그들과 정보, 아이디어는 물론 성공과 실패 요인을 공유해야 한다.

기술 혁신 활동 목록은 회사의 미래를 명확히 하는 다음 두 가지 중요한 과제를 수행하는 데 도움이 될 것이다. 첫째, 당신의 현재 사업을 진보시킬 것이다. 둘째, 당신의 새로운 사업을 명확히 하고 성장시킬 것이다.

현재 사업 진보시키기: 기술 혁신 로드맵 구축하기

미래의 연구 개발 프로젝트를 상세히 묘사하고, 그것이 대략 언제 나타날지 알 수 있는 로드맵을 만드는 것은 매우 유용하다. 반도체 산업의 세마테크 로드맵을 살펴보자([표 9-1] 참조). 이 로드맵은 산업에서 작고 강력한 칩이 어떻게 그리고

표 9-1 반도체 기술 혁신 로드맵

	그해의 첫 생산량							
	1991	1993	1995	1997	1999	2001	2003	2006
회선의 너비 (마이크론)	0.80	0.50	0.35	0.25	0.18	0.15	0.13	0.10
DRAM의 최대 크기	4Mb	16Mb	64Mb	256Mb	1Gb		4Gb	16Gb
인텔 프로세서	i486 50Mhz	i486	펜티엄	펜티엄 프로	펜티엄 III	머시드 (아이태니엄)		

출처: 반도체공업협회 산업 로드맵(1994, 1996)

이 로드맵은 '반도체의 회로 밀도는 예측 가능한 방식으로 18개월마다 두 배가 된다'고 예측한 무어의 법칙에 근거한다. 고든 무어는 1960년대에 이를 관찰했고, 반도체 장치의 결과적인 회로 밀도의 정확한 예측 요인으로 증명되었다.

점점 작아지는 회선의 너비를 달성하는 것은 칩에 회로 패턴을 새기는 데 빛을 사용하는 과정인 사진 석판술, 회로 패턴을 포함한 장치인 마스크, 패턴을 알리는 데 사용되는 화학약품, 만든 패턴을 고정하는 데 필요한 회로판의 물리적 크기, 이 작은 간격을 확실하고 정확하게 측정하는 데 쓰이는 장비를 포함해 다양하고 보완적인 반도체 제조 기술 간 정밀한 조정을 필요로 한다. 이 로드맵은 이 기술이 너무 일찍 혹은 너무 늦게 전달되는 대신 다른 필요한 기술이 사용 가능할 때 동시에 생산할 수 있도록 반도체 산업의 혁신을 단계화한다.

언제 개발될지를 구체화한다. 이 로드맵을 사용하면 다양한 회사가 다른 참여자의 투자와 조화를 이룰 수 있도록 회사의 투자 범위를 조정할 수 있다. 미래를 계획하는 또 다른 예시는 주요 제약회사의 제품 라인이다. 즉 시장에 어떤 제품이 있는지, 또 어떤 제품이 임상실험 중이고 어떤 제품이 연구실에 남아 있는지를 나타내는 것이다.

현재 사업의 공백 메우기

로드맵은 미래에 대한 창을 제공하며, 미래를 구체화한다. 게다가 로드맵은 회사가 시장에서 판매와 추진력을 유지하는데 필요한 제품을 놓치는, 미래의 공백을 표면에 떠오르게 한다. 회사가 너무 늦기 전에 이 공백을 다룰 수 있도록, 사전에 이 공백을 파악하는 것이 중요하다. 외부 기술과 아이디어는 회사가 로드맵을 따라 계속 움직일 수 있게 하는 '공백 메우기' 프로젝트의 유용한 재료다. 그들은 몇 개의 내부 프로젝트에서 실수할 가능성을 줄이고, 내부 연구 개발 노력이 실패해도 회사의 생산 라인을 계속 앞으로 나아갈 수 있게 한다.

현재 사업의 사각지대 찾기

비즈니스 모델은 회사 내부에서 외부 아이디어와 기술을 어떻게 취급하는지 알 수 있는 척도가 된다. 비즈니스 모델은 기술 혁신을 위한 노력에서 어디에 중점을 두는지, 비즈니스 모델의 지배적 논리 때문에 가능한 미래 기회를 찾는 데 중점을 두지 않을 것 같은 사각지대가 어디에 있는지 알 수 있다. 또 비즈니스 모델이 성공할수록 더 많은 사각지대가 드러날 가능성이 있다. 이러한 영역은 아이디어, 기술, 비즈니스 모델의 몇 가지 외부의 원천으로 당신에게 엄청난 도움을 줄 수도 있다. 그러나 그들은 회사 외부에서 만들고 테스트가 이루어지기 때문에 가치를 증명할 기회를 얻기도 전에 조직 내에서 받아들이기 쉽지 않다.

외부 전문가와 외부 기술 검토하기

미래 가능성이 있는 공백과 사각지대를 확인하고 나면 외부 기술과 아이디어를 신중히 검토하기 시작한다. 이때 회사를 위한 과학자문위원회SAB를 만들어라. 만일 회사에 이미 과학자문위원회가 있다면 미래 로드맵과 비즈니스 모델의 토론에 참여하게 한다. 미래 동향, 기회, 그리고 다른 문제에 대한 회사의 의견 몇 가지를 확인하기 위해 과학자문위원회를 이용한다. 그리고 과학자문위원회와 당신의 의견, 가정을 공유해 구성원이 당신의 관점에 동의하는지 관찰한다. 그들은 당신의 프로젝트를 발전시키는 데 도움이 될 모든 외부 연구에 대해 알고 있는가? 그들은 프로젝트에 접근하는 강력하고, 덜 위험하고, 더 저렴한 방법을 제안할 수 있는가? 이 토론에 연구 개발 선임 책임자를 참석시켜 위원회의 결과를 그들의 계획에 포함할 수 있게 한다. 초기에는 내부 연구 개발 프로젝트의 방향을 바꾸기가 쉽지만, 나중에는 비용이 많이 들 수도 있다.

외부 기술 들여오기

그동안 외부 기술을 회사로 들여오지 않았다면 왜 그렇게 하지 않았는지 자문해보자. 회사에 쓸모 있는 외부 지식이 하나도 없는가? 외부 지식을 찾아내고, 검토하고, 평가한 후 회사로 들여오는 과정을 거치지 않았는가?

어떤 회사는 라이선스를 관리를 법률 고문에게 전적으로 맡긴다. 법률 고문이 이 과정의 핵심으로 관여한다면, 라이선스를 법적인 문제로만 다루는 것은 실수다. 사업상 라이선스가 영향을 미칠 수 있는 중대한 문제가 생길 수 있지만, 법률가에게 그 문제를 위임할 수는 없다. 다른 문제 중 하나는 어떤 내부 연구 개발 조직이 외부에 근거한 모든 기술을 싫어하게 만드는 '여기에서 발명하지 않은' 바이러스, 즉 NIH 바이러스다. 그들은 외부 기술의 모든 문제와 위험을 찾아내고, 한계를 극복하는 기술의 능력을 깎아내린다. NIH 바이러스는 그들의 평가가 한쪽으로 치우치는 원인이 된다. 사업 목표는 반드시 잠재적 이익을 잠재적 위험과 비교, 평가해야 한다. 이를 극복하려고 법률가에게 의존한다 해도 그들은 실망만 안겨줄 뿐이다.

가장 중요한 문제는 가능성이 있는 제휴의 재정적 측면인 기술 사용에서 당신이 받을 독점권은 얼마인가, 그리고 아이디어가 법적으로 얼마나 잘 보호될 것인가이다. 이 문제를 해결하려면 거래를 관리하기 위해 당신이 법률가와 긴밀히 일하는 것이 필요하다. 예를 들어 더 많은 독점권은 일반적으로 구매자에게 더 많은 돈을 요구할 것이다. 그러므로 특정 사용 분야를 구체화하고 다른 사용 분야를 보유하면 당신은 더 많은 돈을 벌 수 있다. 이는 비즈니스 모델과 깊은 관계가 있으며, 법무팀에 위임할 수 없다.

공백을 메우고 사각지대를 없애는 과정은 [그림 9-1]에 나타나 있다. 외부 연구에 자금을 지원하고 제휴하는 것과 함께 벤처 투자와 기술 획득 같은 외부 기술을 이용하는 다른 방법을 보여준다. 그림에서 개발의 여러 단계에서 외부 기술이 묘사되어 있는 것에 주목하자. 초기 단계의 연구 프로젝트는 불확실하며, 시장으로 가져가는데 시간이 오래 걸린다. 반면 사업 인수는 대체적으로 시장에서 이미 성공한 제품과 서비스의 소유권을 이전한다.

창업 벤처와 기술의 라이선싱은 출시 시기 측면에서 두 원천 사이에 존재한다. 로드맵에 따라 한 종류 이상의 외부 프로젝트가 필요할 것이다. 각각의 종류는 시기, 위험성, 보상

그림 9-1 외부 기술로 공백 메우기

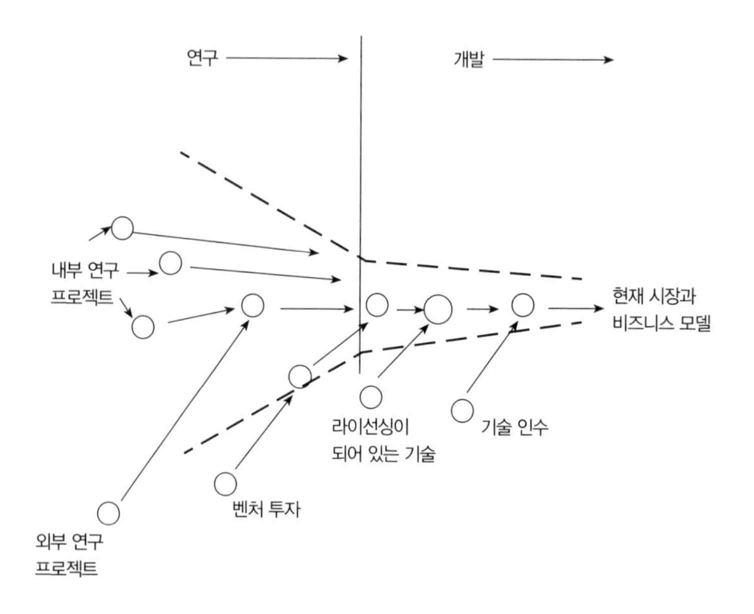

면에서 별도로 평가해야 한다.

연구 개발 포트폴리오에서 이 공백을 메우는 데 내부 연구 개발 지도자를 제외하면 안 된다. NIH 바이러스를 대비하면, 지도자들—연구 개발 직원을 포함한—은 외부의 기술을 평가하는 데 유용할 수 있다. 회사가 사용하기로 결정한 외부 기술을 검토하는 모든 사람에게 보상하는 장려금 프로그램을 제공한다. 어쨌든 비즈니스 모델을 지원하는 외부 기술은 내부 연구 못지 않게 사업을 위한 가치를 창출할 수 있다.

스타트업에 자금 지원하기

비즈니스와 시장에 대한 지식은 내부적으로 다룰 수 없거나 결정할 수 없는, 충족되지 않는 요구에 대한 통찰력을 제공한다. 이런 경우에는 기회를 얻으려는 스타트업에 자금을 지원하는 것을 고려한다. 이사회에 참석하면 스타트업을 관찰하는 것은 물론 그들이 어떤 것을 노력하고 있는지, 어떤 것을 노력하고 있지 않은지 알 수 있을 것이다. 스타트업과 관계를 맺는 것은 그 어떤 시장 조사보다 가치가 있다. 제품을 만들어 실제 고객에게 판매하는 회사를 관찰할 수 있기 때문이다. 게다가 스타트업이 만든 제품의 첫 고객이 되어서 제품 사용 경험을 자신의 사업 방향 계획에 활용하는 것도 가능하다. 때로는 제휴 관계에 있는 회사와 더 긴밀하게 협력하거나, 그들의 활동이 당신의 전략을 실현하는 데 결정적 역할을 한다면 그 회사를 인수할 수도 있다.

외부 기술을 활용하는 일반적 원칙은 고객을 위한 가치를 창출하기 위해 내부와 외부 아이디어를 활용하며, 그 가치의 일부를 구현하기 위해 내부 기술과 자산에 의존하는 것이다. 외부 기술은 회사의 내부 연구 개발 결과를 기다리지 않고도 다른 제품과 연결할 수 있다면 매우 유용하다. 하지만 회사 스스로도 핵심 기술과 보완 자산을 위해 투자할 필요가 있다.

신규 사업 키우기

현재의 사업에서 성공하기 위해 공백을 메우는 것은, 외부 지식 환경에 대해 더 많이 배우는 데서 얻는 가치의 절반밖에 되지 않는다. 기술 혁신은 단지 현재 사업이 성장하기 위한 새롭고 나은 방법을 발견하는 것이 아니다. 기술 혁신은 현재 사업을 넘어 회사를 확장하기 위한 새로운 사업을 발견하는 과정을 나타낸다. 대부분의 기술 혁신은 실패하기 때문에 이 과정에는 위험이 따른다. 그러나 현재 모든 사업은 결국 한계에 도달한다. 그러므로 기술 혁신을 하지 않는 회사는 도태되기 마련이다.

새로운 사업을 개발하는 데에는 두 가지 방법이 있다. 기존 사업을 사들이는 것과 사업을 새로 만드는 것이다. 회사 합병과 회사 인수는 이 책에서 다루는 내용과 맞지 않는다. 하지만 새로운 사업을 사들일 때는 누군가가 그때까지 쓴 비용을 당신이 지급해야 한다. 당신의 가치는 이미 달성한 성장이 아닌, 그 사업으로부터 향후 당신이 실현할 수 있는 그 이상의 성장에서만 만들어진다.

외부 지식의 풍토는 현재 당신의 로드맵에는 반영되지 않는 새로운 사업 기회를 발견하고 인지하는 데 꼭 필요하다. 이 새로운 기회는 당신이 산업에서 더 강력한 위치로 이끌 수 있는 새로운 일을 착수할 수 있게 도와준다. 이 일은 언젠가 산업을 변형하고자 할 때 융합된 동향을 파악해 산업의 한계선을 넓히도록 도울 수도 있다.

새로운 기회는 새로운 진입자, 특히 스타트업에서 찾을 수 있다. 현재 로드맵을 따라 발전하는 방법으로 기존 산업을 따라잡고 있는 스타트업은 산업이 나아갈 방향에 대해 새로운 통찰력을 제공하지 않는다. 그보다는 산업의 한계선에 도전하는, 비전 있는 스타트업을 살펴보자. 이 벤처들은 종종 자금을 지원받는다. 그들이 확신하는 아이디어를 이해하려 노력하고, 그 생각의 몇 가지를 미래에 적용할 기회가 있는지 살펴본다.

스타트업의 활동을 살펴보기 위한 방법을 찾고 그들의 경험을 배운다. 그들은 미래상을 추구하면서 다양한 실험을 한다. 즉 사람을 모집하고, 고객을 찾으며, 기회의 실제 중요성과 특징을 명확히 하는 비즈니스 모델을 정의할 것이다. 기발한 기술을 가진 신흥 시장에서는 그러한 위험 부담 감수가 중요한 시장 정보를 이끌어내는 유일한 방법이다. 이 위험을 감수하는 회사는 실제로 시장의 잠재력을 발견하게 되고, 스타트업을 면밀히 관찰하는 회사들은 시장의 잠재력을 배우게 될 것이다.

내부 기술로 포커 치기

내부 기술 혁신 과정은 새로운 사업을 구축하는 데 사용할만한 또 다른 잠재 가능성이 있다. 다른 누군가에게 초기 성장에 대한 비용을 지급할 필요는 없지만, 신규 사업을 키우기 위해서 기존 사업을 관리하는 과정과는 다른 프로세스를 이용해야 한다. PARC 기술에 대한 제록스의 경험과 체스 두기 대신 포커 치기를 기억하자. 제록스의 PARC는 복사기와 프린터 사업을 성공시키기 위해 많은 기술을 개발했지만, 관리 과정—체스 두기 목적으로 설계된—은 다른 PARC의 기술—포커를 치기 위한 과정이 필요한—을 통해 새로운 제록스 사업을 창출하는 능력을 억압했다. 벤처 캐피털이 그들의 포트폴리오 회사를 관리하는 데 사용한 프로세스는 회사가 신규 사업을 육성하는 데 필요한 프로세스에 대해 중요한 지침을 제공한다. 이 과정에서 루슨트의 신규 벤처 그룹이 했던 것처럼 벤처 투자자가 투자하도록 하는 것이 나을지도 모른다.

기술 혁신으로 새로운 사업을 만들고자 할 때 특정 연구개발 프로젝트를 회사를 통해 시장에 내놓을 것인지 혹은 동맹, 분사의 벤처, 기술 제휴를 통해 회사 '외부에서' 내놓을 것인지 결정할 필요가 있다. 결정 과정에서 가장 어려운 문제는 외부로 나가기 위해 어떤 구조가 필요한지가 아니라 외부로 나가는 것에 대한 사업 부서의 민감한 반응이다. 이것은 연구 개발에서 '여기에서 발명하지 않은' 바이러스의 대항마인 '여기에서 판매하지 않은Not-Sold-Here' 바이러스, 즉 NSH 바이러스다. 이 바이러스는 "만일 우리가 유통 경로를 통해 그것을 팔고 있지 않다면, 다른 어느 누구도 그것을 팔지 못하게 해야 한다"라고 말한다. 판매와 마케팅을 담당하는 직원들은 그 기술의 독점 사용권을 가져야 하고, 그 기술을 유통 경로로 제한해야 한다고 주장할 것이다.

- 외부 조직을 이용하는 것은 기술에 대한 통제권을 상실할 위험이 있다.
- 만약 우리가 통제권을 상실한다면 경쟁자가 그 기술을 훔칠 것이다.
- 외부 회사는 우리의 기술을 이용해 큰 돈을 벌 것이다.

현 사업팀이 그 기술을 발전시키는 데 기꺼이 자금을 지원하겠다고 하면 그들에게 그에 대한 통제권을 넘겨주자. 만약 기술에 직접 자금을 지원한다면 그들은 시기적절한 방법으로 시장에서 그 기술을 활용할 것이다. 또 그들은 수익을 늘리고 그들이 시장에서 직접 만족시킬 수 없는—종종 IBM이 하는 것처럼—부분에 도달하기 위해 기술을 라이선스하는

그림 9-2 시장에 대한 대안 경로

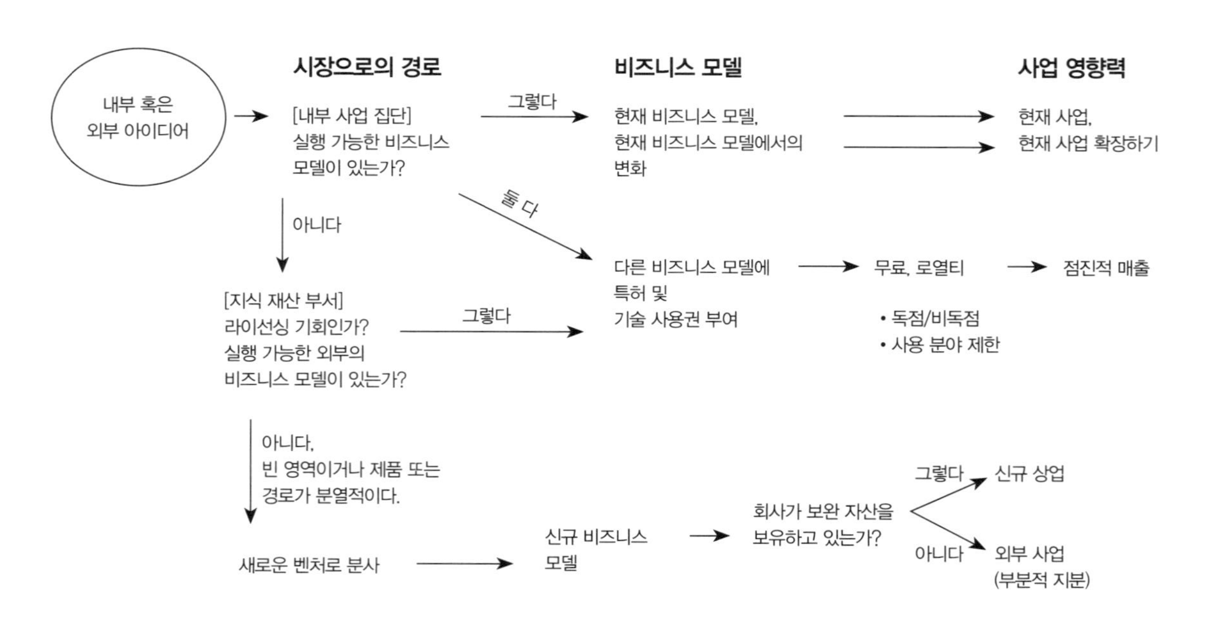

것을 고려할지 모른다. 적어도 그들은 그 기술을 사용하고 있다.

그 사업이 기술에 직접 자금을 지원할 준비가 되어 있지 않지만 '여전히' 그 기술의 어떠한 외부 사용도 거부한다면 당신이 중재해야 한다. 사업팀이 그 기술을 사용하기로 결정하지 않는 한 당신이 그 기술을 보류하도록 요구하는 것이다. 제록스와 다른 회사들이 재정상 손실을 입은 것처럼, 사업팀은 그 기술을 사용할 것인지 결정하기 전까지 오랜 시간 기다릴 수 있다. 그 기술을 선반 위에 놓고 보류하려 한다면 영영 잃어버릴 위험이 있다. 따라서 사업팀이 요구하는 것은 궁극적으로 비현실적이다. 만일 사업팀이 그 기술에 독자적으로 자금을 지원하지 않는다면, 어떤 경우라도 단기간에 다른 회사에서 일부 변형된 그 기술과 경쟁해야 한다. 만일 회사가 자체 사용으로 이익을 얻지 못한다면, 다른 방법으로라도 이익을 얻어야 하지 않을까?

기술 혁신을 위한 최선의 비즈니스 모델 찾기

NSH 바이러스를 극복하고 난 뒤 따라오는 '어떤 기술 혁신

그림 9-3 신규 사업의 성장과 자사 기술을 타사가 사용하는 것에서 이익 얻기

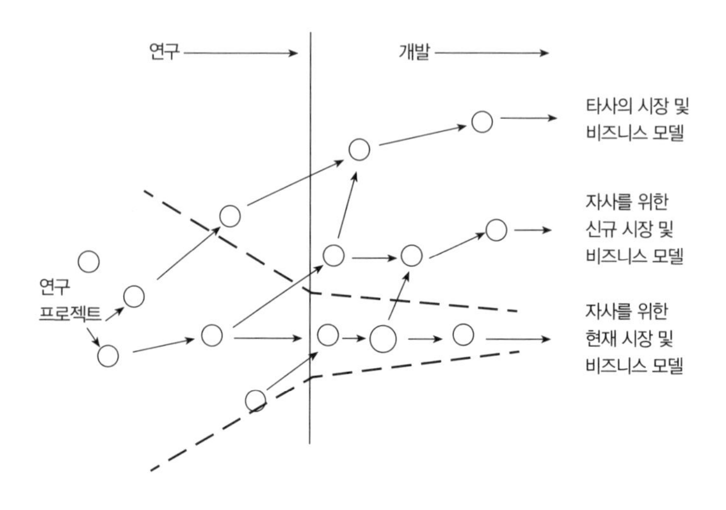

경로를 사용해야 하는가'에 대한 문제는 그 혁신을 위한 최선의 비즈니스 모델을 찾는 것이다. 회사가 그 기술을 위한 효과적인 비즈니스 모델을 가지고 있다면, 당신의 사업이 그 기술의 추후 개발에 자금을 지원해야 하고 그것이 시장에 접근하는 가장 좋은 방법이다. 회사에 보완 자산이 있다면 새로운 기술은 현 사업을 확장시키게 된다. 외부 회사가 그 기술을 사용해 이익을 얻을 수 있는 비즈니스 모델을 가지고 있다면 그것은 기술 시장에서 훌륭한 경로가 될 것이다. IBM은 경쟁사를 포함해 내부적으로 다른 회사에도 제휴하는 기술을 광범위하게 사용한다. 이러한 기술을 개발하는 고정 비

용이 높을 때 특히 유용하다.

내부나 외부적인 비즈니스 모델이 없다면 기술은 방치된다. 그렇지 않으면 일부 스타트업이 그 기술의 실행 가능한 비즈니스 모델을 찾느라 고생할 것이다. 제록스 PARC의 많은 기술과 루슨트의 신규 벤처 그룹에서 살펴봤듯이 분사의 벤처가 필요하다. 분사의 벤처들은 특히 회사가 유용한 보완 자산을 가지고 있는 경우 회사를 위한 새로운 사업을 이끌어 낼 수 있다. 따라서 외부로 이동한 벤처가 반드시 외부에 남아있을 필요는 없다. 시장에 대한 이 경로는 〔그림 9-2〕에 나타나 있다.

기술 혁신 과정 속도 증가하기

프로젝트의 활동 속도나 기술 혁신 프로세스의 속도를 높이는 것은 개방형 기술 혁신 접근 방식을 활용하는 또 다른 이점이다. 〔그림 9-2〕에 나타난 과정을 이용하면 전체적인 연구 개발 프로젝트 포트폴리오가 새롭게 바뀐다. 아이디어를 회사 안팎으로 이동하면 사업 내부 혹은 다른 회사의 사업을 통해 아이디어를 보다 빠르게 시장에 내놓을 수 있다. 시장에 빠르게 출시하면 그만큼 반응을 빨리 얻을 수 있고 회사 내에서 학습도 빨라진다. 시간이 흐르면서, 더 빠른 속도로 배우는 조직은 변화한 환경에서 적응하는 속도가 느린 유능한 조직을 능가할 것이다.

〔그림 9-3〕은 프로젝트가 기술에 가장 잘 맞는 비즈니스 모델로 흘러가는 〔그림 9-2〕의 결과를 보여준다. 이는 자동 프로세스가 아니기 때문에 면밀히 관리되어야 한다. 이때 회사는 중요한 긴장과 저항을 극복해야 하지만 모든 과정이 끝나면 상당한 보상을 받을 수 있다.

대학 연구 이용하기

기술 혁신 과정에서는 새로운 연구적 돌파구가 정기적으로 필요하다. 이는 현재 그리고 새로운 사업에 자극을 주는 아이디어의 유입을 지속하기 위해서다. 물론 다른 회사의 아이디어를 새롭고 유용한 제품과 시스템으로 재결합하면 얼마간은 계속 기술을 혁신할 수 있다. 또 대학, 핵무기 실험실 같은 사회의 다른 부분에서도 새로운 돌파구를 사용하도록 자극하기 위해 독창적 비즈니스 모델을 개발할 수도 있다. 다른 회사의 아이디어를 활용하는 것 역시 가치를 창출하는 가장 좋은 방법이다.

인텔은 대학의 연구 활동을 후원하고, 자금을 지원하는 방법에 대한 유용한 모델을 제공한다. 이는 계속 새로운 발견을 하는 방법 중 하나다. 그리고 인텔의 접근 방식을 따라잡기 위해 시장 가치로 2,000억 달러(243조 8,000억 원)를 가지고 있을 필요가 없다. 대부분의 과학·공학 계열 대학은 연구 센터가 있으며 재정적으로 지원받기를 원한다. 당신은 장비 혹은 서비스의 몇 가지를 대학의 연구 센터에 기증할 수 있는가? 당신은 전문가가 회사의 기술—경쟁사의 기술보다는—을 이용해 미래의 전문가를 훈련하길 원하지 않는가? 일단 기술을 개발할 연구원을 발견하면 그 기술을 사용하는 방법을 학습하도록 도와준다. 그런 다음 연구원이 그것을 가지고 무엇을 하는지 주의 깊게 지켜본다. 직접 학교에 가서 교수의 수업시간에 참석도 해보고, 수업 연구 과제를 할 수 있도록 학생들을 회사에 불러들인다.

만약 비용이 걱정된다면 1년간 대학원생의 등록금을 후원하는 것도 좋다. 대학원생은 회사의 후원을 상당히 높이 평가한다. 그렇다고 돈만 주어서는 안 되며 후원하는 학생을 자주 만나고, 그 학생의 연구를 파악하는 데 시간을 할애한다. 그리고 학생의 관심이 회사 내부의 연구와 연관이 있는지 관찰한다.

내부 연구 개발에 대한 지속성

가치의 일부를 확보하고 외부 연구 결과를 회사로 이전하려면, 회사 내부에 장소를 제공해야 하는 내부 연구 개발에 투자해야 한다. 연구와 개발 사이의 밀접한 관계를 형성하고, 조직의 개발 방향을 좌우하는 실제 고객의 위치에 연구원을 배치하는 IBM의 전술 몇 가지를 활용해보자. 마찬가지로, 인텔의 아이디어를 차용해 외부 연구 프로젝트와 가능성 있는 투자를 평가하기 위해 내부 연구 직원을 이용한다.

회사의 비즈니스 모델과 미래 로드맵을 위해 연구원을 교육하는 것도 중요하다. 이때 많은 연구원이 회사의 사업 측면을 이해하지 못하거나 혼란스러워할지 모른다. 사업에 대해 의견이 맞지 않는 직원도 있을 것이다. 경우에 따라 또 다른 직원은 이를 개선하는 방법을 알고 있을 것이다. 어쨌든 이 문제를 무시한 상태에서 연구원이 계속 일하게 하는 것보다는 훨씬 낫다. 연구원이 회사의 비즈니스 모델뿐만 아니라 외부 사람들의 연구 과제를 추구하는 것은 바람직한 일이다. 기술을 위한 시장으로 경로를 만드는 데 도움이 될 수도 있다. 연구원들이 아이디어가 실행되는 것을 보고 만족감을 얻을 수 있기 때문이다.

공공 정책과 개방형 기술 혁신

개방형 기술 혁신은 지식과 아이디어가 더 많은 가능성과 유형에서 크게 활용될 수 있게 할 것이다. 전반적으로 사회에서 더 많은 가치 창출을 할 수 있으며, 회사가 새로운 방법으로 그 가치의 어떤 부분을 얻게 할 수 있다. 이러한 기회에도 새로운 패러다임 또한 새로운 문제를 일으킨다.

중요한 것은 다음 세대의 과학 발견을 위한 '종잣돈' 제공이다. 산업, 정부, 학계의 새로운 분업으로 기업 연구실 내부에서 수행하는 기초 연구 조사가 줄어들 것이다. 확산 메커니즘의 강력함과 선순환의 결과적인 분열로 산업이 더 이상 초기 단계 연구의 막대한 비용을 부담하는 데 동의하지 않을 것이다. 1960년대부터 연구실에서 외부로 확산된 다양한 기술혁신은 기초 연구에서 벗어난 산업계 연구실의 변화를 볼 때 미래에 다시 일어날 가능성이 낮다. 20년 후 혁신을 이끌 씨앗은 사회의 어떤 다른 곳에서 제공되어야 할 것이다.

정부와 대학은 이 불균형에 좀 더 신경 써야 한다. 대학 시스템은 점점 근본적인 개발의 중심이 될 것이다. 그리고 산업은 그 개발을 혁신 제품으로 변화시키고, 적절한 비즈니스 모델을 통해 상업화하기 위해 대학과 협력할 필요가 있다.

개방형 기술 혁신을 위한 정부의 역할

정부는 대학에서 실행하는 많은 기초 연구에 자금을 지원해야 하는데, 중요한 점은 그 돈이 어떻게 사용되는가 하는 것이다.

학문적 우수성으로 출판되기를 희망하는, 가치를 인정받은 프로그램은 기본적으로 정치적 관련성으로 인정받은 프로그램과 그 결과가 출판되지 않는 프로그램보다 훨씬 유용하다. 정부는 출판하지 않고 공공 세금으로 자금을 지원한 연구를 관리하고, 그로부터 이익을 얻는 능력이 없을 것이다. 출판물 없이는 개인 회사와 다른 연구원이 자신의 사업에 그 아이디어를 구축할 기회를 잃어버릴지도 모른다. 이는 지식의 흐름을 막고, 처음 연구 결과를 만든 사람들이 생각하지 못하는 사각지대에서 아이디어를 재사용함으로써 발생하는 상승효과를 떨어트린다.

기업에는 전반적으로 공로가 가장 높은 연구와 기술 프로젝트를 확장하는 정부 자금을 얻는 것이 낫다. 그런데도 개별 사업체는 종종 그들에게 더 많은 이익이 되는 프로젝트를 위해 로비 활동을 한다. 그러나 정부 보조금을 제외하고, 내부 자원과 직원들을 가치 없는 프로젝트에 쏟아붓는 것은 풍부한 지식 풍토에서 회사가 내부와 외부 아이디어를 효과적으로 사용하게 하는 방법이 아니다. 정부의 보조금을 수여하는 데 대한 중립적인, 실력 위주의 과정과 프로젝트를 지원한다면 직원들이 연구에서 우수성을 추구할 것이다. 정부의 보조를 받는 다른 사람에게 요구할 수도 있다.

사업은 정부가 지원한 연구 프로젝트 결과물의 출판을 반대하기도 한다. 이 저항은 회사가 연구에 대한 외부 비판으로부터 배울 기회를 줄이고, 연구 결과를 이용하기 위한 회사 내부의 압력을 줄일 것이다. 열린 출판은 아이디어의 활발한 교환을 촉진하고, 누군가가 대신 그 아이디어를 적용하기 전에 그들이 사용하게 하는 자극제가 된다. 그리고 발견을 가치 있게 적용하는 좋은 방법은 회사가 현재 계획한 사용법과 거리가 멀기 때문에 사회는 다시 한번 보증되지 않은 비밀로 고통을 받는다.

지식을 풍부하게 하기 위해 그리고 회사가 외부 지식뿐만 아니라 내부 지식을 효과적으로 사용하게 하기 위해 정부는 지식 재산의 교환을 권장할 필요가 있다. 정부가 이를 권장하는 방법은 투명하고, 모두가 동의할 수 있고, 예측 가능한 특허권 보호를 수여하는 프로세스를 유지하는 것이다. 특허권 판정은 그들의 보호 측면에서 명확하고 제한적이어야 한다.

정부의 또 다른 역할은 지식 재산의 대립에 판결을 내리는 것이다. 정부는 특허권 침해, 그로부터 발생한 손해 수준, 침해 행위에 대한 적절한 보상을 둘러싸고 발생하는 논쟁을 해결해야 한다. 목표는 기술을 혁신하는 회사가 안전하게 아이디어를 교환할 수 있도록 지식 재산 소송에서 가능성과 급변하는 요소를 제거해야 한다. 이 과정에 뒤따르는 모호성과 복잡성은 기술 혁신에 부담을 주고, 그 결과 소규모 회사와 스타트업이 힘들어질 것이다.

더 난처한 상황은 정부가 자금을 지원한 연구 결과에 지적 재산을 할당해야 하는지, 그리고 어떻게 할당할지의 여부다. 예를 들어 미국에서 1980년의 바이돌Bayh-Dole법은 정부의 자금으로 연구를 수행한 대학이 결과에 대해 특허권을 신청하는 것을 허가했다. 이 특허권은 대학이 소유하고 라이선싱한다. 대학은 실험, 특히 생명 과학 분야로부터 상당한 이익을 얻지만, 많은 라이선스 프로그램은 오히려 비용을 유발한다. 후자의 라이선스 프로그램은 유용한 기본 지식을 사회의 다른 부분에 확산하는 속도를 늦출 가능성이 있다.

공공 자금을 지원받은 연구의 분배에 대한 이 제한은 전문적인 듯하지만 사실 그렇지 않다. 미래 산업이 대학 연구에 의존하게 되면 이런 문제는 기술 혁신 시스템의 진보를 가능하게 하거나 방해할 수 있는 수단이 될 것이다. 대학교수를 공무원으로 취급하기보다는 산업체와 교류할 수 있도록 격려해야 한다. 대학교수가 다른 회사를 위해 일하거나, 자금을 지원받거나, '부업'하는 것을 금지하는 나라도 있다. 하지만 그렇게 되면 아이디어가 대학에서 산업으로 효과적으로 확산되는 속도를 늦추기 때문에 어느 정도는 교류가 필요하다.

혁신 회사는 미래에 대학 연구 결과를 활발하게 이용해야 하므로 교류는 매우 중요하다. 혁신 회사는 20년 후 기술혁신을 추진할, 기초 연구 개발과 보급을 증진하는 정부 정책을 촉진해야 한다. 그들은 이 결과의 광범위한 발표를 지지해야 하는데, 이는 그들이 더 혁신적인 제품과 서비스를 전달하기 위해 새로운 그리고 현존하는 지식의 독창적 결합에 대해 실험하게 할 것이다. 혁신 회사는 연구 자금을 지원한 대학과 유리한 협약을 만들어야 한다. 이 협약은 회사의 연구 정책을 촉진하는 것은 물론, 연구원이 연구 결과를 폭넓게 보급한다는 목표를 손상하지 않고 중요한 산업 문제에 초점을 맞출 수 있게 한다.

기술 혁신을 위한 비즈니스 모델의 다양성

뛰어난 연구 결과를 얻은 회사는 그 결과를 제품과 서비스로 변환하기 위해 필요한 작업을 수행해야 한다. 이 힘든 작업은 다른 사람의 아이디어를 회사의 아이디어와 통합하고, 회사의 비즈니스 모델을 통해 그 결과를 전달한다. 기술을 시장에 내놓는 가장 좋은 방법은 아이디어가 다양한 비즈니스 모델을 통해 흐르게 하는 것이다. 다양한 비즈니스 모델을 관리하기는 힘든 일이다. 그 기술을 사용한 또 다른, 더 나은 모델을 개발하더라도 기술은 각 회사의 지배적인, 성공한 비즈니스 모델의 요구를 만족시키기 위해 발전할 것이다.

개방형 기술 혁신 체제에서는 독점을 정당화하지 않는다. 지난 세대—폐쇄형 기술 혁신 사고가 독점을 발견 중심의 산업 연구를 위해 필요한 대가라고 받아들이던—의 연구 개발에 존재했을지 모르는 경제 규모는 약해졌다. 지식을 재사용하고 재결합하기 위해 존재하는 확산 기회는, 단 하나의 비즈니스 모델을 통해서만 사회에 제공될 수 있는 독점 자본 회사 안에 지식을 가두는 것보다 더 많은 사회적 기술 혁신을 가져올 것이다.

이더넷을 상업화하기 위해 제록스를 떠난 PARC의 연구원 로버트 멧칼프를 기억하라. 그는 컴퓨터 산업에서 경험이 많은 연구원일 뿐만 아니라, 기술 혁신 분야의 경험 많은 관찰자다. 다음은 언젠가 그가 내게 한 말이다.

"기술 혁신에 대한 낡은 접근 방식은 대규모 회사와의 사회적 거래를 기반으로 했다. 시장에서 우리에게 독점권을 준다면, 우리는 기초 연구 개발에 투자할 것이다. 그것은 불리한 거래다."

지식이 사회에 광범위하게 분배되어 있지 않을 때는 외부적으로 유용한 어떤 일을 하기 위해 내부적으로 연구를 할 필요가 있었다. 그러나 지금은 필수 지식과 아이디어를 내부 사업에만 쓸 필요는 없으며, 그런 일이 가능하지도 않다. 기회는 회사를 둘러싼 환경에서 얻은 아이디어를 사업을 진보시키는 데 이용할 수 있는, 그리고 회사의 아이디어를 외부에 활용할 수 있는 회사를 기다리고 있다. 만일 그런 회사의 풍부한 지식, 기술 그리고 그 지식의 교환을 지원하는 기관을 늘리는 데 투자한다면 밝고 풍요로운 미래를 실현할 수 있을 것이다.

오픈 이노베이션 오리지널

아이디어의 경계를 허무는 혁신 전략

초판발행 2020년 8월 7일 | **1판 1쇄** 2020년 8월 13일

발행처 유엑스리뷰 | **발행인** 현명기 | **지은이** 헨리 체스브로 |
옮긴이 범어디자인연구소 | **주소** 서울시 강남구 테헤란로 146, 1311호 |
팩스 070-8224-4322 | **이메일** uxreviewkorea@gmail.com

낙장 및 파본은 구매처에서 교환해 드립니다. 구입 철회는 구매처 규정에 따라
교환 및 환불처리가 됩니다.

ISBN 979-11-88314-51-5

OPEN INNOVATION:

The New Imperative for Creating and Profiting from Technology
by Henry William Chesbrough